AF631213

Robert Schwartz

Der Seelenplan für die Liebe

Robert Schwartz

Der Seelenplan für die Liebe

Die Lebensaufgaben verstehen, die die Liebe uns stellt

Aus dem Amerikanischen übersetzt von Juliane Molitor

Ansata

Die amerikanische Originalausgabe erschien 2021
unter dem Titel „Your Soul's Love" bei Whispering Winds Press, USA.

Sollte diese Publikation Links auf Webseiten Dritter enthalten,
so übernehmen wir für deren Inhalte keine Haftung,
da wir uns diese nicht zu eigen machen, sondern lediglich
auf deren Stand zum Zeitpunkt der Erstveröffentlichung verweisen.

FSC
www.fsc.org
MIX
Papier aus verantwortungsvollen Quellen
FSC® C014496

Penguin Random House Verlagsgruppe FSC® N001967

Erste Auflage 2022
Copyright © 2021 by by Robert Schwartz
www.yoursoulsplan.com, E-Mail: rob.schwartz@yoursoulsplan.com
Copyright © der deutschsprachigen Ausgabe 2022
by Ansata Verlag, München,
in der Penguin Random House Verlagsgruppe GmbH,
Neumarkter Straße 28, 81673 München
Alle Rechte sind vorbehalten. Printed in Germany.
Umschlaggestaltung: Guter Punkt, München,
unter Verwendung eines Motivs von © vladmarko / iStock / Getty Images Plus
Redaktion: Diane Zilliges
Satz: Satzwerk Huber, Germering
Druck und Bindung: GGP Media GmbH, Pößneck
ISBN 978-3-7787-7571-4

www.Integral-Lotos-Ansata.de
www.facebook.com/Integral.Lotos.Ansata

Ich widme dieses Buch

Liesel,
meiner liebevollen und geliebten Seelenpartnerin,

und

dem nichtphysischen Team, ohne das
dieses Buch nicht möglich gewesen wäre,

sowie

Tricia
Ryan
Alexa, Jorge & Luca
Cathy
Sara und Jim
und
ihren Lieben.

»Die Welt ist voll von magischen Dingen,
die geduldig darauf warten, dass unsere Sinne schärfer werden.«

W. B. Yeats

Eine Bitte an die Leserinnen und Leser

Es gibt viele Menschen, die es sich wirklich nicht leisten können, Bücher zu kaufen. Ich möchte die in diesem Buch enthaltenen Informationen so vielen Menschen wie möglich zugänglich machen – auch denen, die es sich nicht leisten können, sie käuflich zu erwerben. Bitten Sie Ihre örtliche Bücherei, dieses Buch in ihren Bestand aufzunehmen, oder spenden Sie Ihr Buch der Bücherei, nachdem Sie es gelesen haben. Dieser einfache Akt der Freundlichkeit wird viele Leben berühren.

Ich danke Ihnen, dass Sie mir helfen, ein heilsames Gewahrsein dessen, was wir vor unserer Geburt planen, in die Welt zu tragen.

Ihr dankbarer
Robert Schwartz
rob.schwartz@yoursoulsplan.com

Möchten Sie Ihre Lebenspläne kennenlernen?

Robert Schwartz ist Hypnotherapeut und bietet unter anderem Rückführungen in die Zeit zwischen den Leben an. Unter dieser Form der Hypnose sprechen Sie direkt mit sehr weisen, liebevollen und völlig urteilsfreien Wesen, die Ihnen sagen können, was Sie vor Ihrer Geburt für dieses Leben geplant haben und warum, wie es Ihnen mit der Verwirklichen Ihrer Pläne geht und wie Sie diese besser umsetzen können. Diese Sitzungen sind von unschätzbarem Wert, um den tieferen Sinn Ihres Lebens zu erkennen: was Ihre Erfahrungen bedeuten; warum bestimmte Muster immer wiederkehren; warum bestimmte Menschen in Ihrem Leben sind und was Sie vor dieser Geburt aus diesen Beziehungen lernen wollten. Körperliche und emotionale Heilung, Vergebung, mehr Frieden und Glück und ein tiefes Wissen darüber, wer Sie sind und warum Sie hier sind, können sich aus diesen Sitzungen ergeben.

Weitere Informationen finden Sie auf der Website des Autors:
www. yoursoulsplan.com

Oder schreiben Sie ihm direkt:
rob.schwartz@yoursoulsplan.com

Inhalt

Vorwort

Vor Jahren, damals war ich vierzig, war mein Leben zutiefst unbefriedigend. Ich fand meine Arbeit in einer Firma langweilig und ohne tiefere Bedeutung. Und obwohl ich mich nach einer romantischen Beziehung sehnte, konnte ich keine eingehen. Ich driftete scheinbar ziellos durch mein Leben und spulte jeden neuen Tag genauso leer und uninspiriert ab wie den davor. Ich fragte mich, warum ich hier auf der Erde war. Ich hatte weder eine Antwort auf diese Frage noch eine Ahnung, wie ich eine finden konnte. Manchmal wünschte ich mir, einfach »nach Hause« gehen zu können.

Während ich nach einem Sinn in meinem Leben suchte, hatte ich meine allererste Sitzung bei einem Medium. Sie channelte meine Geistesführer, die mir erzählten, dass ich große Herausforderungen für mein geistiges Wachstum geplant hatte, *bevor* ich geboren wurde. Kurz danach lernte ich eine Frau kennen, die ihre eigene Seele channeln kann. Insgesamt etwa fünfzehn Stunden lang erzählte mir ihre Seele im Detail, wie dieser Planungsprozess vor der Geburt abläuft. Meine Resonanz auf das Konzept der vorgeburtlichen Planung war intensiv, stark und unbestreitbar.

Etwa zur gleichen Zeit machte ich eine spirituell transformierende Erfahrung. Eines Tages ging ich einfach nur die Straße entlang und empfand reine, überwältigende, bedingungslose Liebe gegenüber jedem Menschen, den ich sah. Diese Liebe unterscheidet sich grundlegend von der Liebe, die man für einen Elternteil, ein Kind oder einen Partner empfindet. Es war eine göttliche, transzendente, allumfassende, absolut eindringliche, unbegrenzte Liebe. Ich verstand intuitiv, dass diese Erfahrung ein Geschenk meiner

Seele war, die zu mir sagte: »Diese Liebe ist das, was du wirklich bist.«

Ich beschloss, die Geschäftswelt zu verlassen und Bücher darüber zu schreiben, warum wir unsere größten Herausforderungen planen, bevor wir uns verkörpern. In den folgenden Jahren schrieb ich *Mutige Seelen, Jede Seele plant ihren Weg, Die Mission der Seele* und das Buch, das Sie gerade lesen. Das Leben, das sich aus dem Schreiben dieser Bücher ergeben hat, ist zutiefst erfüllend und so absolut »meins«, obwohl ich es mir mit vierzig in meinen kühnsten Fantasien nicht annähernd hätte vorstellen können. Und was genauso wichtig ist: Die Recherchen für meine Bücher haben mich gelehrt, dass menschliches Leid nicht zufällig, willkürlich oder zwecklos ist. Vielmehr hat es eine große Bedeutung. Dieses Verständnis hat eine tiefe Heilung für mich bewirkt. Ich hoffe und wünsche, dass es eine ähnliche Heilung für Sie bewirkt.

Wir müssen verstehen, dass es für jeden Menschen nicht nur einen einfachen, geradlinigen, konkreten Lebensplan gibt – einen Plan A sozusagen. Es gibt zwar einen Plan A, aber es gibt auch einen Plan B, C, D, E und so weiter … So viele Pläne, dass die Kapazität des menschlichen Gehirns nicht ausreicht, um sie vollständig zu verstehen. Diese zusätzlichen Pläne sind die Bilanz der Seele für die vielfältigen und verschiedenen freien Willensentscheidungen, die ein inkarnierter Mensch treffen kann. Jede und jeder von uns hat einen freien Willen und es ist unser freier Wille, der die Erde zu einer Schule macht und den Aufenthalt darin zu einer wirklich sinnvollen Erfahrung. Ohne freien Willen wären wir nicht mehr als Roboter. Dann würden keine echte Lernerfahrungen gemacht und wären auch gar nicht möglich.

Plan A ist der mit der höchsten Schwingung, der Plan für ein Leben, in dem die Persönlichkeit (ein Teil der Seelenenergie in einem physischen Körper) jeden Moment die liebevollsten Entscheidungen trifft. Hier gibt es keinen Schwingungsunterschied zwischen der Persönlichkeit und der Seele. Im Grunde bewohnt die Seele den Körper voll und ganz und führt dieses Leben ohne jede Verwässerung oder Veränderung, die vom Ego oder vom kleineren Selbst hervorgebracht wird. Heilige und Meister können diesen Plan verwirklichen, aber der Rest von uns wird ausnahmslos mindestens einige und in der Regel sogar viele nicht sehr liebevolle Entscheidungen treffen. Und obwohl diese wenig liebevollen Entscheidungen uns selbst und andere verletzen können, bringen auch sie – wenn wir das Leben bewusst leben – Heilung, Expansion und eine viel intensivere Liebesfähigkeit hervor. Daher ist es keine »schlechte« Sache, Fehler zu machen. In der Tat sind wir hierhergekommen, um genau das zu tun. Unsere Fehler *sind* unser Wachstum und unser Wachstum *ist* unser Dienst an der Welt und unseren Mitmenschen.

Präsenz und Akzeptanz beziehungsweise Dankbarkeit, das ist die göttliche Kombination, mit der wir unsere höher schwingenden vorgeburtlichen Pläne verwirklichen können. Indem Sie vollkommen präsent sind und dankbar für alles, was auch immer Sie erleben, oder es zumindest akzeptieren, zapfen Sie das universelle Feld der unendlichen Möglichkeiten an. Das heißt, wenn Sie präsent sind und Akzeptanz oder Dankbarkeit an den Tag legen, sagen Sie energetisch Ja zum Universum, Ja zur Heilung, Ja zu einem tieferen Verständnis, Ja zu Anleitung, Fülle, Gesundheit, zu spiritueller Klarheit und zu kreativen Lösungen zum höchsten Wohl aller.

Dieses energetische Ja zum Leben erfordert Glauben und Vertrauen in die Güte des Lebens und des Universums. Diesen Glauben und dieses Vertrauen können wir auf verschiedene Weise kultivieren. Eine der wichtigsten und hilfreichsten ist ein gefühltes inneres Wissen, dass wir die bedeutungsvollen Herausforderungen vor unserer Geburt geplant haben. Letztendlich soll dieses Buch ein Weg zu diesem gefühlten inneren Wissen sein.

Diejenigen von Ihnen, die meinen E-Mail-Newsletter erhalten (für den Sie sich unter www.yoursoulsplan.com anmelden können), wissen, dass ich darin auch Channelings von meiner Frau Liesel veröffentlicht habe. Sie channelt ein Kollektiv weiser, liebevoller, zutiefst einfühlsamer nichtphysischer Wesen, die sich in einem Zustand des Einheitsbewusstseins befinden und die wir liebevoll Lichtwesen nennen. Sie haben mir Folgendes über meine vorgeburtlichen Pläne mitgeteilt:

Wir sind ganz fasziniert davon, wie sich die Praxis der Achtsamkeit im gegenwärtigen Moment mit deiner Arbeit verbindet.

Aus mentaler Sicht kann das wie ein Widerspruch erscheinen, dem ist aber nicht unbedingt so. Präsenz (das heißt, im gegenwärtigen Moment präsent zu sein und in einem Zustand der Akzeptanz dessen oder der Dankbarkeit für das, was im Jetzt »ist«) kann sich auf die vorgeburtlichen Pläne auswirken, indem sie der höchsten Version dieser Pläne erlaubt, zu der Art und Weise zu werden, wie der Mensch seine Arbeit verrichtet.

Wie wir bereits beschrieben haben, kommt der Versuch, unsere Sprache in eure Sprache zu übersetzen, dem Versuch gleich, eine unendliche Anzahl von Wörtern in ein paar hundert Wörter zu destillieren. In ähnlicher Weise beinhaltet der vorgeburtliche Plan im Grunde eine unendliche Anzahl von Umsetzungsmöglichkeiten tatsächlicher Pläne. Dies mag dem menschlichen Verstand widersprüchlich erscheinen – für ihn ist es, als ob es überhaupt keinen Plan gäbe, wenn es unendliche viele Umsetzungsmöglichkeiten gibt –, aber wir versichern dir, dass es dennoch eine Art Planung gibt.

Die Pläne selbst fallen alle unter das, was wir als multidimensionale Wahrscheinlichkeitskurve bezeichnen. Veranschaulichen lässt sich eine vereinfachte Version davon mit dem, was wir aus Mathematik und Statistik als Glockenkurve kennen. Es gibt vorgeburtliche Pläne, die sich sehr wahrscheinlich in bestimmten Ereignissen manifestieren, und es gibt vorgeburtliche Pläne, deren Verwirklichung eher am Rand der Glockenkurve liegt. Für viele Individuen mögen Präsenz und eine wirklich tiefe Verbindung zur eigenen Seele am Rand der Glockenkurve des Möglichen liegen. Dies wäre aber tatsächlich der vorgeburtliche Plan mit der höchsten Ausrichtung, der zu einem bestimmten Zeitpunkt verwirklicht werden kann.

Auf der Glockenkurve gibt es also mögliche Entscheidungen über die Umsetzung vorgeburtlicher Pläne, die das Universum eher zum »Singen« bringen als andere. Alle Entscheidungen führen letztendlich zu Lernerfahrungen und Erleuchtungserlebnissen, aber manche Wege sind große Umwege und andere nicht.

Die Wege, die in größter Übereinstimmung mit dem tiefsten Selbst, mit Präsenz, im göttlichen Geist und mit entsprechendem Bewusstsein gewählt werden, sind zugleich diejenigen, die am direktesten zum Ziel führen und daher am wenigsten Umwege beinhalten.

Mit anderen Worten: Der überwiegende Teil des Geplanten ist als Möglichkeit oder Wahrscheinlichkeit angelegt, nicht als Gewissheit. Lebenspläne sind fließend, fraktal und organisch. Ob sich ein bestimmter Plan verwirklicht oder nicht, hängt von den freien Willensentscheidungen des Individuums ebenso ab wie von der Schwingung des Individuums im jeweiligen Moment sowie von externen Ereignissen und freien Willensentscheidungen, die von scheinbar getrennten »anderen« Individuen getroffen werden. In dem Maße, in dem ein Mensch vollständig präsent ist, entfaltet sich der höchste Schwingungsplan auf ganz natürliche Weise und kann auf der irdischen Ebene verwirklicht werden. Diese Version des Lebensplans ist der am wenigsten mühsame und schmerzhafte Weg sowohl zur Selbstverwirklichung und zu umfassendem Dienen als auch zu wahrer Freude und Erfüllung.

Dieses Buch ist das vierte in einer Reihe von Büchern, die sich mit der Planung großer Lebensherausforderungen vor der Geburt beschäftigen. Auf den nächsten Seiten werden wir uns mit auf der Seelenebene geplanten Herausforderungen befassen, die in romantischen Beziehungen oder auch in der Abwesenheit solcher Beziehungen auftreten. Wie in meine anderen Bücher sind auch in dieses heilsame Einsichten und erleuchtende Informationen eingeflossen, die über Medien aus Gesprächen mit weisen, mitfühlenden, nichtphysischen Wesen gewonnen wurden. Barbara Brodksy channelt Aaron (einen aufgestiegenen Meister) sowie die göttliche Mutter, eine Verbindung der höchsten weiblichen Bewusstseinsformen (Mutter Maria, Guanyin und andere) in unserem Universum. Corbie Mitleid channelt die Seele oder das höhere Selbst einer Person. Staci Wells channelt ihren Geistführer. Pamela Kribbe channelt Jesus unter seinem hebräischen Vornamen Jeshua.

Viele weitere Weisheiten stammen aus Rückführungen in frühere Leben und Zwischenleben mithilfe der *Between Lives Soul Regression* (BLSR), der Form von Hypnose, auf die ich mich spezialisiert habe. Unter dieser Hypnose kann man direkt mit sehr hoch entwickelten nichtphysischen Wesen (oft als Ältestenrat bezeichnet) sprechen, die wissen, was für das aktuelle Leben geplant wurde und warum, wie gut man diese Pläne erfüllt und wie man sie vielleicht besser erfüllen könnte. BLSR beinhaltet zudem eine verkürzte Rückführung in frühere Inkarnationen.

Mögen Sie sich und Ihr Leben auf den folgenden Seiten widergespiegelt sehen. Mögen die Weisheit und die Heilung, die diese mutigen Seelen, um die es dort geht, gefunden haben, zu Ihrer Weisheit und Heilung werden.

Kapitel 1

Untreue

Umfragen haben ergeben, dass fast jeder Fünfte, der in einer monogamen Beziehung lebt, den Partner oder die Partnerin schon einmal betrogen hat. Fast die Hälfte aller Befragten gibt zu, irgendwann im Leben untreu gewesen zu sein. Untreue kann, wenn sie entdeckt wird, Vertrauen zerstören und Misstrauen, Verwirrung, Wut und das Gefühl hervorrufen, verraten worden und möglicherweise unzulänglich zu sein. Der untreue Partner wird vielleicht von Schuldgefühlen und sogar von Selbsthass geplagt. Über Jahre gewachsene Liebesbande können sich über Nacht auflösen.

Angesichts der Häufigkeit von Untreue scheint es mir wahrscheinlich, dass sie oft schon vor der Geburt geplant wird. Doch warum sollte eine Seele verraten werden wollen? Und warum sollte eine andere Seele zustimmen, der Verräter zu sein? Wie kann eine so schmerzhafte Erfahrung der Evolution dienlich sein? Und wie kann das Verständnis des vorgeburtlichen Plans dazu beitragen, die Heilung nach der Verwüstung durch die Untreue zu fördern? Um diesen und anderen Fragen nachzugehen, habe ich mit Tricia über den Verrat gesprochen, den sie in ihrer Ehe erlebt hat.

Tricia

Als wir uns trafen, war Tricia siebzig Jahre alt und erzählte mir, wie sie und Bob, ihr inzwischen verstorbener Ehemann, sich mit Anfang dreißig bei ihrem ersten Date nähergekommen waren.

»Wir konnten einfach nicht aufhören, alles übereinander herauszufinden«, erinnerte sie sich. »Das Restaurant, in dem wir zu Abend gegessen haben, wollte schließen, also sind wir bis tief in die Nacht herumgelaufen und haben geredet und gelacht. Es war, als hätte ich ein Zuhause gefunden. Dieser Mann – seine Ausgelassenheit und Unbeschwertheit! Wir schauten in die Sterne und er fragte, ob er mich küssen dürfe. Meine Güte, natürlich habe ich Ja gesagt. Meine Knie wurden weich! Ich hatte das Gefühl, in Ohnmacht zu fallen. So hatte ich mich noch nie gefühlt. Da war das Gefühl, *diese Person ganz genau zu kennen.* Nach diesem ersten Date waren wir zusammen.« Vier Monate später heirateten Tricia und Bob.

»Nichts konnte uns irritieren«, erzählte mir Tricia. »Während unserer Flitterwochen auf Hawaii hat uns jemand unser ganzes Geld aus dem Zimmer gestohlen und wir haben nur darüber gelacht.«

In den nächsten siebzehn Jahren genossen Tricia und Bob die Harmonie in ihrer Ehe. Die Beziehung war alles, was sich Tricia jemals erhofft hatte, und noch mehr. Doch dann änderte sich schlagartig etwas.

»Bob kam von einer Konferenz nach Hause und erzählte von dieser Frau, Claire, die er kennengelernt hatte. Ich hatte ihren Namen schon von einigen seiner Kollegen gehört und auch erfahren, dass sie ein schönes, junges, sportliches Singlemädchen war. Bob war ganz entzückt, weil er eine Nachricht von Claire bekommen hatte. Ich sagte: ›Warum sollte Claire dir eine Nachricht schreiben?‹ Er fuhr mich an – das hatte er noch nie getan –, sagte: ›Ich weiß nicht‹, sprang vom Sofa auf und stampfte davon.

Es gab viele andere Hinweise und einer davon war sehr offensichtlich. Seine Kleidung war von einer Ejakulation verschmutzt. Ich erinnere mich, wie ich sie gewaschen habe und in meiner Arglosigkeit und Liebe zu ihm dachte: ›Ich hoffe, es geht ihm gut. Ich verliere besser kein Wort darüber, weil ich ihn nicht in Verlegenheit bringen will.‹ So naiv war ich.«

Tricia hatte dann einen immer wiederkehrenden Albtraum, in dem Bob mit Claire zusammen war. In diesem Traum sagte er zu Tricia: »Ich gehe. Ich liebe dich nicht mehr. Ich liebe sie.« Als Tricia Bob von dem Traum erzählte, sagte er: »Es tut mir so leid, dass du das durchmachst«, aber er sagte nicht, dass es keinen Grund dafür gebe.

»Irgendwann kam Bob von einem dieser Treffen nach Hause, an denen auch Claire teilgenommen hatte. Er zog mich an sich und wollte mich küssen. Er roch nach Parfüm. Ich wich zurück und sagte: ›Wie widerlich! Was ist das?‹ Er zauberte eine Geschichte aus dem Hut, der zufolge er mit Freunden zum Abendessen aus gewesen war und die Kellnerin ihn umarmt hatte.«

Kurz darauf teilte Bob, der in seinem Job unglücklich war, Tricia mit, er würde gern nach Oregon ziehen. Sie war einverstanden. Nach dem Umzug fand er einen neuen Job, der mehr nach seinem Geschmack war. Zehn Jahre vergingen – Jahre, in denen »wir uns das Märchen zurückeroberten«, wie Tricia es ausdrückte. In dieser Zeit gerieten die beunruhigenden Hinweise scheinbar in Vergessenheit.

Eines Abends schrieb Bob gerade etwas in sein Tagebuch, während Tricia sich fürs Bett fertigmachte. »Da spürte ich, wie mich diese Flut von Emotionen überrollte«, sagte Tricia. »Sie kam aus meinem Bauch. Ich atmete schwer. Bob fragte: ›Alles in Ordnung bei dir?‹ Ich sagte: ›Nein, überhaupt nicht!‹ Die Stimme, die aus mir herauskam, war ganz anders als meine eigene. Sie sagte: ›Ich spüre eine solche Wut. Du musst unbedingt etwas für mich tun: Ich möchte, dass du mir alles erzählst, was zwischen dir und Claire damals war.‹ Nun, das war zehn Jahre später. Wir hatten nicht wieder über Claire gesprochen. Sie war schon lange Geschichte. Ich hatte keine Ahnung, warum ich es jetzt wissen wollte. Es war wie in einem Theaterstück, in dem man bestimmte Dinge sagen muss. Bob guckte wie ein Auto! Er legte sein Tagebuch weg, machte ein betroffenes Gesicht und sagte: ›Wir haben uns ein bisschen geküsst.‹ Ich warf das Telefon nach ihm und gab ihm eine Ohrfeige.«

Erst dann gab Bob zu, dass er über mehrere Jahre eine Affäre mit Claire gehabt hatte.

»Ich warf mich auf den Boden«, fuhr Tricia fort. »Ich dachte, ich sterbe! Wir redeten die ganze Nacht weiter. Mir war so schlecht, dass ich mich übergeben musste. Ich schrie Worte heraus, die ich noch nie im Leben benutzt hatte. Ihre Wirkung konnte ich in seinem Gesicht sehen. Ich hörte eine Stimme in meinem Kopf, die sagte: ›Nimm ihn in den Arm. Liebe ihn einfach‹, aber ich ignorierte sie. Bob wurde derweil von Reue und Gewissensbissen zerfressen.«

Nacht für Nacht, Woche für Woche schrie Tricia Bob nur noch an. »Tricia, was willst du von mir?«, fragte er sie. »Ich will, dass du stirbst!«, schrie sie zurück.

Sechs Monate später wurde Bob krank. Eine Biopsie ergab, dass er die aggressivste Form von Prostatakrebs hatte. Man sagte ihm, er habe noch drei Monate zu leben.

Tricia ließ ihre Wut fallen und stellte ein Krankenhausbett ins Wohnzimmer, damit Bob fernsehen und durchs Fenster die Vögel beobachten konnte. Sie schlief auf einer Matte am Fußende seines Bettes. »Ich habe alles für ihn getan – mich um ihn gekümmert, ihn gebadet, versucht, ihm etwas Essbares einzuflößen.« Sie betrachteten alte Fotos, schauten sich gemeinsam Filme an und sprachen über die glücklichsten Zeiten in ihrer Beziehung. Sie fanden auch einen Weg zur Heilung.

»Wir gingen in unserer Erinnerung zurück und veränderten die Dinge so, wie wir sie uns gewünscht hätten. Wir sagten einander, was damals hätte gesagt werden sollen. Wir taten zum Beispiel so, als sei Bob gerade von der Arbeit nach Hause gekommen. Dann hätte er mir gesagt, dass dieses Mädchen ihn in Versuchung geführt habe. Wir führten tatsächlich das Gespräch, das uns damals gerettet hätte. Es war, als bringe man die Fehler wieder in Ordnung. Es war so mächtig, denn jedes Mal, wenn wir es machten, nahm es der alten Geschichte etwas von ihrem Stachel.« Allmählich und ganz subtil spürte Tricia, wie sich ihre Wut in Luft auflöste.

»Ich sagte Bob, dass ich ihm vollkommen vergeben hatte – und das war die Wahrheit. Und in ihm sah ich etwas, was ich in meinem Leben noch nie gesehen hatte: bedingungslose Liebe, absolut bedingungslose Liebe für mich.«

Dann, drei Monate, nachdem er die Diagnose erhalten hatte, starb Bob.

»Er lebt in meinem Herzen weiter«, sagte Tricia sanft. »Ich weiß, dass er da ist. Ich höre ihn. Manchmal höre ich seine Stimme. Manchmal ist es nur ein Gefühl.«

Bevor wir dieses Gespräch führten, hatte Tricia gesagt, sie glaube, Bobs Affäre mit Claire sei vor Beginn dieses Lebens von allen Beteiligten geplant worden.

»Tricia«, fragte ich, »was glaubst du, warum ihr alle diese Erfahrung machen wolltet?«

»Bob hatte das Gefühl und erwähnte es auch mal, dass er in diesem Leben lernen sollte, für sich selbst einzustehen und Nein zu sagen, wenn es angebracht war, statt sich von einer anderen Person manipulieren zu lassen«, erklärte sie. Ich fragte mich, ob Bob jetzt das Gefühl hatte, dabei versagt zu haben. Würde er ein weiteres Leben planen, um diesmal »alles richtig zu machen«?

»Was mich angeht«, sagte Tricia, »so bin ich hierhergekommen, um etwas über bedingungslose Liebe zu erfahren. Bob war mein wichtigster Lehrer. Durch ihn habe ich gelernt, was bedingungslose Liebe ist. Als ich jung war, bin ich auf Herzen herumgetrampelt. Ich trennte mich ständig von Männern oder ich hatte Affären – einmal sogar mit einem verheirateten Mann. Meine größte Lektion war die über die schrecklichen Dinge, die passieren können, wenn man etwas tut, ohne dabei an andere zu denken.«

Claire sagte in einem unserer vielen Gespräche, sie fühlte sich als Opfer des Lebens und ihre einzige Möglichkeit, kein Opfer zu sein, sei, Menschen – Männer und Frauen, Familienmitglieder – dazu zu bringen, nach ihrer Pfeife zu tanzen. Das gab ihr ein Gefühl von Macht und Selbstsicherheit. So ist sie wahrscheinlich hierhergekommen, weil sie das Gefühl überwinden wollte, dass die Welt gegen sie ist. Als wir zum ersten Mal miteinander sprachen, machte sie auf mich nicht den Eindruck, als hätte sie es bereits überwunden. Vor ein paar Jahren sprach ich dann zum letzten Mal mit ihr. Sie war weiser geworden und verhielt sich mir gegenüber sehr freundlich.

»Die Heilung, die mittlerweile stattgefunden hat – ich kann gar nicht erklären, wie mächtig sie ist. Sie hat unser aller Leben verändert.«

»Tricia, manche Leute, die dieses Kapitel lesen, sind vielleicht sehr verletzt, weil ihr Partner eine Affäre hatte. Möglicherweise befinden sie sich in der akuten Phase dieses Schmerzes. Es kann sein, dass sie deine Geschichte lesen und denken: ›Das klingt, als wolle sie sagen, es sei völlig in Ordnung, dass mein Partner mich betrogen hat, weil wir es von Anfang an geplant haben. Aber für mich fühlt es sich nicht so an. Ich leide Höllenqualen! Ich bin stinksauer!‹ Was würdest du ihnen sagen?«

»Als ich da mittendrin steckte«, antwortete Tricia, »hätte mich wahrscheinlich nichts davon überzeugen können, dass dies nicht die schrecklichste und tragischste Sache überhaupt war. Wenn es ein Film gewesen wäre, dann eine Tragödie – aber das Ende wäre transformierend.«

In Tricias Kommentar klang etwas an, was ich bei meinen Klientinnen und Klienten gesehen hatte, die ihre größten

Herausforderungen überstanden hatten und geheilt worden waren. Wenn man mitten in der Erfahrung steckt, ist es wichtig und notwendig, den eigenen Schmerz anzuerkennen, zu würdigen und voll und ganz zu spüren. Jahre später sagten diejenigen, die den Mut hatten, genau dies zu tun, wie wichtig die Herausforderung für ihre Entwicklung gewesen war.

Dann überraschte mich Tricia mit einer Offenbarung: Bob hatte ihr gegenüber einmal davon gesprochen, dass sie alle die Möglichkeit seiner Affäre mit Claire geplant hatten, bevor sie geboren wurden.

»Wann hat er das gesagt?«, fragte ich.

»In seinem Krankenbett, ein paar Tage, bevor er starb.«

»Wie ist er sich dessen bewusst geworden?«

»Er war an einem Ort, den er als ›die andere Seite‹ bezeichnete. Als er von dort zurückkam, glänzten seine Augen und er sagte, er habe erfahren, dass wir unser Leben planen, dass wir ein Drehbuch schreiben, nach dem wir uns mit Dingen konfrontieren, um auf der geistigen Ebene zu wachsen, aber dass es unsere freie Entscheidung ist, wie wir jeweils reagieren.«

Ich fragte Tricia, ob es noch etwas gebe, das sie gern jemandem sagen würde, der leidet, weil sein Partner eine Affäre hat oder hatte.

»Ich weiß einfach, wie sich diese Person fühlt. Was ich mir die ganze Zeit selbst gesagt habe – und was mich getröstet hat – war, dass er das nicht getan hat, weil er mich nicht liebt. Es hatte nur etwas mit seinen eigenen Schwächen zu tun, nicht damit, dass er mich nicht liebt; nicht damit, dass er mich verletzen wollte; nicht damit, dass er kein guter Mensch ist. Erkenne, dass du immer noch genau die Person bist, die dein Partner liebt, und dass dein Partner immer noch die Person ist, die du liebst.«

Tricias Seelenrückführung in ein früheres Leben

Um festzustellen, ob Tricia, Bob und Claire die außereheliche Affäre wirklich vor ihrer Geburt geplant hatten, machte ich mit Tricia eine Seelenrückführung in ein früheres Leben. Ich führte Tricia durch die üblichen Entspannungsphasen, dann eine Treppe hinunter und in die »Halle der Chroniken«, wo alle Informationen über frühere Inkarnationen aufbewahrt werden. Sie bewegte sich langsam den Flur entlang, bis sie auf eine bestimmte Tür aufmerksam wurde. Ich forderte sie auf, durch diese Tür in das frühere Leben zu gehen, das dahinter lag.

»Bist du im Freien oder in einem Innenraum?«, fragte ich.

»Ich befinde mich in einem Innenraum. Es ist ein Café mit Stühlen an runden Tischen, geräumig, mit Theken und Leuten dahinter. Es ist Tag. Licht scheint durch das Fenster. Ich bin allein. Es ist warm, stickig geradezu. Es riecht widerlich – nach Zigarettenrauch.

Ich trage Schuhe mit hohen Absätzen. Es sind einfache Schuhe, nicht besonders attraktiv. Ich habe Nylonstrümpfe an, einen Rock – ich spüre seinen Saum – und ein braunes Damenjackett mit einer knallroten Bluse darunter. Es ist nette Arbeitskleidung für tagsüber. Der Rock passt zum Jackett. Meine Fingernägel sind lackiert und ich trage ein Armband am rechten Arm und einen Ring an der linken Hand. Es ist ein einfacher goldener Ring und daneben steckt noch ein Ring. Sieht aus wie einer mit einem kleinen Stein – einem sehr kleinen Stein.«

Ich bitte Tricia, sich einen Spiegel vor ihrem Gesicht vorzustellen. »Was fällt dir an deinem Spiegelbild auf?«

»Ich bin eine junge Frau, sehr attraktiv mit rotem Lippenstift. Ich habe einen Hut auf. Ich habe schulterlange dunkle, lockige Haare und eine sehr helle Haut. Ich bin klein und schlank.

»Lass zu, dass der Spiegel sich auflöst«, sagte ich sanft. »Was tust du gerade?«

»Ich prüfe die Tische. Ich bin sehr emotional, nervös, unglücklich und ich habe Angst. Jemand wird bald da sein. Ich bin verabredet. Eine Handtasche hängt an meinem rechten Arm. Ich mache sie auf und nehme ein Taschentuch heraus. Ab und zu spazieren Menschen am Fenster vorbei, ein Mann mit Hut ist auch dabei. Auf dem Tresen liegt eine Zeitung. Ich gehe sehr langsam, halte inne, schaue … Ich bin nervös. Da steht ein Raumteiler, eine Dame sitzt auf einem Barhocker, ein Stück weiter sitzen zwei Männer, die etwas trinken. Es ist ganz still. Ein Mann geht zur Tür.«

»Ist er die Person, mit der du verabredet bist?«

»Nein.«

»Taucht dieser Mensch überhaupt jemals auf?«

Tricia schwieg, während sie der Szene erlaubte, sich zu entfalten.

»Nein.«

»Wie fühlst du dich, wenn diese Person nicht auftaucht?«

»Schrecklich!«, antwortete sie mit Schmerz in der Stimme. »Verraten. Verlassen. Sehr traurig. Sehr traurig.«

»Weißt du, mit wem du verabredet bist?«

»Mit jemandem, der mir sehr wichtig ist.« Sie fing an zu weinen. »Mit … meinem Ehemann. Jetzt nicht aufzutauchen ist seine Art, mir zu sagen, dass er nie wiederkommen würde. Ich weiß das jetzt. Ich weiß es. Ich bin mir sicher. *Ich habe so sehr gehofft.*«

»Tricia, ich möchte, dass du die Energie des Mannes spürst, der nicht aufgetaucht ist. Ist dein Ehemann in jenem Leben jemand, der auch in deinem aktuellen Leben ist oder war?«

»Ja«, sagte sie mit zitternder Stimme. »Es war Bob. Mein Bob.« Sie begann zu schluchzen.

»Lass jede aufkommende Emotion durch dich hindurchfließen – in dem Wissen, dass Tränen heilen und deine Seele reinigen«, schlug ich vor.

Wir machten einen Moment Pause, weil bei Tricia die Tränen flossen. Als sie allmählich versiegten, begleitete ich sie in die nächste Szene jenes Lebens.

»Da ist ein Fußweg, da sind Bäume – wunderschön, fast so etwas wie ein Park«, beschrieb sie jetzt fröhlich die Szene. »Ein sehr schöner Tag. Ich gehe spazieren, bin glücklich, atme die frische Luft. Vor mir fährt ein kleiner Junge auf einem Fahrrad. Ich winke dem Jungen. Ich kenne ihn. Es ist mein Kind.«

Ich fragte, ob es sich bei dem Vater des Jungen um den Mann handle, der nicht im Café aufgetaucht war.

»Es ist nicht dieser Mann«, sagte sie mit Gewissheit. »Es ist ein ganz anderes Gefühl.« Oft haben Menschen in ihren Rückführungen ein solches *Gefühlswissen* über bestimmte Gegebenheiten. Es ist die gleiche Art von Wissen, über das wir verfügen, wenn wir unseren Körper verlassen haben und auf der anderen Seite zu Hause sind.

»Ich bin jung und gesund«, fuhr sie fort. »Ich fühle mich wie etwa dreißig. Ich bin mit dem Vater des Jungen verheiratet. Gerade nehme ich den Jungen in den Arm. Dann steigt er wieder auf sein Fahrrad. Jetzt ist er wieder vor mir. Im Gras läuft ein Hund. Vor mir liegt ein Gebäude, auf das ich zugehe, ein großes Backsteingebäude, eine Art Büro oder College. Ich bin sehr zufrieden, sehr, sehr glücklich mit dem Jungen.

Ich gehe in das Haus. Ich bin dort mit meinem Mann verabredet. Ich gehe durch die Türen. Doppeltüren – mit großen, goldenen, sehr ausladenden Türklinken. Der Boden im Innern ist ein polierter Fliesenboden. Der Junge lässt sein Fahrrad draußen stehen und kommt mit mir. Ich halte seine Hand. Wir gehen einen Flur entlang. Da ist ein Mann« – an dieser Stelle lachte sie fröhlich – »mein Mann. Der Junge läuft ihm in die Arme. Ich bin sehr glücklich.

Mein Ehemann legt seine Hände um meine Taille. Er schnappt sich sein Jackett und zieht es an. Jetzt gehen wir den Flur entlang.

Er hält meine Hand. Wir gehen aus dem Haus und mein Sohn holt sein Fahrrad. Wir gehen den Weg zurück, den ich gekommen bin.«

»Tricia«, sagte ich, »wir können davon ausgehen, dass dich deine Geistführer und deine Seele aus einem bestimmten Grund zu dieser Szene geführt haben. Was musst du über die Szene wissen, die dir da gezeigt wird?«

»Ich kann mich so glücklich schätzen. Etwas sehr Schlimmes ist passiert und ich habe es überstanden. Deshalb kann ich mich so glücklich schätzen.«

»Handelt es sich bei dem Schlimmen darum, dass dich dein erster Ehemann verlassen hat?«

»Ja.« Hier fing Tricia wieder an zu weinen. »Ganz sicher.«

»Gibt es hier noch mehr für dich zu erfahren, oder bist du bereit, weiterzugehen?«

»Ich bin bereit.«

»Ich zähle jetzt bis drei«, erklärte ich. »Dann gehst du automatisch weiter zur nächsten bedeutsamen Szene oder zum nächsten wichtigen Ereignis in dem Leben, das du gerade erfährst. Eins … zwei … und drei! Wo bist du jetzt und was passiert gerade?«

»Ich bin jetzt ziemlich alt, mindestens sechzig. Ich bin in meinem Haus in meinem Schlafzimmer. Ich bin allein. Ich fühle mich müde und schwach. Mir ist kalt, aber ich kann mich nicht richtig zudecken. Ich kann mich nicht bewegen. Meine Augen sind geschlossen.«

Ich fragte Tricia, ob sie wisse, ob dies der letzte Tag ihres Lebens sei.

»Ich glaube schon.«

»Hast du das Gefühl, dass dieses Leben mit dieser Szene für dich abgeschlossen ist, oder gibt es hier noch mehr für dich zu erleben?«

»Ich habe sehr stark das Gefühl, mit diesem Leben abgeschlossen zu haben. Ich bin bereit, weiterzugehen.«

»Lass das Leben, das du gerade untersucht hast, zu Ende gehen, wann immer du dazu bereit bist«, sagte ich. »Deine Seele weiß genau, was am Ende eines Lebens passiert. Deine Seele weiß, wie man einen physischen Körper verlässt, wenn ein Leben vollendet ist …

Du bist gerade gestorben und entfernst dich von deinem physischen Körper. Du hast diese Erfahrung schon viele Male gemacht und spürst keine körperlichen Schmerzen oder Beschwerden. Während du dich aus dem Körper herausbewegst, kannst du weiterhin mit mir sprechen und meine Fragen beantworten, denn du bist jetzt in Kontakt mit deinem inneren, wahren Selbst – mit deiner Seele. Spüre, wie sich dein Geist bis in die höchsten Ebenen deines Seins hinein ausdehnt.

Wir gehen jetzt an einen Ort des erweiterten Bewusstseins, während du dich nach oben bewegst, in das liebevolle Reich einer allwissenden geistigen Kraft. Auch wenn du erst am Eingang zu diesem schönen Reich stehst, kann deine Seele die Freude über ihre Befreiung spüren. Alles wird dir im weiteren Verlauf sehr vertraut werden, denn dieses friedliche Reich verkörpert eine allwissende Akzeptanz. Jetzt, während ich laut bis drei zähle, möchte ich, dass du deinen Geistführer im Stillen bittest zu erscheinen, und zwar auf drei. Eins … zwei … drei! Beschreibe das Aussehen deines Geistführers oder den Eindruck, den er auf dich macht.«

»Ein wunderschönes Licht«, bemerkte Tricia mit einem Anflug von Ehrfurcht in der Stimme. »Eine Frau. Sie macht einen sehr femininen und leichten Eindruck.«

»Bitte deine Geistführerin, dir einen Namen zu nennen, mit dem du sie anrufen kannst.«

»Reeding.«

»Frage Reeding, warum dir gerade dieses frühere Leben gezeigt wurde und was du daran unbedingt verstehen musst.«

Tricia gab das Gespräch, das sich in ihrem Kopf entfaltete, an mich weiter, nachdem ich sie aufgefordert hatte, eine Reihe von Fragen zu stellen.

Reeding: In jenem Leben hast du alles zu ernst genommen. Du hast große Freude gefunden, als du losgelassen hattest.
Tricia: Was war mein Plan mit Bob und Claire in meinem jetzigen Leben? Warum haben wir diesen Plan gemacht?
Reeding: Du solltest bedingungslose Liebe kennenlernen und erfahren.
Tricia: Für wen sollte ich sie empfinden?
Reeding: Für Bob.
Tricia: War Bob einverstanden, die Rolle zu spielen, die er gespielt hat, um mir die Möglichkeit zu geben, bedingungslose Liebe kennenzulernen?
Reeding: Auf jeden Fall.
Tricia: Wie gut bin ich mit dieser Lektion vorangekommen?
Reeding: Hervorragend, obwohl du dich selbst noch zu ernst nimmst. Hab keine Angst, zurückzubleiben.
Tricia: Gibt es noch andere Gründe, aus denen ich geplant habe, von Bob verraten zu werden?
Reeding: Vergebung.
Tricia: Bin ich in dem früheren Leben gestorben, ohne meinem ersten Ehemann (Bob) ganz vergeben zu haben?
Reeding: Ja.
Tricia: Was kann ich sonst noch tun, um in meinem jetzigen Leben an einen Ort der vollkommenen Vergebung und bedingungslosen Liebe zu gelangen?
Reeding: Hör auf, gegen das anzukämpfen, was du wirklich bist. Die Eifersucht, die du immer noch empfindest, bringt Schuldgefühle mit sich. Die Schuld lässt dich dein wahres Selbst, deine wahre Natur nicht akzeptieren.

Tricia: Wie kann ich Eifersucht und Schuld loslassen?
Reeding: Du hast sie zu ernst genommen. Lerne von Bob, der ein Vorbild in Sachen Unbeschwertheit war. Du bist mit einem verspielten Herzen hierher (auf die Erde) gekommen. Du bist hierhergekommen, um zu spielen. Du bist hierhergekommen, um glücklich zu sein. Du hast dir erlaubt zu glauben, dass das nicht richtig ist. Du hast dir erlaubt zu glauben, dass dies nicht deinem wahren Ich entspricht. Das ist ein erlerntes Verhalten.
Tricia: Wie kann ich es wieder verlernen?
Reeding: Erinnere dich, wie man spielt. Erinnere dich an das Kind, das du warst. Bob ist hierhergekommen, um dir das beizubringen. Er war ein Lehrer der Verspieltheit. Erinnere dich, wie viel Spaß es machen kann zu spielen.
Tricia: Ich möchte wissen, ob es Bob gut geht, ob er mich liebt, wo immer er ist, ob er glücklich ist und ob er mich so liebt wie damals, als er hier war.
Reeding: Es geht ihm sehr gut … und er liebt dich über alles.
Tricia: Wann werde ich ihn wiedersehen? Tue ich in diesem Leben das Richtige, um wieder mit ihm zusammen sein zu können?
Reeding: Bob möchte, dass du dein Leben lebst und richtig lebendig bist, während du lebst. Du wirst ihn wiedersehen. Du wirst bei ihm sein. Und ja, er will das auch.

Am Ende hat Tricia mir gesagt, dass sie sich im Gespräch mit Reeding ganz fühlte. Ich holte sie allmählich aus der Trance zurück: »Wir bitten darum, dass alle Gelübde und Versprechen, die dich an das soeben untersuchte frühere Leben binden und dir nicht mehr dienen, freigegeben und annulliert werden.

Tricia, ich möchte, dass du alles, was du gesehen und erlebt hast, in deinem bewussten Gedächtnis speicherst. Alle Gedanken, alle Gefühle und alles, was dir heute klar geworden ist, wird dir in deinem jetzigen Leben sowohl bewusst als auch unbewusst weiterhin nützen und dich stärken. Du wirst jetzt ein Gefühl neuer Energie und Zielstrebigkeit haben. Erlaube diesem allumfassenden Wissen, sich sanft in deinem Bewusstsein niederzulassen.

Während ich langsam von eins bis zehn zähle, möchte ich, dass du mit offenen Augen in diesen Raum im Jetzt zurückkehrst, wach und aufmerksam und in der Lage, diese Erfahrung noch weiter zu verarbeiten. Die Heilung, das Verständnis und die gute Arbeit, die du heute geleistet hast, werden sich deinem Überbewusstsein einprägen und sich von heute an in deinen Entscheidungen, deinem Handeln und deinem Selbstverständnis widerspiegeln.«
Dann zählte ich langsam von eins bis zehn, wobei meine Stimme mit jeder Zahl lauter und bestimmter wurde.

»Tricia, nimm dir jetzt ein bisschen Zeit, um dich zu dehnen, zu orientieren und zu erden. Wenn du bereit bist, über deine Erfahrung zu sprechen, lass es mich wissen.«

Wir saßen eine Weile schweigend da.

»Du meine Güte!«, sagte sie plötzlich. »Es war sehr emotional und befreiend. Ich fühle mich richtig erleichtert«, fügte sie lachend hinzu. »Und ich war so beeindruckt von der Frau, die ich im Spiegel gesehen habe – wie viel Ähnlichkeit sie mit mir als junger Frau hatte!«

Ich fragte Tricia nach ihrem größten Gewinn aus dieser Erfahrung.

»Die Nummer eins war Bob. Im letzten Teil, als ich mit Reeding sprach, spürte ich Bob so stark und so liebevoll. Das war der uneingeschränkt heilende Teil.«

»Was hat diese Sitzung deiner Meinung nach noch gebracht?«

»Als ich erlebte, wie ich versetzt wurde, kam mir das sehr vertraut vor – die gleiche Wut, der gleiche Schmerz, den ich empfunden hatte, als ich herausfand, dass Bob diese Affäre mit Claire eingegangen war.«

Der Plan, den Tricia vor ihrer Geburt zusammen mit Bob und Claire gefasst hatte, hatte es ihr somit ermöglicht, die gleichen Gefühle der Verlassenheit und des Verrats hervorzurufen, die sie in diesem früheren Leben nicht hatte heilen können. Als Seelen beschließen wir oft, eine bestimmte Erfahrung oder Emotion noch einmal zu durchleben, um sie im aktuellen Leben meistern zu können.

»Außerdem«, fuhr Tricia fort, »habe ich gesehen, wie hart ich zu mir selbst bin. Ich habe richtiggehend ein Büßerhemd getragen. Ich bin hart zu mir, auch wenn ich mir damit nur selbst schade. Reeding ist so fröhlich mit mir umgegangen. Damit hatte ich gar nicht gerechnet. Es fühlt sich so an, als würde Gott mir vergeben.

Es fühlt sich so an, als habe ich aus dem Äther die Erlaubnis bekommen, glücklich zu sein. Vielleicht habe ich mir diese Erlaubnis sogar selbst gegeben.«

Tricias Seelenrückführung zwischen die Leben

Tricias Seelenrückführung in ein früheres Leben hatte uns einen Einblick in den Plan für ihr aktuelles Leben gegeben. Um noch mehr Einsichten zu gewinnen, habe ich mit Tricia eine Seelenrückführung zwischen die Leben (*Between Lives Soul Regression* oder BLSR) durchgeführt. Eine BLSR enthält eine verkürzte Rückführung in frühere Leben, aber dieser Teil spielte für das Thema Untreue keine Rolle. Also brauchen wir hier nicht darauf einzugehen.

Nachdem ich Tricia durch die ersten Phasen der Rückführung begleitet hatte, beschrieb sie, was sie erlebte, als ihr Bewusstsein in ihr nichtphysisches Zuhause zurückkehrte.

»Ich sehe eine Öffnung vor mir«, begann sie. »Sie ist hellblau. Ich bewege mich hindurch und bin in einem weiten Raum. An einem Tisch sitzen drei Wesen. Sie tragen etwas, das wie durchscheinende Gewänder aussieht. Ihre Körper strahlen ein Licht aus. Sie tragen Hauben auf dem Kopf.

Einer von ihnen steht auf. Es ist ein Mann. Er kommt langsam auf mich zu. Er ist sehr schön: glatte, weiche Haut, große blaue Augen. Er ist ein Mensch, sieht aber nicht ganz menschlich aus. Er geht auf mich zu. Jetzt ist er bei mir, nimmt meine Hand und schaut mich an.«

»Wie fühlt es sich an, in seiner Gegenwart zu sein?«

»Reine, reine Liebe.« Sie klang glückselig.

»Frag ihn, ob er einen Namen hat, mit dem wir ihn ansprechen sollen.«

»Milton.«

»Tricia, bitte frag Milton, ob er eine bestimmte Nachricht für dich hat.«

»Alles, was ich spüre, ist Liebe. Ich höre keine Worte. Ich empfange nur Gefühle.«

»Bitte frag Milton, ob wir ihm und den anderen Wesen dort Fragen stellen dürfen.«

»Er sagt Ja. Er führt mich zu dem Tisch mit den anderen. Sie erheben sich. Rund um den Tisch stehen weiße Stühle. Der Tisch ist auch weiß. Jetzt kann ich die beiden anderen Wesen sehen. Sie sehen sehr ähnlich aus, aber eines ist weiblich. Das andere Wesen ist männlich. Sie verraten mir ihre Namen. Das weibliche Wesen ist Entera, das andere Jonah. Jonah geht weg. Ich weiß nicht, warum. Milton bietet mir einen Stuhl an. Entera ist auf der anderen Seite. Wir sitzen jetzt.«

Ich forderte Tricia auf, zu fragen, ob Milton und Entera ihr Ältestenrat seien.

»Milton sagt, dass sie nur ein Teil des Rates sind. Es gibt noch neun weitere. Sie sind anwesend, aber ich sehe sie nicht. Jetzt legt Milton seine Hände auf den Tisch. Entera legt ihre Hände auf seine und meine Hände liegen auf ihren. Milton erklärt, dass uns dies für ein Gespräch verbindet und die Konversation klarer macht, damit ich sie verstehen kann.«

»Tricia, frag Milton, Entera und den Rest deines Rates, warum du für dein jetziges Leben auf die Erde gekommen bist. Was wolltest du erreichen?«

»Milton sagt, dass ich mich sehr gern damit auseinandersetzen wollte, verlassen zu werden, und dass alle einverstanden waren … *Oh! Bob ist da! Bob ist da! Bob ist hier!*«, verkündete sie begeistert. »Bob kommt mit Jonah auf mich zu.« Sie begann leise zu weinen. »Bob ist genauso gekleidet wie sie. Er legt seine Hände auf meine und ich lächle. Er sitzt auf einem Stuhl gegenüber. Er ist so voller Liebe. Es gibt noch andere Wesen, die mit Jonah zum Tisch gehen. Ich bin ganz überwältigt.«

Dann bat ich Tricia, Bob und den Rat zu befragen. Sie übermittelte mir die Antworten, die sie hörte.

Bob: Wir haben dieses Leben gemeinsam geplant. Ich habe dir gesagt, dass es sehr schwer für dich werden würde, aber ich wollte meine Rolle für dich spielen.
Tricia: Warum bist du hier mit diesen anderen?
Bob: Ich bin mit ihnen hier, weil du hier bist. Sie helfen mir zu erklären. Sie helfen dir zu verstehen.
Tricia: Was war mein vorgeburtlicher Plan in Bezug auf dich?
Bob: Es gab Dinge, mit denen ich mich in diesem Leben auseinandersetzen wollte, eine Schwäche, die ich überwinden wollte. Du wolltest mir dabei helfen. Meine Schwäche besteht darin, allen gefallen zu wollen. Ich wollte wissen, wie ich sein kann, wer ich wirklich bin. Einer zu sein, der allen gefallen will, hat etwas mit Angst zu tun. Wir waren uns einig, dass meine Wahl (die Affäre), dir bei deinem Verlassenheitsthema helfen würde, das auch etwas mit Angst zu tun hat.
Tricia: Wie habe ich dir geholfen, diese Angst zu überwinden, die aus dir einen Menschen gemacht hat, der allen gefallen möchte?

Bob: Früher habe ich mich für Leben entschieden, in denen ich von anderen dominiert wurde, hauptsächlich von Frauen. Außerdem war ich in einem Leben eine Frau, die von ihrer Umwelt dominiert wurde. Davon hatte meine Seele eine Narbe davongetragen. Nach unserem Plan würdest du mich nicht dominieren. Du wärst liebevoll und rücksichtsvoll. Das würde es mir möglich machen zu sehen, wer ich wirklich bin.

Tricia: Glaubst du, dass wir das hinbekommen haben?

Bob: Ja, ja, das glaube ich. Ich bin dir sehr dankbar.

Tricia: Hast du mit Claire und mir diese Affäre geplant, um mir Gelegenheit zu geben, etwas über Verlassenheit zu lernen und mich darüber zu erheben?

Bob: Ja. Claire ist zutiefst liebevoll und aufgrund dieser Liebe ein Teil der Vereinbarung. Bei der Planung hast du behauptet, vergeben zu können. Du, der Rat und ich haben gehofft, dass eine sofortige Bindung und Heilung zustande kämen, und zwar viel früher, als es dann der Fall war. Ich hoffte, bezüglich der Affäre sofort offen und ehrlich sein zu können, was in diesem Moment gleich Heilung gebracht hätte. Das ist nicht passiert. Ich war zu schwach, und so ging es immer weiter.

Entera: Die Seele intervenierte schließlich. Es war Zeit für Bob, nach Hause zurückzukehren. Seine Krankheit wurde benutzt, um ihn auf einen Bewusstseinstand zu bringen, den er sonst nie hätte erreichen können.

Bob: Deshalb habe ich mein Leben hinter mir gelassen. Die Krankheit hat es mir ermöglicht, die Schwäche und die Angst endlich zu überwinden.

Tricia: Wie findet der Rat, dass ich mich geschlagen habe, als es darum ging, etwas darüber zu lernen, im Stich gelassen und verraten zu werden, und beides zu vergeben? Gibt es da noch mehr für mich zu tun?

»Milton beruhigt mich«, teilte mir Tricia mit. »Ich spüre eine Welle der Liebe von ihnen allen.«

Milton: Da ist eine solche Liebe für dich. Kein Urteil. Alles, was du getan hast und noch tun wirst, ist göttlich inszeniert, akzeptiert und nie falsch.
Tricia: Wie kann ich alle Schuldgefühle loslassen, die ich wegen meiner Reaktion immer noch habe, jede Wut, die ich immer noch auf mich selbst habe, und jede Eifersucht, die ich Claire gegenüber immer noch empfinde?
Entera: Die Persönlichkeit ist als Katalysator für das (Seelen-) Wachstum notwendig. Wenn du das erkennst, kannst du Schuldgefühle und Eifersucht loslassen, die beide auf Angst basieren.

»Jetzt stellt Entera mir den Rest des Rates vor, um mir einzuschärfen, was für ein Geschenk es ist, hier zu sein.«

Entera: Du bist mehr als die Persönlichkeit in einem Leben, aber die Persönlichkeit muss respektiert, bewundert und gefördert werden, denn deshalb kommst du in ein Leben: um ein Mensch zu sein und Emotionen zu haben, Gefühle zu spüren. Das erlaubt dir zu wachsen und ist ein Geschenk an deine Seele. Das ist der Sinn jedes Lebens. Es sollte gefeiert, nicht gefürchtet oder verdammt werden.

»Ich spüre so viel Liebe und Akzeptanz von allen. Sie sagen mir, dass ich einen wunderbaren Job mache und gar nichts falsch machen kann. Keine Entscheidung war falsch und ich habe Bob nicht geschadet. Ich habe ihm geholfen. Das bedeutet mir so viel.«

Tricia: Wie denkst du, Bob, über alles, was passiert ist? Wie denkst du jetzt über mich?

»Er hat nur meine Hand gedrückt. Es kommt mir so vor, als scherze er mit mir und sage, ohne zu sprechen, so etwas wie: ›Wenn du immer noch nicht weißt, wie sehr ich dich liebe …‹«

Bob: Du musst den Plan als eine Aufgabe betrachten, die erfüllt ist.

»Er lacht. Alle anderen lächeln. Es ist schön, so schön.«

Tricia: Werden wir wieder gemeinsam inkarnieren? Wirst du auf mich warten, damit wir das machen können?
Bob: Ja. Auf beide Fragen.
Tricia: Was soll ich noch verstehen?
Milton: Den Mut, den du und Bob hatten, dieses Leben gemeinsam zu planen und zu gestalten, ein Leben mit so viel Schmerz und so viel Freude. In jedem Leben ist Schmerz persönlich, produktiv und subjektiv.
Tricia: Was ist Claires Beziehung zu mir? Ist sie in meiner Seelengruppe? Hatte ich andere Leben mit ihr?

Eine Seelengruppe ist eine Ansammlung von Seelen, die sich auf etwa der gleichen Schwingungs- und Evolutionsstufe befinden. Die Mitglieder einer Seelengruppe spielen abwechselnd jede vorstellbare Rolle füreinander, und zwar über viele Leben hinweg.

Milton: Ja, sie ist in deiner Seelengruppe. Sie war in einem Leben die Zwillingsschwester von Bob. Du warst nicht in diesem Leben, aber du hast andere Leben mit ihr verbracht. In einem Leben war sie dein Vater.
Tricia: Warum hatte ich kein ganzes Leben mit Bob? Warum sind wir so zusammengekommen, wie wir zusammengekommen sind? Warum habe ich ihn so viel mehr geliebt als irgendwen anderen in meinem Leben? Ich habe ihn fast angebetet.

Entera: Euer Zusammenkommen wurde so arrangiert, dass Bob die meiste Zeit seines Lebens mit seiner Schwäche konfrontiert wurde und andere wichtige Momente erleben konnte, bevor ihr euch getroffen habt. Das Zusammenkommen war so geplant, wie es stattgefunden hat. Es hätte nicht genauso funktioniert, wenn ihr euch vorher getroffen hättet.

Die Liebe entspringt einer seelischen Verbindung aus vielen gemeinsamen Leben. Ihr werdet gemeinsame Leben haben, die gleichzeitig stattfinden. Die Liebe wird immer da sein. Nichts wird ihr jemals schaden.

Ich habe Enteras Hinweis auf gleichzeitige Leben so verstanden, dass Tricia und Bob parallele Ichs in parallelen Dimensionen haben werden. Der Hinweis auf die Gleichzeitigkeit diente mir auch als Bestätigung, dass Tricia wirklich mit ihrem Rat sprach, denn Gleichzeitigkeit und Nichtlinearität beschreiben die wahre Natur des Kosmos. Im Gegensatz dazu ist die lineare Zeit eine Illusion der dritten Dimension, eine Illusion, die von den Einschränkungen der fünf Sinne und des menschlichen Gehirns erzeugt wird.

Tricia: Ich vermisse dich, Bob.
Bob: Ich bin bei dir. Ich bin immer bei dir. Du kannst mich hören. Ich habe dich nicht verlassen. Ich werde immer bei dir sein. Ich werde dich daran erinnern, dass ich da bin.
Tricia: Danke, Bob. Du hast mir ein Leben geschenkt, das ich mir im Traum nicht hätte vorstellen können. Danke für deine Liebe, deine Hingabe und deine süße Art. Danke, danke, danke für alles. Du sollst wissen, dass ich nie aufgehört habe, dich zu lieben. Es gab nie einen Moment, in dem ich dich nicht geliebt habe. Selbst als ich Dinge sagte, von denen ich wusste, dass sie dich verletzen, habe ich dich geliebt und versucht, damit aufzuhören.

Bob: Das weiß ich.

»Er ist so voller Liebe!«, rief Tricia wieder aus. »Er lächelt jetzt so viel und beruhigt mich so sehr. Ich glaube, ich kann nichts sagen, was er nicht schon wüsste. Ich möchte ihn so gern wieder umarmen.«

Bob: Ich erinnere mich an alles. Ich erinnere mich, wie wir uns gegenseitig in den Armen lagen und sagten, wir wären im Himmel. Ich wohne in deinem Herzen.

»Ich spüre so viel Liebe und Akzeptanz. Jetzt steht Bob auf.«

Bob: Ich gehe gleich, aber ich bin nie wirklich weggegangen.

»Er drückt meine Hand und geht.«

Milton: Dein vorgeburtlicher Plan ist in Erfüllung gegangen.
Entera: Aber dein Leben hat dir mehr zu bieten und du hast mehr zu geben. In deinem Plan war auch die Hoffnung enthalten, dass du Zweifel überwinden und zu einem Ort des Glaubens an dich selbst gelangen würdest. Das ist der Zweck deiner weiteren Existenz als Tricia. Glaube es einfach.
Tricia: Was ist das »Mehr«, das ich geben soll?
Entera: Das Gelernte durch Mitgefühl und Zuhören auszudrücken, dein Wissen ohne Angst zum Ausdruck zu bringen.
Tricia: Wie komme ich vom Zweifel zum Glauben an mich selbst?
Milton: Wenn du schreibst, zensiert du dich selbst.

»Er zeigt mir ein Bild davon, wie ich schreibe. Ich ändere das Geschriebene und ändere es nochmals.«

Milton: Hör auf, dich selbst im Leben ständig zu zensieren. Glaube, was du sagst.
Tricia: Soll ich irgendwie aktiv werden oder dem Leben einfach seinen Lauf lassen?
Entera: Das Leben läuft am glattesten, wenn es im Fluss ist. Erlaube dem Leben, zu dir zu kommen. Nichtstun ist auch eine Lebensform.
Tricia: Mein Körper wird alt. Gibt es etwas, was ich tun sollte, um mein Leben zu verlängern oder meinen Körper gesünder zu machen?
Entera: Der Körper folgt der Aufmerksamkeit. Der Körper folgt Freude oder Angst. Folge der Freude und dein Körper wird folgen.
Tricia: Woher kommt meine Essstörung? Wie geht man am besten damit um?
Milton: Sie kommt von einem Hunger nach Aufmerksamkeit, nach einem Sinn im Leben und davon, dass man fürchtet, nicht akzeptiert zu werden.
Entera: Essen macht Spaß, kann aber der Seele keine Erfüllung schenken.

»Sie zeigt mir Musik, Meditation und wie ich mich selbst ohne Angst akzeptieren kann.«

Tricia: Warum sehe ich nur drei von euch, wo ich doch weiß, dass es noch neun andere gibt?
Milton und Entera: Wir sind deine Begleiter auf dieser Reise. Du musst die anderen nicht vor Augen haben. Sie sind hier und du kannst sie und ihre Liebe spüren.

Ich fragte Tricia, ob sie jetzt der Ansicht sei, alles mit dem Rat besprochen zu haben.

»Abgesehen davon, dass ich ihnen für ihre Hilfe und überwältigende Liebe und Akzeptanz für mich danken möchte, ja. Ich wünschte, ich könnte es in Worten ausdrücken, aber ich weiß, dass sie meine tiefe Wertschätzung dafür, dass sie Bob zu mir gebracht haben, spüren. Ich bin so dankbar, dass ich die Gelegenheit bekommen habe, ihn so strahlend zu sehen und seine Nähe wieder zu spüren. Danke. Danke.«

Ich war gerührt darüber, wie leidenschaftlich Tricia sprach.

Ich brachte ihre Aufmerksamkeit zurück in ihren physischen Körper und führte sie allmählich ganz sanft zurück in die Gegenwart.

»Oh wow!«, sagte sie plötzlich, als sie die Augen aufschlug. »Ich wusste gar nicht, dass ich Tränen habe, und jetzt laufen sie mir über die Wangen.«

»Tricia, was ist dir an dieser Erfahrung besonders aufgefallen?«

»Bob«, sagte sie, ohne zu zögern. »Ich bin erstaunt. Ich hätte nicht gedacht, dass ich ihn dort sehen würde, und ich hatte nicht erwartet, dass er so aussieht oder sich so anfühlt, wie es der Fall war. Es war die beste Seite von ihm, die ich immer gespürt und gekannt hatte, aber im Laufe des Lebens spürt man auch viele andere Seiten. Es ist erstaunlich! Und das Gefühl seiner Hände auf meinen – Gänsehaut. Es war wie ein elektrischer Schlag. Und die Gesichter dieser wunderbaren Wesen – irgendwie fremd, schön, ätherisch.

Außerdem war es sehr gut für mich zu erkennen – und das will ich nicht vergessen –, dass Claire von der ganzen Seelengruppe geliebt wird, und dass ich sie nicht als diesen Eindringling in mein Leben, das gut war, bis sie kam, betrachten sollte, sondern eher als Katalysator, als Freundin.

Diese Erfahrung war erhebend für mich. Jetzt sitze ich einfach hier in dieser großen Pfütze der Dankbarkeit. Und die kommt von Herzen.«

Tricias Sitzung bei Corbie

Um zu erweitern, was wir in den Rückführungen gelernt haben, hatten Tricia und ich eine Sitzung bei dem Medium Corbie Mitleid. Corbie hat die besondere Gabe, die Seele (das höhere Selbst) von Menschen zu channeln. Da eine Seele aus allen Persönlichkeiten besteht, die sie jemals hervorgebracht hat, bezeichnet sie sich manchmal als »wir« oder »uns«, wenn sie durch Corbie spricht. Sowohl Tricia als auch ich waren gespannt, was der große Geist uns mitteilen würde.

»Mutter/Vater Gott«, begann Corbie, »danke, dass du mir heute Gelegenheit gibst, dir zu dienen. Umgib uns mit deinem bedingungslosen Licht der Liebe, des Schutzes, der Weisheit, des Mitgefühls, des Dienens und der Wahrheit. Möge nur die Wahrheit gesprochen werden. Möge nur die Wahrheit gehört werden. Lass mich ein reiner Spiegel sein, um Tricia, Bob, Claire und Rob die Informationen zu geben, nach denen heute gesucht wird. Möge ich mit Kopf, Herz und Hand stets ganz in deinem Dienst bleiben. Dies geschieht in Christi Namen. Amen.

Ich sehe drei leuchtende Seelen, die Stühle rücken und sich um einen runden Tisch setzen«, verkündete Corbie. »Sie sind heute eigens gekommen, um mit uns zu sprechen.«

»Ich möchte zunächst den drei Wesen danken, die zu uns gekommen sind«, sagte ich. »Sprechen wir mit den Seelen von Tricia, Bob und Claire?«

»Wir haben vereinbart, uns in Glauben und Mitgefühl zusammenzutun, damit diese Arbeit euch dienen wird«, kam die Antwort, die ich als Ja auffasste.

Wie immer, wenn Corbie channelt, wurde ihre Stimme plötzlich tiefer, und ihre Sprache verlangsamte sich, wurde stockender und bedächtiger. »Wir sind hier und freuen uns, dass wir gefragt werden.«

»Ich würde gern Tricias höheres Selbst fragen«, fuhr ich fort. »Hast du vor Tricias Geburt geplant, dass sie eine Beziehung zu Bob und Bob eine intime Beziehung zu Claire haben soll? Wenn ja, warum?«

»Dies ist das höhere Selbst von Tricia. Wir waren uns einig, Bob und ich, dass unsere Bindung stark genug sei, um ein solches Eindringen in dieses Leben zuzulassen. Wir drei kennen uns gut. Es war keine Fremde, die sich ungebeten in unser Leben gedrängt hat. Es war eine Dienstleistung. Es war Liebe. Wir drei lieben uns und die Verschmelzung von Leben ist immer heilsam, wenn die Leben außerhalb der Zeit betrachtet werden, als ob man ein weiteres Kapitel in einem Buch beendet, das man gern liest. Dieses Leben war ein Kapitel – nicht mehr.

Ihr (Menschen) glaubt, dass es nicht genug Liebe für alle gibt«, fügte Tricias höheres Selbst hinzu. »Eine Affäre wird als ›Ich werde nicht genug geliebt. Ich bin nicht genug‹ betrachtet. Es ist schwierig, dies zu verstehen, solange man in einem Körper ist, umgeben von Regeln und Getöse, aber keine Seele schaut eine andere an und sagt: ›Du darfst mit dieser anderen Seele keine himmlische Begegnung haben.‹ Wir wissen, dass wir unendlich sind. Warum Grenzen setzen? Das ist etwas, wovon wir uns wünschen, dass Menschen es verstehen.«

»Willst du damit sagen, dass es für jeden, der eine Affäre haben möchte, in Ordnung ist, eine zu haben?«, wollte ich wissen. Ich fragte nicht missbilligend oder herausfordernd, sondern einfach zur Klarstellung.

»Du sagst ›in Ordnung‹, als gehe es hier um eine Erlaubnis. Möchte man in dem Konstrukt der Welt, in dem zu inkarnieren man sich entschieden hat, etwas lernen? Vielleicht nicht. Wenn die eigene Verbindung mit Allem-was-Ist gut genug ist, kann diese Regel (Monogamie) locker gesehen werden. Eine Affäre zu haben, wie du es ausdrückst, ist nur dann ein Problem, wenn die Grenzen der Dualität möglicherweise andere Lektionen auslösen. In diesem Fall, also bei Tricia, geht es um Vergebung und darum, die Liebe zu verstehen, die alle drei Seelen erreicht. Die Vergebung betrifft möglicherweise nicht nur Bob oder Claire, weil die Persönlichkeit Tricia vielleicht lernen möchte, sich selbst ihre Eifersucht, Wut oder Verletzung zu vergeben.

Dies alles ist eine Nuance der Dualität, die die Seele von der bedingungslosen Liebe ablenkt. Bedingungslose Liebe ist genau das, was der Name sagt: Es gibt keine Bedingung, die den drei Seelen das Gefühl der Liebe und Akzeptanz nehmen würde. Darauf hoffen wir alle, wenn wir eines Tages in einem Körper sind. Es ist nur ein Schritt auf dem Weg.«

»Du hast erwähnt, dass Tricia Lektionen über Vergebung und Liebe lernt«, sagte ich. »Wie gut hat sie diese Lektionen deiner Ansicht nach in diesem Leben bewältigt?«

»Wenn du das von uns wissen willst, ist dies unser Bild: Vielleicht schwimmt ihr Boot im stürmischen Wasser und die Gischt spritzt ihr ins Gesicht, aber sie ist stark. Sie wird ihre Reise zum Frieden machen. Wir haben ihr Tiefe, Weitblick und Hartnäckigkeit gegeben. Diese Eigenschaften werden ihr helfen, Heilung von jedem wahrgenommenen Verrat zu finden.«

Hier schaltete sich Tricia in das Gespräch ein.

»Warum bin ich noch in diesem Leben?«, fragte sie ihr höheres Selbst. Der Ton, in dem sie dies fragte, bekundete echtes Interesse, keinen Widerstand. »Und was muss ich für den Rest meines Lebens geben?«

»Liebste, jede Lektion, die du lernst, bevor du zu uns zurückkehrst, kann wie Wildblumensamen an andere weitergegeben werden. Du triffst vielleicht jemanden, dessen Situation wie deine ist, aber er ist immer noch wütend. Diese Person hadert immer noch mit Gott. Sie hasst diejenigen, von denen sie glaubt, dass sie sie verraten haben, immer noch. Wir haben in vielen Leben an diesem Thema gearbeitet und auch wenn du dich vielleicht nicht daran erinnern kannst, wurde dir das Wissen geschenkt. Bis du mit den Füßen voran zu Grabe getragen wirst, kann dir auch die Liebe wieder begegnen und du kannst dich entscheiden, diese Liebe zu leben. Es gibt noch mehr Lektionen als die Hauptlektion.«

»Als ich so wütend auf Bob reagierte«, antwortete Tricia, »war er so reumütig, dass er überkompensierte und mich verehrte wie nie zuvor. Ich nahm an, das sei aus Schuldgefühlen heraus geschehen. Er schwor, mich gerade zum ersten Mal gesehen zu haben und dass dies eine Liebe sei, die nichts mit Schuld zu tun habe. Ich habe mich immer gefragt, ob das wahr ist.« Als Tricia sprach, hörte ich in ihrer Stimme ihre tiefe Sehnsucht nach Bob.

»Diese Verehrung war echt«, bestätigte ihre Seele. »Es war nicht gelogen, als er sagte, wie sehr er dich liebt. Du hättest die gleiche Intensivierung erfahren, wenn du Claire akzeptiert hättest und ihr drei euch verbunden hättet, obwohl dies in deiner Zeit und deinem Raum schwierig sein kann. Weil der Menschheit beigebracht wird, dass Mangel herrscht, glaubst du nicht, dass sich drei etwas teilen können; es müssen zwei sein. Wenn es drei sind, verliert einer.«

»Rob«, sagte Corbie, ihre Stimme war plötzlich wieder normal. »Jetzt kommt Bobs Seele mit einer Vision herein. Ich sehe Füße, die auf nassem Sand gehen. Als Bob nach Hause zurückkehrte, fand er Trost darin, auf einsamen Stränden, die er geschaffen hatte, spazieren zu gehen, still der Brandung zu lauschen und sich von ihr einlullen zu lassen. Seine Seele wird jetzt sprechen.«

»So wie die Fußspuren weggespült werden, möge bei Tricia jeglicher Schmerz weggewaschen werden«, begann Bobs Seele. (Corbies Sprechweise hatte sich wieder verlangsamt.) »Wir hoffen, dass wir auf diesem Weg weitergeführt werden, denn hier wird sich die Gelegenheit ergeben, dass wir als drei liebevolle Erwachsene bedingungslose Liebe finden. Liebe ist nicht unbedingt Sex. Liebe kann sein: ›Ich bin du.‹ Liebe kann sein: ›Es ist meine Hoffnung und mein Wunsch, dass dein Leben voller Freude ist. Lass mich daran teilhaben.‹«

Dann bat ich Bobs Seele, zu denen zu sprechen, die eine Affäre hatten und diese bereuen, bedauern oder sich dafür selbst verurteilen.

»Vergebung ist eine wirksame Medizin nicht nur für den, dem vergeben wird, sondern auch für den, der vergibt«, sagte uns seine Seele. »Vergebung ist wie die Welle, die die Fußspuren im Sand wegwäscht. An alle, die dies lesen: Das Wichtigste ist, sich nicht an die Brust zu schlagen, die Kleider zu zerreißen oder sich selbst zu geißeln, bis das Blut fließt. Es geht vielmehr darum, zu vergeben und aufrichtig zu lieben.

Wende dich ab vom Bedauern und von der Reue und gib dir selbst das Versprechen, dass die Liebe für den Rest deiner jeweiligen Existenz bedingungslos sein wird, egal unter welchen Umständen. Das schließt auch die Liebe zu dir selbst ein. Sich selbst zu lieben, nachdem man etwas getan hat, das als Übertretung wahrgenommen wird, bedeutet nicht, dass der Persönlichkeit die Übertretung nicht unangenehm ist. Es bedeutet, dass deine Menschlichkeit, deine ›fehlerhaften‹ Verhaltensweisen, die für den Lernprozess in der Erdenschule erforderlich sind, akzeptiert und die Lektionen gelernt werden. Die ›Fehler‹ werden wahrgenommen, aber dann kann damit abgeschlossen werden, wie man ein Schulbuch zuklappt, wenn der Stoff gelernt ist.«

»Tricia«, fragte ich, »was möchtest du noch wissen?«

»Ich möchte Claires höheres Selbst fragen, ob Claire klar ist, dass ich sehr dankbar bin für das, was ich aus dieser Erfahrung gelernt habe, und dass ich ihr von Herzen vergebe. Ich habe das Schwesterliche zwischen uns gespürt, aber das konnte ich ihr nicht sagen, weil ich sie nicht sah. Ich möchte sicherstellen, dass sich zumindest ihr höheres Selbst dessen bewusst ist und es an sie weitergeben kann.«

»Keine Angst«, versicherte Claires Seele. »All die Liebe, all die Zärtlichkeit, all das Mitgefühl, die du Claires Persönlichkeit entgegenbringen möchtest, erreichen sie über uns, und auch wenn sie sie vielleicht nicht direkt von dir annehmen kann, ist diese indirekte Übermittlung genauso gut. Sie wird helfen, diese Persönlichkeit von ihrer eigenen Qual zu heilen, denn ein Teil von ihr ist sich noch nicht mit dem Verstorbenen einig. Es bleibt zu hoffen, dass Claires Persönlichkeit versteht, damit sie eine eigene erfüllende Beziehung haben kann, bevor sie selbst hinübergeht. Deine Liebe und deine Vergebung machen es ihr möglich, weil sie sie öffnen und heilen.«

Dann bat ich Tricias Seele um einige heilende Worte für diejenigen, deren Partner eine Affäre hatte oder hat und die verletzt oder wütend sind oder sich betrogen fühlen.

»Das Schwierigste«, meinte Tricias Seele, »ist, wenn eine Person die Affäre des Partners als eigenes Versagen betrachtet. Selbst wenn der Partner so handeln sollte, bedeutet dies nicht, dass man selbst versagt hat. Es bedeutet vielmehr, dass der Partner einen möglicherweise nicht vollständig sieht. Keine Person, deren Partner eine Affäre hat, darf dies als Zeichen für die eigene Minderwertigkeit ansehen. Es sind Lektionen und es könnte sein, dass der Partner derjenige ist, der die Lektion braucht. Vergiss nicht, du siehst die Dinge aus einer zweidimensionalen Perspektive. Wir hier wissen, dass die Persönlichkeit, die Qualen erleidet, oft diejenige ist, die sich freiwillig bereit erklärt hat, der zerbrochene Spiegel zu sein, in den der Partner schauen muss, und die akzeptieren muss, dass es die Hand des Partners war, die den Spiegel zerbrochen hat. Ob der Partner die Lektion lernt oder nicht, liegt nicht an dem, der sich bereit erklärt, der Spiegel zu sein. Nur wenn du glaubst, dass ein anderer etwas getan hat, weil du ihn dazu gezwungen hast, ist die Lektion – die ganze Wahrheit – dahin.«

»Gibt es noch etwas, das Tricias, Bobs oder Claires Seele den Lesern mitteilen möchte?«

»Hier ist Tricias höheres Selbst, das für uns alle spricht. Liebe ist nicht auf Formen beschränkt. Liebe beschränkt sich nicht auf Konstruktionen. Vor langer, langer Zeit hast du gelernt, dass alle eins sind. ›Wie kann das sein?‹, sagst du. ›Ich liebe den anderen nicht. Wie kann die linke Hand die rechte verbrennen?‹ Das ist die Verbindung – die Seelenverbindung –, die wir alle miteinander haben. Wir drei haben Liebe, Vergebung und die Grenzen vieler Leben erforscht und werden dies auch weiterhin tun. Wir sind wie die schöne Blume, die sich von Jahr zu Jahr bildet und wieder neu bildet. Wir sind die Zwiebel, die im Winter in der Erde ruht und dann wieder aufblüht. Die Zwiebel treibt eine Blüte aus und im nächsten Jahr vielleicht eine andere. Sie sagt nicht zur Blume daneben: ›Ich bin eine gelbe Tulpe und du ein lila Krokus, da stimmt was nicht.‹ Wir sind Blumen. Wir alle wachsen aus demselben Boden. Wir alle brauchen Nahrung, Sonne und Regen – oder für die Seele das strahlende Licht der Liebe und die Tränen der Vergebung.

Wir alle drei danken diesen drei tapferen Inkarnationen, die versucht haben, die Lektionen zu lernen. Wir sind sehr dankbar für ihre Bereitschaft, in eine Welt der Dualität und der Endlichkeit einzutreten, damit wir hier die unendliche Singularität erleben können. Wir segnen alle drei für ihre Großzügigkeit uns gegenüber.«

* * *

Tricia war aus dem früheren Leben, das sie gesehen hatte, zum großen Geist zurückgekehrt, ohne Bob verziehen zu haben, dass er sie verlassen hatte. Was wir in der Vergangenheit nicht geheilt haben, wollen wir in der Zukunft heilen. Tricia entschied sich, die Energie der Unversöhnlichkeit energetisch in den neuen Körper zu tragen, nicht um sie auszudrücken, sondern um sie umzuwandeln.

Wie kann Tricia das tun? »Hör auf, dich dem zu widersetzen, was du wirklich bist«, riet Reeding, ihr Geistführer. Wie jeder von uns ist Tricia ein Wesen, das aus Liebe, von der Liebe und für die Liebe gemacht ist. Wenn wir in den Körper kommen und hinter den Schleier des Vergessens treten, vergessen wir diese ewige Wahrheit. Die Konditionierung, die hauptsächlich auf der unterbewussten oder unbewussten Ebene stattfindet, übernimmt die Kontrolle. Wir sind konditioniert zu glauben, dass das Leben hart ist und harte Arbeit erfordert. Manchen von uns wird beigebracht, dass Glück nicht richtig ist und nicht dem entspricht, was wir wirklich sind.

Hinzu kommt, dass das Ego in den Vordergrund tritt, wenn wir hinter dem Schleier stehen und uns in einem Zustand der wahrgenommenen Trennung befinden. Das Ego sagt uns, dass wir uns gegen diejenigen verteidigen müssen, die uns verraten haben. Doch die Verteidigung erfordert, dass wir uns auf den Angriff konzentrieren, und ruft uns deshalb zum Angriff auf. *Ein Kurs in Wundern* sagt uns: »In meiner Wehrlosigkeit liegt meine Sicherheit.« Denn nur in absoluter Wehrlosigkeit ist ein Angriff nicht vorgesehen und wird daher nicht angezogen.

Wie überwinden wir Konditionierung und Ego? »Denke daran, wie man spielt«, sagte Reeding zu Tricia. »Erinnere dich daran, wie du als Kind warst. Bob ist gekommen, um dir das beizubringen. Er war ein Lehrer der Verspieltheit. Erinnere dich, wie viel Spaß es machen kann zu spielen.« Wie perfekt, dass Bob, der »Verursacher« der Unversöhnlichkeit in dem früheren Leben und der Wut früher in diesem Leben, selbst eine Quelle ihrer Heilung ist. Bobs Liebe zu Tricia war so groß, dass er einverstanden war, ihr nicht nur die Möglichkeit zu geben, Vergebung zu lernen, sondern ihr auch einen Weg zu diesem Ziel zu zeigen. Wenn wir unsere größten Herausforderungen planen, bevor wir geboren werden, schenken wir uns selbst auch das, was wir brauchen, um sie zu meistern. Und andere schenken es uns auch.

Der Plan, in ihrer Ehe Untreue zu erleben, sollte Bob genauso zugutekommen wie Tricia. Beide sahen in dieser Erfahrung die Möglichkeit und die Motivation, sich von der Angst ab- und der Liebe zuzuwenden. Tricia wandte sich von der Angst, verlassen zu werden, ab und Vergebung und Dankbarkeit zu. Und Bob wechselte von der Angst, anderen nicht zu gefallen, zu einem größeren Gefühl der Souveränität über. Ängste lassen sich oft am besten dadurch lösen, dass man sie »auf die Nase küsst«, und Bob hatte genau das vor, als er bei ihrer vorgeburtlichen Planung der außerehelichen Affäre zustimmte. Er wusste, dass diese Affäre Tricia wahrscheinlich wütend machen würde. Für einen, der immer allen gefallen will, ist es eine mutige Tat, einem solchen Plan zuzustimmen. Bob konnte nur deshalb so großen Mut aufbringen, weil dahinter seine große, immerwährende Liebe zu Tricia stand.

Genau wie Bob der Untreue als Akt der Liebe und des Dienstes an Tricia zugestimmt hatte, tat es auch Claire. Claire ist ein Mitglied ihrer Seelengruppe, jenem Kollektiv von Seelen, die sich mehr oder weniger auf der gleichen Schwingungsebene oder Entwicklungsstufe befinden. Aus Liebe spielen die Mitglieder einer Seelengruppe abwechselnd alle möglichen Rollen miteinander und füreinander: Elternteil und Kind, Bruder und Schwester, beste Freunde und sogar Todfeinde. Auf der Seelenebene gibt es kein Urteil über irgendeine Rolle. Vielmehr betrachtet die Seele alle Rollen als Gelegenheiten für Expansion, Heilung, Dienst und das Kultivieren von Weisheit und Tugenden. Auf der irdischen Ebene ist wenig so, wie es scheint. Unsere größten Peiniger im Physischen sind oft diejenigen in unserer Seelengruppe, mit denen uns die stärkste Liebe, die längste Geschichte und das größte Vertrauen verbindet. Tricia wusste schon vor ihrer Geburt, dass die Rollen der Verräter am besten von denen gespielt werden, denen sie am meisten vertraut.

Nun, nachdem Tricia geheilt ist, kann sie auch Claire von Nutzen sein. Wie Claires Seele uns schon sagte, kann die ganze Liebe, die

Zärtlichkeit und das Mitgefühl, die Tricia Claire entgegenbringen möchte, über ihre Seele an sie weitergegeben werden. Im physischen Bereich erscheinen wir aufgrund der Beschränkungen der fünf Sinne als getrennte Wesen in unterschiedlichen Körpern. In Wirklichkeit sind alle denkenden Geister vereint und jeder von uns ist eine Zelle im Körper eines göttlichen Wesens. Die Vergebung, die Tricia kultiviert hat, kann Claire auf Ebenen unterhalb des Wachbewusstseins spüren. Die Liebe, die Tricia ihr schickt, hilft ihr, sich von Bobs Tod zu erholen und macht sogar eine neue liebevolle, romantische Beziehung wahrscheinlicher.

Was fangen wir also an mit dem Wissen, dass Untreue vor der Geburt oft geplant wurde? Das Wissen über die Planung vor der Geburt darf nicht als spirituelle Umgehungsstraße verwendet werden. Wunden heilen, wenn Emotionen zugelassen und gefühlt werden, idealerweise ohne Widerstand oder Urteil. Und Sie, die Sie sich betrogen fühlen, sollten dies wissen: Jegliche Wut, die Sie im Bauch haben, hat ihre Berechtigung. Nehmen Sie sich die Freiheit, sie intensiv zu spüren, solange sie gefühlt werden will. Lassen Sie das Wissen über Lebenspläne still und leise in Ihrem Kopf und Ihrem Herzen verweilen. Es wird Ihnen zur Verfügung stehen, wenn Sie dafür bereit sind.

Auf der irdischen Ebene sind wir Menschen mit dem Prozess der Reinigung oder Klärung beschäftigt. Wir sind eine Mischung aus Licht und Dunkelheit, Liebe und Angst, die ständig danach strebt, Dunkelheit und Angst loszulassen und uns weiter in Richtung Licht und Liebe zu bewegen. Diese Alchemie nimmt unzählige Formen an, von denen Untreue nur eine ist. Doch der Inhalt jeder Form ist immer derselbe: das Wissen, wie man Liebe besser geben und entgegennehmen kann. Das ist die Messlatte für unserer Lebenspläne.

Kapitel 2

Impotenz

Impotenz und andere sexuelle Funktionsstörungen sind sowohl bei Männern als auch bei Frauen weit verbreitet. Studien zeigen, dass 5 Prozent aller Männer um die vierzig eine vollständige erektile Dysfunktion haben. Unter den Siebzigjährigen sind es 15 Prozent. Pro Lebensdekade sind etwa 10 Prozent mehr Männer von einer leichten bis mittelschweren erektilen Dysfunktion betroffen (das heißt 50 Prozent der Männer um die fünfzig, 60 Prozent der Männer um die sechzig). Unter den Frauen vor der Menopause leiden 41 Prozent an irgendeiner Form von sexueller Dysfunktion.

Die Auswirkungen sind bestenfalls schwierig und im schlimmsten Fall verheerend. Menschen, die an Impotenz leiden, fühlen sich oft mangelhaft. Häufig schämen sie sich und haben Schuldgefühle, weil sie ihren Partner oder ihre Partnerin »im Stich gelassen« haben. Diese Belastung kann eine Beziehung zerstören. Ganz natürlich fragen sich die Leute, warum das passiert, was es bedeutet und wie man heilen und vorankommen kann.

Um zu verstehen, ob auch Impotenz vor der Geburt geplant wird, sprach ich mit Andrew, der mutig genug war, mit mir über seine Erfahrungen zu reden.

Andrew

Zum Zeitpunkt unseres Gesprächs war Andrew sechsunddreißig und lebte in Belfast, Nordirland. Er arbeitete für eine Wohltätigkeitsorganisation für Obdachlose und betrieb eine Anlaufstelle für Flüchtlinge und Asylsuchende.

»Als ich etwa sechsundzwanzig war«, begann er, »verlor ich ganz schnell all meine Haare. Das hatte wirklich Einfluss auf mein Selbstvertrauen, mein Selbstwertgefühl und meine Fähigkeit, Beziehungen mit Mädchen einzugehen. Also kontaktierte ich einen Spezialisten für Transplantationen nach Haarausfall. Er erklärte mir, dass ich mehrere Monate lang ein verschreibungspflichtiges Medikament einnehmen müsse. Das würde den Haarausfall verlangsamen und dann gäbe es die Möglichkeit einer Haartransplantation.

Ich erinnere mich, dass ich ausdrücklich gesagt habe, dass ich gehört hätte, dieses Medikament könne die Libido beeinflussen. Er sagte: ›Das ist nur bei einem sehr kleinen Prozentsatz der Fall und weil Sie so jung sind, ist es sehr unwahrscheinlich, dass es passiert. Und selbst wenn, wenn Sie es absetzen, wird sich Ihre Libido einfach innerhalb eines Monats wieder normalisieren.‹ Ich hatte immer noch Angst, aber ich fing an, die Tabletten zu nehmen. Es dauerte ungefähr fünf Tage, bis mir klar wurde, dass es meine Libido und meine Erektionsfähigkeit beeinträchtigt hatte.«

»Andrew, was hast du konkret erlebt?«

»Da war kein Sexualtrieb mehr und die absolute Unfähigkeit, eine Erektion zu bekommen«, antwortete er. »Es war wie ein Todesurteil, als würde ich meinen ganzen Traum und meine Zukunft vor mir in die Brüche gehen sehen – keine Frau, keine Kinder. Ich erinnere mich, dass ich einfach nur dasaß, mir die Tränen runterliefen und ich über Selbstmord nachdachte. Ich fand viele Online-Foren, in denen sich Leute äußerten, die dasselbe eingenommen hatten wie ich und die fünf und zehn Jahre später sagten, sie seien immer noch völlig impotent. Das war niederschmetternd.«

Von da an wurde es für Andrew noch schwieriger. Sein Arbeitgeber erlitt einen finanziellen Rückschlag und konnte es sich nicht mehr leisten, Andrew zu beschäftigen. In seinem Privatleben führten seine sexuellen Probleme dazu, dass er eine vielversprechende neue Beziehung mit einer Frau beendete, von der er ganz begeistert gewesen war.

»Mein Leben schien vorbei zu sein«, sagte er traurig. »Ich fiel in eine tiefe Depression.«

Andrew zog wieder bei seinen Eltern ein und verließ ein Jahr lang selten das Haus. Er verlor den Kontakt zu Freunden und wurde von Selbstmordgedanken geplagt. Psychiater, Antidepressiva und Schlaftabletten waren keine Hilfe. Dann fand er allmählich zu einer neuen Sichtweise.

»Ich kam an den Punkt, an dem mir klar wurde, dass ich mich nicht umbringen würde. Also könnte ich genauso gut versuchen, etwas daraus zu machen.« Er las eine Menge über Spiritualität. Er nahm an Kursen zum Thema Heilen teil. Er meldete sich freiwillig in einem Flüchtlingszentrum und wurde sechs Monate später als Leiter dieses Zentrums eingestellt. Die Erfahrungen, die er dort bei seiner Arbeit machte, führten zu noch größeren Veränderungen in seiner Sichtweise.

»Es ist ein Zentrum für mittellose Migranten«, erklärte er. »Dort habe ich Menschen gesehen, die sich und das Leben total aufgegeben hatten, genau wie ich es getan hatte. Sie sind allein hier. Aufgrund ihrer Sprachprobleme finden sie keine Arbeit. Also greifen sie irgendwann zum Alkohol und lungern auf der Straße herum. Ich erkannte, wie viel Glück ich hatte. Ich hatte ein Dach über dem Kopf. Ich hatte eine liebevolle Familie. Indem ich den Migranten half, half ich mir selbst. Und je mehr ich dazu in der Lage war, desto mehr veränderte sich mein Leben.«

Ein paar Jahre vergingen. Dann lernte Andrew Sarah kennen, eine Kanadierin, die in Belfast studierte. Er spürte, dass sie die Frau seiner Träume war.

»Sie hatte alles, was ich mir jemals von einer Frau gewünscht habe, und mehr«, erinnert er sich. »Sie war inspirierend, kreativ, attraktiv. Wir waren auf allen Ebenen in Verbindung. Aber da war dieses Gefühl ›Wie kann ich damit umgehen?‹ Ich fühlte mich nicht sicher genug, es ihr zu sagen, und konnte deswegen keine Beziehung eingehen. Sie ist jetzt mit jemand anderem verheiratet«, sagte er leise.

Irgendwann hat Andrew herausgefunden, dass er Geschlechtsverkehr haben kann, wenn er Viagra nimmt, und macht sich jetzt optimistischer auf die Suche nach einer Lebenspartnerin. Er hat auch das Gefühl, dass sein Leiden zu einem enormen Wachstum geführt hat. »Weil ich diesen ganzen Schmerz durchlebt habe, kann ich heute mit Flüchtlingen, Asylbewerbern und Obdachlosen zusammensitzen, wirklich bei ihnen sein und ihren Schmerz ebenso anerkennen wie die Erfahrungen, die sie gemacht haben, und wer sie sind«, sagte er mir.

Andrew war einverstanden, für dieses Buch mit mir zu sprechen. Er glaube, er habe vor seiner Geburt geplant, die Erfahrung mit dem Medikament und der daraus resultierenden geringen Libido und Impotenz zu machen. »Andrew«, fragte ich, »glaubst du, du hast das zum Teil geplant, um den Migranten zu dienen?«

»Ich bin inzwischen der Meinung, dass es so sein muss«, antwortete er mit fester Stimme. »Es fühlt sich richtig und wahr an.« Dass Andrew das Wort *fühlt* benutzte, war für mich bedeutungsvoll. Ich nahm es als Hinweis darauf, dass er auf seine Intuition hört, was eine der Möglichkeiten ist, wie der große Geist mit uns kommuniziert. Gefühle sind die Sprache der Seele.

Außerdem schien mir, dass Andrews Erkenntnis über Sinn und Zweck seiner Erfahrung insbesondere in einem Punkt genau richtig war. Wenn wir vor der Geburt planen, uns im kommenden Leben einer bedeutenden Herausforderung zu stellen, tun wir dies teilweise, um bestimmte Eigenschaften, die für unsere Seele wichtig sind, zu kultivieren und zum Ausdruck zu bringen. Andrews Mitgefühl, seine Empathie und seine Dankbarkeit waren eindeutig tiefer geworden, aber das reine Kultivieren solcher Eigenschaften reicht aus Sicht seiner Seele nicht aus. Seine Seele möchte auch erleben, dass die Tugenden, die er entwickelt hat, zum Ausdruck gebracht werden. Für die Seele bedeutet dieses Nach-außen-Tragen Expansion und Freude.

»Diese Erfahrung hat mein Leben verändert«, fuhr Andrew fort. »Ich habe so viel über das Leben gelernt, über mich selbst, die Seele, die Menschen, über Beziehungen und darüber, wie aus Leiden etwas Gutes entstehen kann. Ich erinnere mich, dass ich in meiner dunkelsten Zeit einmal gebetet habe und mir die Worte eines Liedes eingefallen sind: *I want to know what love is. I want you to show me* (›Ich möchte wissen, was Liebe ist. Ich möchte, dass du es mir zeigst‹). Dieser ganze Prozess hat mir gezeigt, was Liebe ist. Auf dem Weg zur Arbeit schicke ich Liebe in das nächste Auto oder zu Leuten, an denen ich vorbeigehe. Bei der Arbeit sende ich einfach weiterhin Liebe aus. Es geht darum, aus diesem endlosen Raum, der unsere wahre Natur ist, zu geben, zu geben und nochmals zu geben. Liebe ist das, was wir wirklich sind. Das habe ich am eigenen Leib erlebt und nicht einfach nur von jemandem erzählt bekommen.«

»Wenn dieses Leben vorbei ist, wenn du wieder auf der anderen Seite bist und dem Mann begegnest, der dir das Medikament gegeben hat, was wirst du ihm sagen?«

Andrew lachte laut. »Ich sage: *Danke! Danke!* Rob, da ist keine Feindseligkeit, nicht ein Hauch von Feindseligkeit. Da ist nur Dankbarkeit: Dankbarkeit dafür, dass sich mein Leben verändert hat, dass ich auf einen anderen Weg geführt wurde und dass er seinen Teil dazu beigetragen hat.«

»Andrew, deine Geschichte wird vielleicht von Menschen gelesen, die aufgrund von Impotenz oder geringer Libido Qualen leiden. Vielleicht fühlen sie sich vom Leben oder vom Universum ungerecht behandelt. Vielleicht sehen sie keinen tieferen spirituellen Sinn darin. Was würdest du ihnen sagen?«

»Ich war so lange darin gefangen«, gab er zu. »Wenn man an alle Planeten im Kosmos denkt und daran, wie perfekt synchron sie ihre Bahnen ziehen; wie das Meer, die Wellen, der Mond, die Sonne und die Sterne alle in perfektem Fluss sind; wie die Jahreszeiten zur perfekten Zeit kommen und gehen; wie die Sonne immer wieder auf- und untergeht; und an die Tatsache, dass wir Lebenskraft für die Bäume ausatmen und dass das, was die Bäume als Abfall ausstoßen, unsere Lebenskraft ist. Alles ist in perfektem Fluss, aber wir denken irgendwie, dass unser Leben nicht in diesem perfekten Fluss ist.

Wenn man von wirklich inspirierenden Menschen liest«, fuhr er fort, »haben die meisten von ihnen unerträgliches Leid durchgemacht. Sei also offen für die Möglichkeit, dass du dich vielleicht aus gutem Grund bereit erklärt hast, diese Erfahrung zu machen. Und dieser gute Grund könnte ein größeres Verständnis und eine größere Ausdehnung deiner wahren Natur sein, und die ist Liebe. Wie Wayne Dyer zu sagen pflegte: ›Wenn du deine Sicht der Dinge änderst, ändern sich die Dinge, die du betrachtest.‹«

Ich fragte, wie es jetzt um seine Libido bestellt sei.

»Sie hat sich verbessert«, sagte er, »aber der tiefe Schmerz ist immer noch da und das Leiden daran auch. Aber jetzt nutze ich dieses Leiden als Treibstoff, der mich voranbringt und inspiriert, aus der Liebe zu leben.«

Andrews Seelenrückführung in ein Zwischenleben

Mein Gespräch mit Andrew hat mich bewegt und inspiriert. Er hatte gewaltig gelitten, aber dieses Leiden genutzt, um tiefes Mitgefühl und Empathie zu entwickeln. Dann hat er diese Tugenden im Dienst an anderen nach außen getragen. Es schien sehr wahrscheinlich, dass er die Impotenz und die geringe Libido vor seiner Geburt zumindest teilweise geplant hatte, um motiviert genug und entsprechend in der Lage zu sein, den mittellosen Migranten zu helfen. Ich fragte mich jedoch, welche anderen Absichten bei Andrews Planung eine Rolle gespielt hatten und was er sonst noch lernen oder tun wollte. Ich hoffte, seine Rückführung würde diese Fragen klären.

Ich führte Andrew durch die üblichen Phasen der körperlichen und geistigen Entspannung und dann durch einen Tunnel, aus dem er in ein früheres Leben trat.

»Ich stehe auf der Treppe in meinem Haus und will gerade ausgehen«, begann er. »Es ist Tag. Es ist heiß.«

»Ich würde gern ein Gefühl dafür bekommen, wie du angezogen bist«, sagte ich. »Was, wenn überhaupt, trägst du an den Füßen?«

»Sandalen.«

»Wenn du an deinem Körper entlang nach oben wanderst, was bedeckt deine Beine?«

»An meinen Unterschenkeln ist nichts, aber dann kommt eine rote Robe oder ein Umhang aus einem Material, das fast wie Gras ist. Darüber befindet sich eine Art Rüstung, ein goldener Schild. Ich habe auch ein Schwert und Schulterpolster.«

»Sehr gut«, antwortete ich. »Nun möchte ich, dass du dich selbst vor einem Spiegel stehen siehst, damit du sehen kannst, wie du aussiehst. Ich möchte, dass du dir dein Gesicht und deine Haare genau anschaust und mir sagst, ob du männlich oder weiblich bist.«

»Männlich«, antwortete Andrew, »etwa fünfunddreißig. Mein Haar ist schwarz, mein Teint dunkel. Ich habe ein längliches Gesicht mit einem starken Kiefer.«

»Hast du einen Ausdruck im Gesicht?«

»Ich bin wütend. Sehr wütend.«

»Schau dir jetzt deine Haut an. Welche Hautfarbe hast du?«

»Eine Mischung aus weiß und braun.«

»Bist du eine kleine, mittelgroße oder große Person?«

»Groß. Ich bin stark und muskulös.«

Ich wies Andrew an, den Spiegel aufzulösen und der Szene zu erlauben, sich ganz natürlich zu entfalten.

»Ich habe ein Schwert«, beschrieb er. »Die Leute um mich herum benehmen sich regelrecht hysterisch und sagen mir, ich soll das nicht tun. Ich will mich an jemandem rächen … Ich gehe zum Haus meines Bruders. Ich brülle. Wir schreien uns an und ich töte ihn.«

»Schau dir das Gesicht deines Bruders genau an«, forderte ich auf. »Erkennst du diese Seele als jemanden, der auch in deinem jetzigen Leben bei dir ist?«

»Mein älterer Bruder, John. Er hat mich im damaligen Leben betrogen. Er hat Lügen erzählt, die etwas mit meiner Frau oder meinem Partner zu tun haben. Ich habe ihn für diesen Verrat getötet. Ich wusste in dem Moment, in dem ich es tat, dass ich selbst getötet werden würde. Soldaten stürmen herein und nehmen mich mit.«

»Andrew, ich möchte, dass du darauf vertraust, dass dir deine Seele und deine Geistführer diese Szene aus einem bestimmten Grund oder aus mehreren Gründen zeigen. Was ist für dich wichtig, um die Szene, die dir gezeigt wird, erkennen oder verstehen zu können? Vertraue darauf, dass du die Antwort weißt.«

»Es hat mit Machtlosigkeit zu tun«, erklärte er. »Meine Macht wurde mir von einer Kraft außerhalb von mir genommen, einer Kraft, die ich liebte und die mich verraten hat. Bevor ich diese

Tat beging, dachte ich, mir würde meine Macht durch den Verrat genommen, aber indem ich Rache suchte, gab ich meine Macht auf und machte mich selbst machtlos.«

Ich forderte Andrew auf, sich dem nächsten bedeutenden Ereignis oder der nächsten Szene im selben Leben zuzuwenden.

»Ich gehe in den Tod«, sagte er, als das Bild in seinem Kopf scharf wurde. »Ich gehe durch Menschenmengen. Die Leute schreien mich an. Ich gehe in einen großen Hof. Ich werde dorthin geführt.«

»Wie fühlst du dich, während dies geschieht?«

»Seltsam – ich bin tatsächlich ganz ruhig. Ich weiß, dies ist nicht das wahre Ende. Ich weiß auch … es ist fast ein Tanz zwischen uns, der vollendet werden musste. Es fühlt sich wie eine Erfüllung an, auch wenn es unglaublich schrecklich ist.«

»Lass die Szene weitergehen. Was passiert als Nächstes?«

»Ich gehe dort hinauf, um gehängt zu werden. Sie legten mir eine Schlinge um den Hals. Ich höre Geschrei und Gespött. Meine Hände sind zusammengebunden. Ich stehe da und weiß, dass der Hocker unter mir gleich wegetreten wird. Dann ist Ruhe. Es ist vollbracht.«

Ich brauchte ein paar Minuten, um Andrews Bewusstsein aus dem Körper in diesem früheren Leben zurück in sein Zuhause auf der anderen Seite zu führen.

»Was erlebst du jetzt?«, fragte ich, als ich dachte, er sei dort.

»Nach oben gehoben werden … eine Ausdehnung … zum Licht gezogen werden … Frieden …« Andrew sprach jetzt viel langsamer und es lag eine fast greifbare Ruhe in seiner Stimme.

»Geh weiter nach oben«, wies ich ihn an, »höher und höher … immer weiter von der Erde weg … immer mehr ins Licht … Sag mir, was jetzt passiert.«

»Ich bin von unglaublich hellem Licht umgeben … *da ist so viel Licht!*« rief er, jetzt plötzlich aufgeregt. »Es fühlt sich ganz natürlich an.«

»Andrew, spürst du, dass das Licht selbst ein lebendiges Bewusstsein ist oder dass es Wesen im Licht gibt?«

»Ich sehe jetzt Wesen vor mir. Eines in der Mitte tritt vor, geht um eine Tischkante herum und kommt auf mich zu. Es ist ein Wesen ganz aus Licht. Es hat keine wirkliche Form. Es ist schwer zu beschreiben. Es ist fast so, als sei dieses Wesen von einem Lichtmantel umgeben.«

»Wie fühlt sich die Energie dieses Wesens an?«

»Ewig, wissend, liebevoll, nicht wertend, vertraut.«

»Ich möchte, dass du diesem Wesen dafür dankst, dass es vorgetreten ist, um mit dir zu sprechen. Frag dann nach seinem Namen und seiner Beziehung zu dir. Sag mir, welche Antwort du bekommst.«

Elar: Ich bin dein Geistführer. Mein Name ist Elar. Ich freue mich, dass du gekommen bist. Wir haben auf dich gewartet. Unsere Begegnung ist ein Teil dessen, worauf auch du gewartet hast.

Dann forderte ich Andrew auf, Elar mehrere Fragen zu stellen. Andrew wiederholte alles, was Elar antwortete:

Andrew: Warum wurde mir gerade dieses frühere Leben gezeigt?

Elar: Es sollte ein Ausgleich und eine Harmonisierung der vorherigen Aktionen zwischen dir und deinem Bruder stattfinden. Aber ihr habt beide Reste von Urteilen mit hinüber zum großen Geist und dann mit in dieses aktuelle Leben genommen, um sie nun aufzulösen. Diese Urteile waren Urteile über euch selbst. Obwohl ihr euch im Voraus über eure Taten einig wart, hat keine Selbstvergebung oder Selbstakzeptanz stattgefunden. Heute ist deine Impotenz an jenes Leben, jene Tat gebunden. Du hast geglaubt, deine Macht missbraucht zu haben, also gibt es (nach dem vorgeburtlichen Plan) keine Möglichkeit, Macht in diesem aktuellen Leben zu missbrauchen.

Andrew: Wie kann ich jetzt meine Macht zurückfordern?

Elar: Sei dir darüber klar, dass dies genau das ist, was passieren musste. Lass zu, dass es losgelassen wird. Erlaube dir, dir selbst zu vergeben.

Andrew: Wie mache ich das?

Elar: Schreib dir selbst Briefe voller Selbstvergebung, Mitgefühl mit dir selbst, voller Selbstwertgefühl und Selbstliebe. Du hinderst dich selbst daran, zu akzeptieren, wer du bereits bist. Das Schreiben dieser Briefe erinnert dich auf einer unterbewussten Ebene an die Vereinbarungen für jenes Leben und bringt dich an einen Ort, an dem du vollständig loslassen und das große Schema der Dinge anerkennen kannst, nämlich dass *beide* Parteien bereit waren, den Tanz zu tanzen und ihre Rolle zu spielen.

Andrew: Was soll ich sonst noch in diese Briefe schreiben?

Elar: Schreib einen Brief an das höhere Selbst deines Bruders und bitte es um Vergebung. Erlaube dann dem höheren Selbst deines Bruders, einen Brief an dich zu schreiben. Formuliere außerdem einen Brief, in dem du deinem Bruder seine Taten vergibst, und erlaube deinem höheren Selbst anschließend, eine Antwort auf diesen Brief zu verfassen.

Mir fiel auf, dass Elar wiederholt das Wort *erlauben* verwendete. Die Gedanken des Ego-Geistes sind wie eine atmosphärische Störung zwischen den Dimensionen. Wenn der Geist in der Meditation (oder bei potenziell meditativen Aktivitäten wie langen Fahrten über Land oder Wanderungen allein in der Natur) ganz ruhig wird, *erlaubt* dies dem nichtphysischen Bewusstsein, mit uns zu kommunizieren.

Andrew: Was muss ich aus diesem früheren Leben noch unbedingt wissen oder verstehen?
Elar: Macht. Nicht Macht über Menschen, sondern die Macht *aus* Menschen hervorzulocken. Du hast es nicht getan. Es hätte ein anderes Ende haben können, aber du hattest Angst, dein Lied zu singen, eine Angst, die der sehr ähnlich ist, die du in diesem aktuellen Leben hast. Lass sie los. Es ist jetzt an der Zeit, ans Licht zu bringen, was du hast, um anderen zu helfen.
Andrew: Wie mache ich das?
Elar: Die Macht ist im Schmerz. Verbinde dich damit. Schreib von dort. Fang klein an und sprich einfach mit anderen Menschen. Zeig dich verletzlich und sprich über die Angst. Hier liegt die wahre Verbindung. In der Verletzlichkeit, in der Angst liegt deine Macht. Begegne den Menschen in der Verletzlichkeit. Begegne ihnen in deiner Angst, weil auch sie diese Angst haben.

Ich spürte, dass Andrews Gespräch mit Elar seinen Verlauf genommen hatte und es für Andrew Zeit war, seinen Rat zu besuchen.

»Andrew«, forderte ich ihn auf, »danke Elar für die ganze Liebe und Weisheit, die er gerade mit dir geteilt hat, und auch dafür, dass er dich durch dein aktuelles Leben führt. Sag ihm dann, dass du noch andere Fragen hast, die du deinem Ältestenrat stellen möchtest. Beschreib jetzt, was als Nächstes passiert.«

»Es ist fast so, als hätte sich der Tisch bewegt«, antwortete er. »Er ist wie ein Halbkreis um mich herum, aber nicht zu nah.«

»Wie viele Ratsmitglieder sind da? Wie sehen sie aus?«

»Sie sind zwölf. Es sind Wesen aus Licht.«

»Sehen sie männlich, weiblich oder androgyn aus?«

»Androgyn.«

»Wie fühlt sich ihre Energie noch an?«

»Es ist allumfassende, allwissende Energie«, antwortete Andrew mit Ehrfurcht in der Stimme. »Bedingungslose Liebe und

Akzeptanz. Sie haben alles überwacht, woran ich beteiligt war. Es gibt nichts, was sie nicht über mich wissen, und kein Urteil. Da ist Liebe, Wertschätzung und Staunen auf beiden Seiten.«

Diese Gegenseitigkeit von Liebe und Wertschätzung war etwas, wovon mir oft berichtet wurde. So wie wir natürlich die sehr weisen und hochentwickelten Wesen lieben und schätzen, die unsere Evolution überwachen, lieben sie uns auch, und zwar für den Aspekt des Göttlichen, also für das, was wir wirklich sind.

Ich bat Andrew, seine Umgebung zu beschreiben.

»Es ist einfach reines weißes Licht, einem Zimmer ähnlich, aber man kann es kaum so nennen, weil alles weißes Licht ist. Rechts sind einige Wesen, die uns beobachten. Ich kann sie nicht beschreiben, mir ist nur klar, dass sie da sind.« Wie Andrew berichten viele Menschen von der Gewissheit, dass andere Wesen als Beobachter der Begegnung mit dem Rat anwesend sind.

Ich veranlasste Andrew, den Mitgliedern des Rates dafür zu danken, dass sie da waren und bereit, mit ihm zu sprechen, und sie zu fragen, ob einer von ihnen als Wortführer des Rates fungiere.

»Ja«, antwortete er: »Der eine auf der linken Seite.« An dieser Stelle lachte Andrew. »Dieses Wesen ist größer als Elar, jovial, unbeschwert und aufbauend. Die Atmosphäre zwischen uns und allen anderen ist lustig und spielerisch.«

»Andrew, frag den Wortführer des Rates nach seinem Namen.«

»Sie haben ihn mir schon gesagt. Deshalb habe ich gelacht. Der Name ist Iknow. Sie lachen alle, weil sie sagen: ›I know, Iknow.‹ Das ist der Name des Wesens.«

»Wie wird das geschrieben?«

»I-K-N-O-W, wie wir ›Ich weiß‹ auf Englisch in einem Wort buchstabieren würden. Es ist irgendwie eine spielerische Sache.«

Obwohl manche Menschen den Rat als ernsthaft empfinden, erleben ihn viele als fröhlich und spielerisch, wie Andrew jetzt. In der Tat lautet eine der häufigsten Botschaften, die Menschen vom

Rat erhalten, sich und das Leben weniger ernst zu nehmen und mehr Spaß zu haben.

Ich forderte Andrew auf, darum zu bitten, eine ganze Reihe von Fragen stellen zu dürfen, beginnend mit: »Welche Botschaft hat der Rat heute für mich?«

Iknow: Wir sind begeistert, dass du gekommen bist. Dies ist etwas, worauf du auf zahlreichen Ebenen gewartet hast.

Wir loben dich für die Art und Weise, wie du mit deinen Herausforderungen umgegangen bist, und erinnern dich an deine Bereitschaft, dich solchen Herausforderungen zu stellen. Wir und viele andere waren beeindruckt.

Andrew daran zu erinnern, dass er sich freiwillig auf einen anspruchsvollen Weg gemacht hatte, war wichtig. Da der Schleier zwischen den Dimensionen bei fast allen dazu führt, dass sie ihren vorgeburtlichen Plan vergessen, verfallen viele in das Opferbewusstsein, die niedrigste Schwingungsfrequenz, die ein Mensch erleben kann. Sich daran zu erinnern, dass wir uns für die schwierigen Erlebnisse selbst entschieden haben, zieht uns aus dieser Schwingung heraus und befähigt uns, viel bewusster und auf weniger schmerzhafte Weise zu lernen.

Andrew: Gibt es noch etwas, was mich der Rat über dieses frühere Leben wissen lassen möchte?
Iknow: In jenem Leben gab es die Möglichkeit der Transzendenz – die Möglichkeit, alles, was passiert ist, in Liebe zu verwandeln. Das hätte auch die Taten deines Bruders verwandelt. Es ist, als würde man die Tafel sauberwischen.

Das ist in jedem Leben möglich, und zwar auf die immer gleiche Weise, indem man die Liebe wählt. Komme, was wolle, wähle stets die Liebe. Komme, was wolle, wähle einfach die Liebe.

Oft führt der Weg zu Liebe und Transzendenz durch die Angst – Angst vor Verletzlichkeit, Isolation und Ablehnung. Hinter der Tür der Angst wartet die Liebe – großartige, bedingungslose, nie endende, nicht wertende, unverrückbare Liebe. Begegne den Menschen an dieser Tür, damit sie dir mit ihrer Angst begegnen können. Sprich über diese Angst. Sprich über diese Verletzlichkeit, diesen Mangel an Liebe, dieses Nichtwissen, dieses nicht gut genug Sein, dieses ›Wer bin ich, dass ich hier vor dir stehe und das sage?‹ Dort werden die Menschen dir begegnen. Dort wirst du Liebe finden. Ob du das mit einem Menschen oder mit tausend tust, spielt keine Rolle.

Andrew: Was ist mein wahres Selbst?

Iknow: Dein wahres Selbst ist Liebe. Mach dir keine Sorgen, dass du dies vergisst; das heißt, da wartet noch eine schöne Erinnerung.

Andrew: Warum bin ich meiner Seelenpartnerin noch nicht begegnet?

Iknow: Du kennst ein Lied mit der Textzeile: *Come to me. Come to me, wild and wired* (»Komm zu mir. Komm zu mir, wild und total aufgedreht.«) Du wirst ihr begegnen, wenn du bereit bist, wild und völlig frei zu ihr zu kommen. Sei wild und umarme deine Angst. Umarme deine Unsicherheiten, deinen Mangel an Selbstliebe – nicht, um sie zu ändern oder loszuwerden, sondern in dem Wissen, dass dich das menschlich macht, für fast jeden Menschen, der jemals in irgendeiner Form die Erde betreten hat.

Sei wild und offen und frei. Lebe aus diesem freien Selbst heraus. Es wird geschehen. Du musst nicht wissen, wann und wie. Es wird geschehen.

Andrew: Ich würde gern nach Sarah fragen. Ich habe mich nie mit einer anderen Frau so verbunden gefühlt wie mit ihr. Was kannst du mir über Sarah sagen?

Iknow: Ihr solltet nie langfristig zusammen sein. Du weißt tief in deinem Inneren, dass dem so ist. Andernfalls hättest du diese zusätzliche Anstrengung unternommen, anstatt dich zurückzuhalten und das Universum entscheiden zu lassen. Erkenne, dass das, was getan werden musste, perfekt gemacht wurde. Amen.

Andrew: Was ist ein Seelenpartner?

Iknow: Der Seelenpartner könnte als die andere Seite derselben Medaille beschrieben werden: die Fähigkeit, in die jeweils andere Richtung zu schauen, aber immer vereint zu sein. In gewisser Weise ist er die Wiedervereinigung mit der Quelle (Gott), die du nie wirklich verlassen hast. Er ist die Harmonisierung, die perfekte Ausrichtung. Er ist deine Schönheit in einem anderen Menschen und die eines anderen Menschen in dir. Das ist Einheit.

Andrew: Wie erkenne ich meine Seelenpartnerin, wenn ich sie finde?

Iknow: Du wirst es so ohne jeden Zweifel wissen, wie du dich jetzt in deinem Körper spürst. Du spürst die Resonanz unserer Worte, unsere Botschaft, unsere Umarmung, unsere Liebe in deinem Körper. Da wird es nichts zu leugnen geben. Es wird das Auftreten sein, die Begegnung, die Augen, die Verbindung, die Vereinigung.

Frag Iknow. Weiß er es? Natürlich weiß er es.

Andrew: Warum habe ich dieses Medikament genommen? War es Teil meines vorgeburtlichen Plans, dass es meinen Penis und meine Libido beeinflusst? Wie behebe ich das?

Iknow: Ja, das wurde vor deiner Geburt entschieden. Ein Grund dafür ist das, was du über dein früheres Leben herausgefunden hast. Nachdem du deinem Bruder das Leben genommen hast, kurz vor deinem eigenen Tod … die Entmachtung, die Machtlosigkeit – in gewisser Weise hast du das, was du getan hast, dir selbst angetan.

Aber es hat mehr mit der höheren Bestimmung für dieses aktuelle Leben zu tun: zu deiner wahren Essenz zu erwachen und deine Macht erneut in Anspruch zu nehmen, denn letztendlich gehört sie dir. Du bist die Macht und dies ist das Leben, um die Macht wieder zu beanspruchen.

Du stehst jetzt auf der Schwelle zu dem, wofür du in dieses Leben gekommen bist. Alles hat dich an diesen Punkt geführt, und alles – die ganze Vergangenheit, die Dunkelheit, die Medikamente und alles andere dazwischen – geschah mit der Absicht, an diesen Punkt zu gelangen. Du stehst jetzt da, wo du gehofft hast zu stehen, bevor du deinen allerersten Atemzug getan hast.

Es ist so schön, wenn du es nur erkennen könntest. Wenn du es nur erkennen könntest. Wir sind voller Lob für dich.

Andrew: Wenn es meine Absicht war, die Tatsache zu heilen, dass ich meine Macht in einem früheren Leben abgegeben habe, und ich sie in meinem jetzigen Leben zurückgewinnen wollte, warum sollte ich dann Erfahrungen von Impotenz und geringer Libido geplant haben? Warum habe ich nicht einfach geplant, eine sehr mächtige Person zu sein?

Iknow: Es bestand die Befürchtung, dass du als sehr mächtige Person diese Macht missbrauchen würdest, wie es deiner fehlgeleiteten Überzeugung in jenem früheren Leben und in den Lebenswirklichkeiten davor entsprach.

Auch wenn du als Mächtiger in dieses Leben kommst oder dein ganzes Leben als Mächtiger verbringst, gibt es Trennung, Missverständnisse und mangelndes Einfühlungsvermögen in die menschliche Schwäche der Angst, die Unmöglichkeit weiterzumachen, den Abgrund der Hoffnungslosigkeit. Wie kannst du einer anderen Person auf diesem Weg begegnen, wenn du ihn selbst noch nie gegangen bist? Dann kannst du nicht derjenige sein, der vor dieser Tür steht und sie aufhält, damit andere hindurchgehen können.

Du warst einverstanden, in diesem aktuellen Leben wirklich zu verstehen, wie es ist, das genaue Gegenteil deines wahren Selbst zu sein. Deswegen kannst du bei der Rückkehr andere mitnehmen.

Du kannst in die Hölle hinabsteigen und andere an der Hand nehmen.

Damit hatte Iknow den Lebensplan eines Lichtarbeiters sehr schön beschrieben. Ein Lichtarbeiter versucht am eigenen Leib genau das zu erfahren, was er vor seiner Geburt ändern wollte. Wirklich mächtige Veränderungen – transformative Veränderungen – können nur *aus der Schwingung heraus* beeinflusst werden, die man ändern möchte. Dies war das große Paradox von Andrews vorgeburtlichem Plan: Nur indem er sich zunächst machtlos machte, konnte er wirklich mächtig werden. Andrews Plan war das klassische Lernen durch Gegensätze. Der Kontrast zwischen Machtlosigkeit und wahrer, seelenbasierter Macht sollte ihm helfen, seine immense Kraft als göttliches Wesen zu würdigen und wirklich zu verstehen.

Andrew: Auf welche andere Weise haben mir die Erfahrungen mit Impotenz und geringer Libido in meinem aktuellen Leben gedient?
Iknow: Sie sollten Ablenkungen ausschalten. Andernfalls hätte es vielleicht Frauen gegeben, vielleicht hättest du Kinder gehabt – Ablenkungen auf der materiellen Ebene. Sie hätten dich von dem abgelenkt, was in einem früheren Leben passiert ist.

Außerdem sorgen Härte, Schmerz und Leid dafür, dass du nicht aufgibst. Jetzt kommst du nicht mehr vom Weg ab. Spür den Glutofen, der brennt, der dich antreibt, der den Traum vorantreibt: die Suche nach Wahrheit und den Wunsch, andere mitzunehmen. Man war sich einig, dass dies der beste Weg ist, nicht unbedingt der leichteste, aber der beste Weg.

Es ist, als drücke man einen Ball unter Wasser. Je stärker man drückt, desto heftiger springt er anschließend hoch. Durch den Kontrast zur wahren Essenz, zur Liebe hat dies alles zu mehr Einsicht geführt und tut es immer noch.

Andrew: Welche Bedeutung hat meine aktuelle Arbeit mit mittellosen Migranten?
Iknow: Was immer du für dich selbst willst, bring es zuerst zu anderen. Als du den Obdachlosen, den Hilflosen, den Menschen, die sich aufgegeben haben, den Menschen, die keine Liebe oder Selbstliebe haben, begegnet bist, ist die Liebe für dich selbst allmählich aufgeblüht. Und sie ist gewachsen und gewachsen und gewachsen. Es geht darum, bei den Menschen zu sein, einfach nur bei ihnen zu sein, nicht unbedingt Antworten zu haben oder zu geben. Es geht um Anerkennung ihrer Menschlichkeit und auch ihrer Göttlichkeit.

Hier waren wir an einem entscheidenden Punkt angelangt. Weil er sich zunächst seiner eigenen Göttlichkeit bewusst geworden war, konnte Andrew das Göttliche in anderen sehen. Als diese dann ihre eigene Göttlichkeit in Andrews Augen gespiegelt sahen, erinnerten sie sich, wer sie wirklich waren. So findet wahre Heilung statt.

Andrew: Die Schmerzen in meinem Penis waren für mich eine Quelle extremen Leidens. Kannst du mir noch etwas über die Ursache dieser Schmerzen sagen oder darüber, wie man sie heilen kann?
Iknow: Über die Ursachen haben wir gesprochen. Gibt es noch etwas zu sagen? Nur dass wir bei dir sind. Du kannst uns anrufen. Du kannst uns um Hilfe bitten.

Wir gratulieren dir und umarmen dich dafür, dass du mutig genug bist, diesen Weg im Namen der Liebe zu gehen. Mach dies von diesem Tag an zu deinem Motto, zu einem neuen Mantra, das dir auf die Stirn geschrieben steht: »Ich tue dies im Namen der Liebe.« Deshalb bist du als Andrew Doherty in dieses Leben, in diesen Körper gekommen. Du wusstest sehr wohl, dass es teilweise gefährlich sein würde, aber da war die Sehnsucht, dieses Endziel zu erreichen, denn tatsächlich *bist* du dieses Endziel.

Verbinde dich von Herzen damit. Amen.

Andrew: Wie mache ich das alles mit mehr Anmut und Leichtigkeit?

Ich erschrak, als Iknow in einem Ausbruch von Leidenschaft explodierte. Andrew übermittelte nicht nur Iknows Worte, sondern auch die enorme Intensität und Kraft, von der sie durchdrungen waren:

Iknow: Gib die ganze Idee von einer Zukunft auf. Oh, ohne Zukunft zu leben! Ohhh, ich könnte heulen! Oh, wenn du nur heute ohne die Zukunft leben könntest, wärst du im Himmel! Was brauchst du, wenn du keine Zukunft hast?

Es gibt keine Zukunft! Dies ist der letzte Moment deiner Existenz! Teile jetzt, denn wenn nicht, ist es nach deinem nächsten Atemzug vorbei! Es gibt keine Zukunft; lebe entsprechend. Tu nichts für die Zukunft. Tu es für den Moment. Die Rose kennt keine Zukunft. Die Rose kennt nur diesen Moment und diese Blüte. Sieh die Schönheit, die die Rose hervorbringt.

Teile und lebe wie der Mann, der keine Zukunft hat. Verkörpere das, denn das ist deine Freiheit.

Offensichtlich war Iknow der Ansicht, einen Schlüssel zum Glück für den inkarnierten Menschen zu haben, wenn der sich nur erlauben würde, ihn zu nutzen.

Nachdem Andrew alle Fragen gestellt hatte, zu denen er und ich mehr wissen wollten, spürte ich, dass Iknows Tusch das Ende seiner Kommentare markierte. Ich empfahl Andrew, Iknow und den Rest des Rates um eine energetische Heilung zu bitten, die auf allen Ebenen funktionieren würde – physisch, emotional, mental und spirituell. Ich forderte Andrew auf, die Absicht zu fassen, vollständige Heilung auf all diesen Ebenen zu erhalten.

Als Andrew deutlich machte, dass die Heilung abgeschlossen war, holte ich ihn langsam aus dem Trancezustand zurück.

»WOW!«, rief er aus.

»Wie war das für dich?«, fragte ich.

»Wie lange hast du Zeit?«, fragte er lachend. *»Es war absolut faszinierend – auf so vielen Ebenen!* Das Wissen, das durchkam, und wie alles einen Sinn ergab … Das ist genau das, wonach ich gesucht habe, um ganz ehrlich zu sein. Es ist wie das letzte Stück des Puzzles. Ich kann dir gar nicht genug danken – wirklich nicht.

Es ist gut zu sehen, dass es für alles, was ich durchgemacht habe, einen Grund gibt«, fuhr Andrew erleichtert fort, »und zu wissen, dass alles in der Angst zusammenkommt. Das ist perfekt. Und ›Ich tue dies im Namen der Liebe‹ und ›Gib alle Vorstellungen von der Zukunft auf‹, das sind mächtige Sätze. Das ist heilige Arbeit, die mein Leben verändert!

Es geht bei allem um eine andere Sichtweise, darum zu wissen, dass auch Impotenz und geringe Libido nicht falsch sind, dass ich zugestimmt habe, sie zu erleben. Letztendlich geht es darum, die Liebe zu wählen. Es geht darum, die Liebe zu wählen.«

Andrews Seelenrückführung in ein Zwischenleben hatte viel Licht auf den spirituellen Sinn geworfen, der seiner Impotenz und geringen Libido zugrunde liegt. Jetzt kannte ich den Zusammenhang zwischen diesen Erfahrungen und einem von Andrews früheren Leben. Ich hatte auch ein Gefühl dafür bekommen, was Andrews andere Absichten vor seiner Geburt gewesen waren. Aber gab es noch andere Ziele für sein aktuelles Leben, über die Elar und Iknow nicht gesprochen hatten? Was hatte dieser Fall Lesern, die vor den gleichen Herausforderungen wie Andrew stehen, noch zu bieten?

Um diese Fragen zu beantworten, haben Andrew und ich mit dem Medium Staci Wells zusammengearbeitet. Vor der Sitzung teilte ich Staci Andrews vollständigen Namen und sein Geburtsdatum mit. Diese Informationen brauchte ihr Geistführer, um auf

Informationen aus der Akasha-Chronik zugreifen zu können, der vollständigen, nichtphysischen Aufzeichnung von allem, was für die irdische Ebene relevant ist. Ich habe Staci auch gesagt, dass Andrew und ich gern Informationen über seinen vorgeburtlichen Plan mit seiner Exfreundin Sarah erhalten würden.

Andrews Sitzung mit Staci

Zu Beginn der Sitzung teilte Staci uns mit, ihr Geistführer, der keinen bestimmten Namen hat, spreche mit ihr und sie würde seine Worte an uns weitergeben.

»Deine Einsamkeit ist selbstauferlegt«, begann Stacis Geistführer und sprach dabei direkt zu Andrew. »Sie wird von dir selbst erschaffen und von dir selbst weitergeführt.«

Nachdem ich in vielen Sitzungen für meine anderen Bücher ausführlich mit Stacis Geistführer gesprochen hatte, wusste ich, dass diese Einsicht mit Liebe und ohne jedes Urteil geäußert wurde. Aus Sicht von Stacis Geistführer war dies einfach eine Tatsache. Die Schlussfolgerung war klar auf den Punkt gebracht: Trotz seiner Impotenz und geringen Libido war es Andrew immer noch möglich, nicht einsam zu sein. Stacis Geistführer erinnerte Andrew an seine angeborene Kraft als Schöpfer seiner Erfahrung. Diese Kraft steckt in jedem von uns.

»Du arbeitest in diesem Leben an der Selbstliebe«, fuhr Stacis Geistführer fort. »Du arbeitest auch an deiner Einstellung zur Schuld (nicht sich selbst oder anderen die Schuld zu geben), und du lernst, Wut mit Geduld zu zügeln.«

An dieser Stelle trat Stacis Geistführer beiseite, damit Staci direkt mit Andrew sprechen konnte.

»Deine wichtigste karmische Lektion heißt Stärkung der Anpassungsfähigkeit. Im Kern geht es in dieser Lektion um emotionale

Flexibilität und die Fähigkeit, sich von den Stürmen des Lebens zu erholen. Andrew, als Seele hast du in einem Leben nach dem anderen festgestellt, dass du mit Enttäuschungen nicht sehr gut umgehen kannst und dass dies ein Muster bei dir ist.

Außerdem besteht deine übergreifende Anstrengung als Seele darin, eine Führungsrolle zu übernehmen und deine kreativen Instinkte und Fähigkeiten sowohl in deinem eigenen Leben als auch im Leben anderer entsprechend zu nutzen. Du bist in einer Situation, in der du dein Leben dem Verstehen und der Integration in dir selbst widmen kannst. Dadurch entwickelst du ein Talent, damit umzugehen. Das kannst du dann mit anderen teilen, um sie durch ihre Krisen zu bringen, an die Punkte, an denen es ihnen an Selbstvergebung, Selbstbewusstsein und Selbstverständnis mangelt.«

Damit waren wir bei der Komponente »Anderen dienen« von Andrews Lebensplan angelangt. In buchstäblich jedem vorgeburtlichen Plan, den ich untersucht habe, war der Dienst an anderen in irgendeiner Form Thema. Aus Sicht der Seele reicht es nicht aus, bestimmte Tugenden zu kultivieren oder erfolgreich bestimmte Lektionen zu lernen. Unsere Seelen wollen immer, dass wir das Gold unserer Erfahrungen abbauen und diesen Reichtum dann mit anderen teilen.

»Andrew«, fuhr Staci fort, »der große Geist macht mich darauf aufmerksam, dass du bei der Planung vor deiner Geburt mit deinem Geistführer darüber gesprochen hast, wie wichtig es ist, sich in einem bestimmten Leben – und von Leben zu Leben – auf die Schönheit und das Potenzial zu konzentrieren. Mit anderen Worten, du musst darauf achten, worauf du dich konzentrieren willst. Willst du dich auf den Schmerz und das Leiden konzentrieren oder konzentrierst du dich auf das Schöne in deinem Leben, das Schöne, das dein Leid lindert und dir Zufriedenheit bringt?«

Als Staci Andrew diese wichtige Frage stellte, erinnerte ich mich daran, dass der große Geist ein grundlegendes Gesetz des

Universums aufgestellt hat: Das, worauf wir unsere Aufmerksamkeit richten, wird stärker. Widerstand gegen Herausforderungen des Lebens wie Impotenz und geringe Libido ist eine Form von Aufmerksamkeit. Daher sagt man: »Das, wogegen wir Widerstand leisten, bleibt bestehen.« Doch wie geht man mit Herausforderungen um oder überwindet sie, wenn nicht, indem man ihnen Aufmerksamkeit schenkt? Die Antwort: indem man sich so weit wie möglich auf das Gute an der Erfahrung konzentriert oder auf das Gute, das daraus hervorgehen kann.

»Du hast auch an der karmischen Lektion der Überimpulsivität gearbeitet«, fügte Staci hinzu. »Diese Lektion lehrt uns, wie wichtig es ist, auf uns selbst und unser Leben zu achten – alles zu tun, was getan werden muss, damit wir am Ende unseres Lebens zufrieden, gesund und gut versorgt sind.

So viele Menschen, die diese karmische Lektion lernen müssen, wählen früh im Leben – und manchmal wiederholt im Leben – den falschen Partner, weil sie den Eindruck haben: *Ich habe noch nie zuvor so viel für jemanden empfunden! Das muss es sein!* Dabei ist dieses Gefühl für jemanden, der die Lektion der Überimpulsivität lernen muss, eher ein Warnzeichen.

Es gibt viele positive Aspekte der karmischen Lektion Überimpulsivität. Zu den positiven Eigenschaften gehören dein Herz aus Gold; die Art und Weise, wie du den Schmerz anderer Menschen nachempfindest und bereit bist, ihnen zu helfen. Dazu deine Fähigkeit, tief und von ganzem Herzen zu lieben, was du wie die meisten von uns noch nicht ganz auf dich selbst anwenden kannst.

Sinn und Zweck dieser Lektion besteht darin, so weit aufzusteigen, dass du bedingungslos lieben kannst. In diesem Leben geht es nicht nur darum, andere bedingungslos lieben zu lernen. Es geht vor allem darum, *dich selbst* bedingungslos lieben zu lernen.

Andrew, deine nächste karmische Lektion ist Gleichgewicht. Das Herzstück dieser Lektion ist es, sich mit dem ruhigen Ort im eigenen Inneren verbinden zu lernen. An diesem Ort gibt es keine Trauer, keine Wut. Hier gibt es kein ›sollte, hätte, könnte‹. Er *ist* einfach. Wenn du nicht lernst, deine Verbindung zu diesem friedlichen, ruhigen Ort in dir selbst zu stärken, wirst du immer zu sehr impulsiven Reaktionen auf das Leben neigen.

Die darauf folgende karmische Lektion heißt Selbstwertgefühl, Selbstachtung, Selbstvertrauen und Selbstausdruck, was einen verfeinerten Selbstausdruck meint. Du lernst, dich nicht auf die Erwartungen anderer zu konzentrieren, und versuchst stattdessen, dich an dem auszurichten, was du von dir selbst erwartest.«

Damit beendeten Staci und ihr Geistführer ihren Überblick über Andrews wichtige Lebenslektionen.

»Staci, bist du bereit, in die vorgeburtliche Planungssitzung zu gehen und dir das Gespräch anzuhören?«, fragte ich.

»Ja«, antwortete sie. »Mal sehen, ob ich ein paar Worte mitbekomme.« Es entstand eine lange Pause, in der sie sich konzentrierte.

»Andrew«, sagte Staci, als sie eine Szene aus dieser vorgeburtlichen Besprechung klar vor ihren inneren Augen hatte, »an diesem Punkt deiner Planungssitzung hast du deine anderen Leben bereits überprüft, nicht nur das letzte, unmittelbar vergangene Leben, sondern alle deine anderen Leben. Dein Geistführer spricht über eine Geschichte, in der du andere stets über dich selbst gestellt hast. Du stellst deine Bedürfnisse hintan und das trägt zu den Ausbrüchen bei, wenn du nicht mehr kannst und auch wenn du das Gefühl hast, dass niemand dein Opfer und dein Leid bemerkt.«

Geistführer: Selbstliebe, auf die du zurückgreifen kannst, wird wichtig für dich. Stimmt's?

Andrew: Ja, sehr. Ich liebe und lerne, lebe und lerne und vergesse dann wieder zu lieben. So habe ich mein Leben so viele Inkarnationen nacheinander beendet. Diesem Aspekt meiner selbst möchte ich in diesem Leben künftig etwas entgegensetzen.

»Jetzt bin ich Zeugin des Gesprächs zwischen Andrew und Sarah. Andrew, sie sitzt dir in der vorgeburtlichen Planungssitzung gegenüber. Ihr führt eine Diskussion über ein Leben in Kanada, in dem ihr beide Bruder und Schwester wart. Sie spricht von ihrem Bedürfnis, sich selbst zu vergeben, weil sie das Gefühl hat, dich in jenem Leben verlassen zu haben. Sie begann eine Brieffreundschaft mit einem Herrn und zog schließlich ans andere Ende des Landes, um ihn zu heiraten und eine Familie zu gründen. Ihr beide habt euch danach nie wieder gesehen. Du bist den Drogen verfallen, um deine Einsamkeit zu lindern, und hast dir später das Leben genommen.«

Sarah: Ich vergebe dir. Ich vergebe dir.

»Sie vergibt dir, dass du dir das Leben genommen hast«, stellte Staci klar.

Sarah: Ich selbst bin die einzige Person, der ich nicht vergebe. Ich hatte von dem Moment an Bedenken, in dem ich dich in jenem Leben verließ. Als ich mich abwandte, wusste ich, dass ich in den Rest meines Lebens gehen würde – in das Neue, das Gute. Für mich war es ein Abschied. Ich wusste auch, dass du ohne mich würdest Opfer bringen müssen – dass du nicht viele gute Freundschaften schließen würdest und dass du leiden und kämpfen würdest. Aber mir war mein eigenes Glück wichtiger als deines.

Ich gebe mir selbst die Schuld.

Andrew: Ich liebe dich. Ich habe dich nie für mein Leben oder mein Verhalten verantwortlich gemacht. Ich habe dich früher geliebt. Ich werde dich immer lieben. Das wird sich nie ändern. Du hast mir in so vielen Leben immer und immer wieder einen sicheren Hafen geboten, ob du nun meine Cousine, meine Geliebte, meine Nachbarin oder meine Mutter warst. Du hast in den schlimmsten

Zeiten meine Hand gehalten, aber jetzt ist es Zeit, mich gehen zu lassen. Lass mich weitermachen. Ich fühle mich diesmal dazu bereit.

»Ich sehe, dass ihr beide euch aufeinander zu beugt und euch euren vorgeburtlichen Plan gemeinsam anschaut. Ihr sucht einen Termin für eine Begegnung. Sie schlägt einen Zeitrahmen vor und du bist einverstanden.«

Sarah: Ich werde mich woandershin aufmachen, aber weil du mich kennengelernt hast, hoffe ich, dass du, mein Bruder, dich selbst kennenlernst, denn das ist mein Ziel und meine Absicht: dass du dich selbst kennenlernst und dass du, auch wenn du leidest, das Licht Gottes und Seine Hand in deinem Leben erkennen kannst und wahrnimmst, was ich wahrnehme, nämlich dass alles sicher, gewiss und richtig ist.

Und auch wenn wir blind in die Zukunft gehen (solange wir in einem Körper sind), glauben wir daran, dass alles gut wird, und so ist es auch. Ich verstehe dich, mein Bruder. Mir ist klar, dass du immer noch lernst, dies zu leben und ohne Erwartungen in der Welt zu sein. Ich weiß, das ist ein Kampf für dich. Ich weiß, dass du immer noch Widerstand in dir trägst und dies nicht lernen willst. Doch zumindest für eine gewisse Zeit in deinem Leben halte ich dich mit meiner Liebe zu dir in meinem Herzen fest, damit du die Erfahrung machen kannst, wie es sich anfühlt, von ganzem Herzen verliebt zu sein. Dann kannst du diese Erfahrung für immer bei dir tragen, kannst sie für dich selbst spüren, dich immer wieder verlieben, in dich selbst verliebt sein und lernen, dich auch angesichts der Herausforderungen des Lebens zu lieben – angesichts von Herausforderungen, denen du bisher vor allem körperlich begegnet bist und die du entsprechend gemeistert hast, die dich aber immer noch zu einem emotionalen Wrack machen.

Ich halte diese Herausforderung für dich bereit, mein Bruder. Ich halte auch das Unauffindbare, Unsterbliche, Unendliche immer für dich bereit – in diesem Universum und im nächsten, die größte Liebe für dich, die ein Individuum nur haben kann.

Wenn du mich siehst, wirst du mich erkennen. Du wirst das Licht in meinen Augen sehen und die Energie wird direkt in dein Herz gehen. Daran wirst du mich erkennen.

Andrew: Ja, ja, das werde ich (legt die Hand auf sein Herzchakra). Ich kenne dieses Gefühl gut und weiß, dass du eine Aufgabe in meinem Leben erfüllen wirst. Ich habe vielleicht von Zeit zu Zeit mit dieser Aufgabe zu kämpfen. Ich verstehe vielleicht nicht, in welche Richtung die Herausforderung geht oder warum sie da ist, aber tief in meinem Herzen weiß ich, dass ich dich liebe, dass ich dir vertraue und dass du mich immer zu meinem Besten führen wirst. So sei es und so möge es immer sein.

»Ihr nickt einander zustimmend zu«, ergänzte Staci, »aber dieses Nicken hat auch die Energie von Respekt und Liebe. Sie steht auf und geht zurück auf die Empore, wo einige aus deiner Seelengruppe sitzen, sowohl um Zeugnis abzulegen als auch, um an der Planung beteiligt zu werden.«

»Staci, kannst du das Gespräch mit Andrews zukünftiger Mutter führen?«, fragte ich. »Als sich der Vorfall mit den Medikamenten ereignet hatte, zog er zurück nach Hause. Sie hat sich um ihn gekümmert und dafür aufgehört zu arbeiten. Es war eine enorme Belastung für beide Eltern, vor allem für seine Mutter. Ich frage mich, was ihr Plan ist und worüber sie gesprochen haben.«

Wieder schwiegen wir eine Weile, während Stacis Geistführer sie zu einer bestimmten Stelle in Andrews Akasha-Chronik führte.

»Ich platze mitten in ein Gespräch, das Andrew und seine Mutter während der Planungssitzung vor seiner Geburt führen«, sagte Staci. »Ich sehe, wie sie einander gegenüber auf dem Boden sitzen.

Andrews Plan liegt zwischen ihnen. Seine Mutter ist offensichtlich sauer.«

Mutter: Warum quälst du dich immer wieder damit? Warum forderst du dich immer wieder selbst heraus? Warum wehrst du dich immer noch dagegen?

»Sie spricht von Selbstliebe, Selbstvertrauen und Selbstwertgefühl«, erklärte Staci.

Mutter: Warum kannst du dich nicht so lieben, wie ich dich liebe?

»Andrew, sie zeigt dir andere Leben, in denen sie deine Mutter war und deine Cousine, in denen sie dir als Leitfigur diente. In mindestens einem dieser Leben warst du ein Erwachsener, der nach Hause zurückkehrte, um sich von einer Erfahrung zu erholen. An dieser Stelle ist sie wirklich genervt. Dein Geistführer tritt vor und legt ihr eine Hand auf die Schulter.«

Geistführer: Sei sanft. Sei dir bewusst, dass dein Verständnis der Herausforderung von außerhalb der Herausforderung kommt. Du kannst von diesem Standpunkt aus nicht verstehen, was es damit auf sich hat.

»Ihr war nicht klar, dass sie in eine extreme emotionale Reaktion verfallen war. Ich sehe, dass sie ein wenig Zeit braucht, um wieder ins Gleichgewicht zu kommen und sich wieder zu fangen.«

Mutter: In meiner mitfühlenden Liebe zu dir habe ich mich entschieden, dir viele Leben lang zu dienen. Es hat nichts damit zu tun, dass ich selbst perfekt bin. Es ist, weil ich dich liebe, und indem ich mit dir zusammen bin und zuschaue, wie du mit allem fertig wirst, lerne ich auch etwas über mich und lerne, mich besser zu kontrollieren. Es sieht vielleicht nicht immer so aus, denn manchmal ist die Lernerfahrung extrem und ich lerne nicht immer in dem Moment, in dem es passiert. Aber im Laufe der Zeit lerne ich es. Du sollst wissen, dass ich dich liebe.

Andrew: Das weiß ich doch.

Mutter: Wisse, dass ich immer an deiner Seite bin, egal ob ich physisch bei dir bin oder nicht.

Andrew: Das weiß ich auch.

Mutter: Als ich dich in unserem ersten gemeinsamen Leben geboren habe …

»Sie gibt eine Epoche an, die ich nicht erkenne«, informierte uns Staci. »Es ist vor der aufgezeichneten Geschichte, eine Zivilisation, die schon sehr lange von der Erde verschwunden ist.«

Mutter: … Von da an habe ich mich der Aufgabe verschrieben, dir für den Rest der Zeit ein Vorbild und eine liebevolle Mutter zu sein. Ich habe dich in mir getragen und eine so starke Verbindung zu dir in meinem Herzen gespürt, dass ich dieses Gefühl mit mir getragen habe, wohin ich auch ging, nah oder fern, in dieses oder ein anderes Reich. Ich bin mir bewusst, dass ich zu viel in dein Glück investiert habe. Aber ich weiß, dass meine Absicht rein ist und dass das, was ich für dich will, immer auch das ist, was ich für dein Bestes halte.

Ich kenne dich vielleicht nicht immer so gut, wie du es gern hättest, weil ich ein Bild davon habe, wer du wirklich bist und wozu du fähig bist. Ich muss dich bitten, mir zu verzeihen, wenn ich zu sehr an dem hänge, was du meiner Meinung nach sein solltest. Verzeih mir, mein Sohn.

Andrew: Das tue ich, jetzt und immer, für immer.

Meine Kraft ist zu oft bei dir und ich fordere mich manchmal energisch auf, weiterzugehen und dich loszulassen. Ich habe dies in anderen Leben getan und werde es vielleicht wieder tun. Ich bin mir bewusst, dass meine Beziehung zu dir eher heikel ist und dass ich manchmal mehr von dir verlange, als du glaubst, geben zu können.

Mutter: Ich glaube, du bist tüchtig. Ich glaube zutiefst an dich. Ich glaube an deine Fähigkeit zu heilen. Ich werde deine Resilienz immer fördern, um den großen Mut, den du in dir selbst aufgebaut hast und der dich von einem Leben zum nächsten begleitet, weiter zu stärken.

Jetzt lernst du, Ausdauer aufzubauen. Du lernst, Kraft aufzubauen. Ich werde dich manchmal herausfordern, damit du in dich hineingehen kannst, um Kraft zu sammeln, anstatt dich unnötig auf mich zu verlassen. Ich hoffe nur, dass ich den richtigen Zeitpunkt dafür kenne und mit meiner Einschätzung richtigliege.

Andrew: Ich vergebe dir.

Mutter: Wenn du weinst, weine ich auch. Wenn du trauerst, trauere ich auch. Aber am Ende musst und wirst du ohne mich weitergehen. Du wirst mit erhobenem Haupt weitermachen, stärker als du warst, bevor du in dieses Leben gekommen bist. Du wirst eine Metamorphose durchmachen, die dir eine Vision davon gibt, wie du am besten in der Welt sein und ihr helfen kannst.

Ich bete, dir Kraft geben zu können, sei es aus meinem Herzen oder aus meinem Kopf, mit dem Wissen, das ich in mir trage. Ich bin deine größte Verteidigerin.

Damit beendete Staci ihren bemerkenswerten Einblick in Andrews vorgeburtliche Planung. Ich fragte Andrew, ob er noch etwas fragen wolle.

»Ja«, antwortete er. »Die Hauptsache scheint die Selbstliebe zu sein. Gibt es irgendwelche Ratschläge, wie ich an der Selbstliebe arbeiten könnte?«

»Das ist eine großartige Frage«, sagte Staci. »Erlaube mir, mich ganz in Ruhe darauf zu konzentrieren.« Nach einigen Momenten der Stille kündigte Staci an, dass ihr Geistführer jetzt durch sie sprechen werde.

»Du hast die karmische Lektion des mitfühlenden Gewahrseins gewählt, mit der du in diesem Leben einen transformativen Wachstumsschritt machen wolltest. Du warst schon immer mitfühlend anderen, aber kaum dir selbst gegenüber. Du hast mehrere Leben in Zügellosigkeit oder Selbstverleugnung geführt. Die Balance zwischen beidem zu finden – durch bedingungslose Liebe und unerschütterliches Mitgefühl für dich selbst – bringt Heilung.

Das bedeutet: Wenn du dich an eine Idealvorstellung davon klammerst, wie die Dinge hätten sein sollen, führt das dazu, dass du an deiner Enttäuschung festhältst, die dann Wut hervorbringt. Arbeite stattdessen lieber daran, zu akzeptieren und zuzulassen, indem du mehr bei dir bist und gelassener auf die Dinge reagierst, die das Leben bringt, egal ob sie dir oder jemand anderem passieren.

Geh immer so mit dir um, als wärst du dein eigenes Kind. Liebe dich dein ganzes Leben lang mitfühlend. Wenn du also etwas tust, was du für einen Fehler oder eine Fehleinschätzung hältst, sagst du dir vielleicht: ›Das ist in Ordnung. Diesmal ist es so passiert. Es ist eine Lernerfahrung. Ich liebe dich immer noch, und das nächste Mal machst du es besser.‹

Welche Worte du auch sagst, nimm die Haltung ein, dass du dein eigenes Kind bist, das du von ganzem Herzen liebst und niemals verletzen willst. Liebe dich von Grund auf. Das wird eine anpassungsfähigere, liebevollere Reaktion auf das Leben in deinem Herzen und in deiner persönlichen Energie begünstigen.«

»Da ist noch etwas«, fügte Stacis Geistführer hinzu. »Wir (der große Geist) schlagen dir vor, am Ende deiner Meditationen zu sagen: ›Ich bin im Einklang mit mir selbst, der Welt und allen darin.‹ Wenn wir versuchen, Veränderungen in uns selbst herbeizuführen, ist es gut, dies dreimal oder öfter lautlos oder hörbar zu sagen. Der denkende Geist braucht etwas, das dreimal wiederholt wird, um ›einen Schalter umzulegen‹ von einem Ort der Selbstkritik, außerhalb der Selbstliebe, zu einem Ort des Mitgefühls und der größeren Fähigkeit, sich selbst bedingungslos zu lieben.

Als jemand, der die karmische Lektion der Überimpulsivität zu lernen hat, musst du dich über einen langen Zeitraum hinweg regelmäßig täglich oder fast täglich auf etwas konzentrieren, um die gewünschten Ergebnisse zu erzielen. Nichts fällt dir in diesem Leben sehr leicht oder sehr schnell zu, denn so hast du es dir eingerichtet. Statt eine Wirkung oder eine Veränderung in kurzen Aktionsschüben herbeizuführen, lernst du, über einen langen Zeitraum hartnäckig zu bleiben, um eine wichtige, grundlegende Veränderung in dir selbst herbeizuführen.«

Ich fragte Staci und ihren Geistführer, ob es noch andere Gründe gebe, aus denen Andrew geplant hatte, Erfahrungen mit Impotenz und geringer Libido zu machen.

»In einer viel früheren Zeit auf Andrews Reise als Seele war etwas geschehen, das Narben in seiner Seele hinterlassen hat«, sagte Staci. »Ich bekomme ein mediterranes Gefühl von diesem Leben im 11. oder 12. Jahrhundert. Mir wird ein Bild von Andrew gezeigt, der ein breites Schwert und Armeekleidung trägt – feste, schützende Lederkleidung und einen Metallhelm.

Andrew war lange auf einer Reise zu einem Schlachtfeld gewesen. Jetzt ist der Kampf vorbei und er kommt nach Hause. Sein Dorf ist überfallen und viele Menschen sind getötet worden. Seine Familie hatte sich zwar in einer Berghöhle in der Nähe des Dorfes versteckt, aber sie war dennoch entdeckt worden, und er erfährt jetzt, dass seine Kinder und seine Frau abgeschlachtet wurden.«

Stacis Redefluss verlangsamte sich, als sie wieder anfing, ihren Geistführer zu channeln.

»Andrew gab sich die Schuld. Er lud die Verantwortung für den Tod seiner Familie auf sich und begann zu glauben, er habe keine neue Familie verdient, bis er sich selbst vergeben könne. Wie wir wissen, erfordert Vergebung Mitgefühl und Liebe, also arbeitet Andrew jetzt daran. Vielleicht kann er sich dann später in diesem Leben oder in einem anderen Leben erlauben, wieder Kinder zu zeugen und liebevolle Familienbande aufrechtzuerhalten.

Andrew muss seinen Zustand des mitfühlenden Bewusstseins und der Selbstliebe bis zu dem Punkt steigern, an dem er versteht, wofür er verantwortlich ist und was außerhalb seines Verantwortungsbereichs liegt, wie beispielsweise unbekannte, für ihn gar nicht sichtbare Eindringlinge, die die Menschen töten, die er liebt.

Andrews emotionales Wesen hat in diesem Leben eine Verletzung erlitten, die Narben hinterließ, aber auch ein Beweis für sein mutiges Wesen ist. Andrew unterwarf sich bereitwillig einer langfristigen Lektion über mehrere Leben, in denen er heilen und lernen würde, sich bedingungslos anzunehmen und zu lieben, und zwar durch eine Erhöhung seines mitfühlenden Gewahrseins für sich selbst und alles, was er liebt. Diese geistige Großzügigkeit und diese mutige Natur sind Andrews größte Stärken. Wir hoffen, dass du (Rob) das Thema, wie mutig eine Seele sein kann, wenn sie so schwierige und harte Lernerfahrungen in ihr Leben einplant, noch weiter ausführst.«

Ich fragte Stacis Geistführer, ob es noch andere Gründe geben könne, aus denen eine Seele plant, eine geringe Libido oder Impotenz zu erleben.

»Es geht immer darum, sich selbst lieben zu lernen, über die äußeren Maßstäbe von Erfolg oder Schönheit hinauszuschauen und den Kern des Individuums als ganz und vollständig zu akzeptieren. Manchmal nimmt eine Seele eine geringe Libido auf sich, weil sie andere in anderen Leben sexuell missbraucht hat, aber auch das lässt sich auf die grundlegenden Lektionen, bedingungslos lieben zu lernen und mitfühlendes Bewusstsein zu stärken, reduzieren.«

»Warum plante Andrew, als Mann und nicht als Frau eine geringe Libido und Impotenz zu erleben?«, fragte ich.

»Weil Andrew es genießt, die große Kraft seines Körpers zu spüren, von der er wusste, dass sie der weiblichen Form nicht eigen sein würde«, antwortete Stacis Geistführer. »Er war auch nicht bereit, sich auf die emotionale Komplexität eines weiblichen Körpers einzulassen. Dies ist ein weiterer Grund, warum Andrew sein neurologisches System als physisches Element gewählt hat, das in seinem Leben ins Gleichgewicht gebracht werden muss. Die weibliche Form hat nämlich mehr Nervengewebe als die männliche. Andrew wollte zuerst lernen, das männliche Nervensystem ins Gleichgewicht zu bringen und gut zu handhaben.«

»Warum sollte dann jemand planen, als Frau Erfahrungen mit geringer Libido oder Impotenz zu machen?«

»Bei einer Frau geht es ebenfalls um bedingungslose Liebe, aber auch um Selbstschutz – um das Gefühl, verletzt worden zu sein, oder um die Angst, verletzt zu werden. Es ist eine Möglichkeit, sich selbst zu isolieren und Barrieren zu errichten, die es dem Individuum ermöglichen, seine Beziehung zu sich selbst zu stärken, indem es mehr Zeit mit sich selbst hat. Und für einige Frauen – und auch Männer – beinhaltet die Erfahrung das Konzept der Selbstvergebung, die Notwendigkeit, sich selbst vergeben zu lernen, wenn sie bestimmten Idealen der Persönlichkeit nicht gerecht werden.«

»Was kannst du noch zum Thema Umgang mit geringer Libido oder Impotenz sagen?«, fragte ich.

»Versetz dich in den Moment des *Jetzt*, wo deine Macht liegt«, riet Stacis Geistführer betroffenen Menschen. »Übe dich darin, im Hier und Jetzt zu sein, statt in einer vorgestellten Realität. Schreib in Zeiten, in denen du dich davon nicht überwältigt fühlst, ein paar Sätze, in denen du deine Liebe zu dir selbst bekennst. Schreib auf, wie gut die Dinge in deinem Leben sind, auch wenn das einzig Gute daran sein sollte, dass das Gras wächst oder eine Biene um eine Blume vor deinem Fenster summt. Und wir schlagen jedem

Einzelnen vor, sich selbst gegenüber täglich neu zu erklären: ›Ich liebe mich.‹«

Ganz abrupt sprach Stacis wieder in ihrem schnelleren, normalen Rhythmus. »Der große Geist möchte, dass ich dir etwas mitteile. Als ich fünfundzwanzig war, wurde mir (vom großen Geist) in den Kopf gesetzt, jedes Mal, wenn ich an einem Spiegel vorbeiging, leise oder laut zu sage: ›Ich liebe mich.‹ Ich tat das ungefähr fünfundzwanzig Jahre lang, bis ich eines Tages aus reiner Gewohnheit am Spiegel vorbeiging, mich dabei ertappte, wie ich ›Ich liebe mich‹ sagte und merkte, dass ich endlich angekommen war.«

»Staci«, fragte ich, »was würde dein Geistführer zu jemandem sagen, der als Partner von jemandem mit geringer Libido oder Impotenz zu kämpfen hat?«

»Sei liebenswürdig zu ihm oder ihr.«

* * *

Wenn er nicht in einem Körper und scheinbar an die Grenzen des physischen Reiches und der fünf Sinne gebunden ist, ist Andrew, wie jeder von uns, eine unendlich mächtige Seele. Er existiert in mehreren Dimensionen gleichzeitig und ist frei von der Fata Morgana der Zeit, nicht eingeschränkt durch die Illusion des Raumes. Da Bewusstsein von Natur aus nichtlokal ist, ist Andrew gleichzeitig in zahlreichen physischen und nichtphysischen Bereichen aktiv. Er erschafft augenblicklich, allein durch Gedanken. Er weiß aus Erfahrung und nicht nur intellektuell, dass er eins ist mit allem, was ist.

Wie mächtig muss eine Seele sein, um diese Macht *vor sich selbst* zu verbergen? In seinem jetzigen Leben hat Andrew versucht, sich zeitweise seiner enormen Macht zu verschließen, auch weil er sie in einem früheren Leben verantwortungslos eingesetzt hat. Dieselbe Macht ist aber immer noch da, wenn auch unter dem Deckmantel der Impotenz nicht sichtbar. Wie sein Geistführer Elar ihm sagte:

»Du stehst dir selbst im Weg, wenn es darum geht zu akzeptieren, was du bereits bist.«

Diese Blockade löst sich auf, wenn Andrew sich selbst vergibt, was er in früheren Leben getan hat. Die Selbstvergebung wiederum blüht auf, wenn er sich Briefe schreibt, in denen er Mitgefühl, Wertschätzung und Liebe für sich selbst zum Ausdruck bringt. Da Geben und Nehmen in Wahrheit ein und dasselbe sind, bedeutet das Schreibens solcher Briefe auch das Entgegennehmen der Geschenke, die sie enthalten.

Doch Macht ist noch viel mehr als die Fähigkeit, seine wahre Natur vor sich selbst zu verbergen. Wie Elar Andrew erklärte, ist wahre Macht nicht Macht über andere, sondern die Fähigkeit, die ihnen angeborene Macht *aus ihnen* hervorzulocken. Dies wird durch das ehrliche Teilen von Gefühlen erreicht, die die meisten vermeiden wollen: Schmerz, Angst und Verletzlichkeit. Andrew braucht viel Kraft, um frei und offen über sein Leiden zu sprechen. Seine Stärke erinnert andere an ihre eigene Stärke und entlockt sie ihnen. Aus diesem Grund sagte Iknow zu Andrew: »Der Weg zu Liebe und Transzendenz führt durch die Angst … Dort werden die Menschen dir begegnen. Dort wirst du Liebe finden.« Auf der irdischen Ebene ist wenig so, wie es scheint, und vieles ist genau das Gegenteil davon. Auf der Erde kann Impotenz ein Sprungbrett für das Eintauchen in ein tieferes Wissen und die eigene grenzenlose Macht sein. Im physischen Bereich kann Angst ein Prüfstein für transzendente Liebe sein.

Iknow riet Andrew außerdem, »deine Unsicherheiten zu umarmen … aber nicht, um sie zu ändern oder loszuwerden.« Der Versuch, sich von allem zu befreien, bedeutet, dass man sich in einem Zustand des Widerstands befindet. Widerstand erfordert Konzentration, Konzentration gibt Energie und Energie schafft mehr von dem Objekt, auf das man sich konzentriert. In Wahrheit gibt es nichts, was Andrew loswerden müsste, nur Aspekte des

Selbst, die es zu lieben gilt. Innere Alchemie ist kein Prozess der selektiven Zurückweisung, sondern eher ein Prozess des aufrichtigen, unterschiedslosen Umarmens.

In dem Maße, in dem Andrew lernt, sich selbst bedingungslos zu lieben, erschafft er sich den Himmel auf Erden, oder wie Iknow es ausdrückte: Er vereinigt sich wieder mit der Quelle, die er nie verlassen hat. Keine Seele ist jemals wirklich von der Quelle oder von Gott getrennt, aber wir entscheiden uns, eine solche Trennung *wahrzunehmen*, wenn wir auf der Erde inkarnieren. Als Andrew sich an seine große Macht erinnert, kehrt er in seinem Gewahrsein nach Hause zurück. Hier liegt ein großer Teil von Andrews vorgeburtlicher Blaupause, die mit dem Dienst an anderen zu tun hat. Indem er das Gegenteil von dem erlebt, was er wirklich ist, und diese Selbsttäuschung dann ablegt, bahnt sich Andrew einen energetischen Weg zurück zum Einheitsbewusstsein. »Bei der Rückkehr«, hat Iknow ihm gesagt, »kannst du andere mitnehmen.« Weit kraftvoller als alles, was er jemals mit seinem physischen Körper tun kann, hilft Andrews Bewusstseinserweiterung zahllosen anderen Menschen, in seine Fußstapfen zu treten.

Wie so viele, die auf der irdischen Ebene inkarnieren, entwarf sich Andrew einen Lebensplan, nach dem man durch Gegensätze lernt. Die Seele lernt am besten durch die Erfahrung von Gegensätzen, die den nötigen Kontrast bieten, um zu verstehen, wer man auf der Seelenebene wirklich ist. Je stärker der Kontrast, desto tiefer die potenzielle Selbsterkenntnis. Iknow beschrieb es so: »Es ist, als drücke man einen Ball unter Wasser. Je stärker man drückt, desto heftiger springt er anschließend hoch.« Der Schmerz der Impotenz bringt Andrew dazu, sich ein tiefes, reiches, substanzielles und schönes Bewusstsein seiner eigenen Stärke und Großartigkeit zu schmieden und zu schenken.

Bevor beide geboren wurden, erklärte sich Sarah einverstanden, Andrews Co-Lehrerin zu sein. Obwohl sie eine auf der Ebene der

Persönlichkeit vorübergehende Beziehung geplant hatten, macht ihr Gespräch vor der Geburt deutlich, dass ihre Liebe zu ihm auf der Ebene der Seele stark und dauerhaft ist. Die Impotenz gibt Andrew sowohl die Gelegenheit als auch die Motivation, mehr Selbstliebe zu kultivieren. Das gilt auch für den schmerzlichen Verlust seiner irdischen Beziehung zu Sarah. Sie hat diese Chance vorausgesehen, als sie Andrew bei der vorgeburtlichen Planung sagte, er solle sich »immer wieder verlieben und in sich selbst verliebt sein«. So viele von uns haben gehofft und vor der Geburt geplant, dass es dieses Leben sein wird, in dem sie entdecken, dass *sie selbst* die große Liebe ihres Lebens sind.

Wie wird eine solche Selbstliebe erreicht? Wie Stacis Geistführer betonte, führt Andrews Impotenz dazu, dass er sich selbst beschützt und zeitweise isoliert, was ihm wiederum Gelegenheit gibt, seine Beziehung zu sich selbst zu stärken. Wie könnte diese Beziehung aussehen? »Behandle dich immer so, als ob du dein eigenes Kind wärst«, riet ihm Stacis Geistführer. Auf dem spirituellen Weg erkennen wir alle, dass wir unser eigener bester Freund, Anführer, Heiler sowie Vater und Mutter für uns sein können und müssen. Für genau diese Entdeckung sind Andrews Impotenz, seine geringe Libido und seine »gescheiterte« Beziehung zu Sarah allesamt beabsichtigt, weil sie ihn wieder zu sich selbst bringen. Wie Iknow weise zu Andrew sagte: »Du *bist* dieses Endziel.«

Andrews Erfahrung der Impotenz bringt sowohl ein tiefes Wissen darüber hervor, wer er wirklich ist – Liebe –, als auch eine stark erweiterte Fähigkeit zu lieben. Nach diesem Leben, wenn die Impotenz nur noch eine vage und ferne Erinnerung ist, wird Andrew diese Ideale für alle Ewigkeit in sich tragen.

Dies ist der Weg des spirituellen Kriegers.

Kapitel 3

Interdimensionale Elternschaft

Vor ein paar Jahren schickte mich der Verleger der spanischen Übersetzungen meiner Bücher nach Mexiko, wo ich eine Reihe von Werbeinterviews im Radio und im Fernsehen geben sollte. Meine Übersetzerin und ich fuhren in einem Taxi durch Mexiko-Stadt und diskutierten eine Vielzahl von Themen, als sie kurz auf eine Freundin verwies, die sich mit »interdimensionaler Elternschaft« beschäftigte. Sie sagte es mal eben so dahin und ging schnell zu einem anderen Thema über.

»Moment mal«, unterbrach ich sie. »Hast du gerade gesagt, dass du eine Freundin hast, die *interdimensionale Elternschaft* betreibt?«

»Ja.« Sie schien überrascht, dass dieser Satz irgendwie meine Aufmerksamkeit erregt hatte.

»Was in aller Welt ist *interdimensionale Elternschaft*?«

»Nun, der Mann meiner Freundin ist gestorben. Er hilft ihr jetzt von der anderen Seite, ihr Kind großzuziehen.«

Ich war platt. Wir saßen eine Weile schweigend da und sahen zu, wie die Leute vorbeiströmten, während ich versuchte, mich auf das Gehörte zu konzentrieren.

»Wäre sie bereit, mit mir zu sprechen?«, fragte ich.

»Ich frage sie.«

Nicht lange danach sprach ich mit Alexa Pauls. Und tatsächlich beteiligt sich deren Ehemann Jorge aus dem nichtphysischen Bereich an der Erziehung ihres Sohnes.

Allein in den Vereinigten Staaten haben schätzungsweise 1,5 Millionen Kinder im Alter von fünfzehn Jahren einen oder beide

Elternteile verloren. Im Rest der Welt ist diese Zahl sicherlich um ein Vielfaches größer. Der Elternteil, der weiterhin in einem Körper lebt, fragt sich natürlich: »Warum ist das passiert? Was bedeutet es? Wie kann ich meine Kinder allein großziehen?« Dieser Elternteil und die Kinder fühlen sich oft verlassen. Vielleicht sind sie wütend auf das verstorbene Familienmitglied und haben Schuldgefühle, weil sie wütend sind. Die Wunden eines solchen Verlustes sind tief und dauerhaft.

Wie also kann Heilung stattfinden? Vielleicht, und ich sage bewusst vielleicht, durch die Einsicht, dass der »Verstorbene« nie wirklich gegangen ist.

Alexa

Alexa war neununddreißig Jahre alt, als ich mit ihr sprach. Das war vier Jahre nach dem Tod ihres Mannes Jorge. Sie war in Deutschland als Tochter eines Diplomaten und einer Familientherapeutin geboren worden und hatte die erste Hälfte ihres Lebens damit verbracht, mit ihrer Familie von Land zu Land zu ziehen. Auf einer Schulabschlussreise nach Mexiko spürte sie eine unerklärlich starke Verbundenheit mit den von ihr besuchten archäologischen Stätten und brach in Tulum sogar spontan in Tränen aus. Während ihres Studiums in Berlin wählte sie dann den Schwerpunkt Präkolumbianische Studien. Nach ihrem Masterabschluss zog sie nach Mexiko. Kurz darauf lernte sie Jorge kennen, Reiseleiter für Abenteuersporttouren und Reporter.

»Als ich Jorge sah, war ich vom ersten Moment an sehr ergriffen«, sagte Alexa wehmütig. »Ich fand ihn extrem attraktiv. In seinen gelbbraunen Augen leuchtete ein besonderer Funke, der mich fesselte. Auf einer Party unterhielten wir uns die ganze Nacht und tauchten in das Leben des jeweils anderen ein.«

Alexa und Jorge hatten zu der Zeit, als sie sich kennenlernten, beide andere Partner, aber im Laufe des nächsten Jahres, als sie sich in ihrem Freundeskreis besser kennenlernten, wurde ihre Verbindung immer enger. Alexa erinnert sich an einen sehr schönen Traum, in dem sie und Jorge durch einen Wolkenbogen gingen und heirateten. Bald darauf beendeten sie ihre anderen Beziehungen.

»Wir hatten das starke Gefühl, zusammenkommen, zusammen sein, zusammenleben und den Weg durch dieses Leben gemeinsam gehen zu müssen«, erzählte mir Alexa. »Was folgte, waren elf Jahre als Paar, sehr glücklich, ein angenehmes Leben, doppeltes Einkommen, keine Kinder, viele Reisen.« Alexa und Jorge teilten die Liebe zur Natur und zum Abenteuer und verbrachten einen Großteil ihrer Freizeit mit Rafting, Bergsteigen, Wandern und dem Erkunden entlegener Orte.

Im Laufe der Jahre dachten sie daran, Kinder zu bekommen.

»Jorge war ein kinderliebender Mann«, erinnerte sich Alexa. »Ich wusste, dass er wirklich Kinder haben wollte, und wir wurden immer älter. Ich war fast vierunddreißig und er war vierundvierzig, als ich ihm sagte: ›Okay, lass es uns versuchen, bevor wir zu alt sind. Mal sehen, was das Schicksal für uns vorgesehen hat.‹ Wir sind sicher, dass unser Sohn Luca noch am selben Tag zu uns kam – dem ersten Tag, an dem wir versuchten, schwanger zu werden. Wir spürten tatsächlich, wie sich diese kleine Seele in meinem Körper inkarnierte. Es war ein ganz besonderer Moment.«

»Woher wusstest du das?«, fragte ich. »Wie hat es sich angefühlt?«

»Ich habe es nicht während des Liebesaktes gespürt, sondern unmittelbar danach. Wir lagen im Bett, schauten uns an und sagten beide: ›Das war anders.‹ Dann schloss ich die Augen und mein inneres Gesichtsfeld wurde von einer gewaltigen Dunkelheit eingenommen, die sich über den Horizont hinaus bis an einen sehr weit entfernten, dunklen Ort erstreckte. Dann sah ich, wie sich ein Licht nach unten senkte und durch Schichten verschiedener

Atmosphären in meinen Unterleib gelangte. Dann kam meine Katze in unser Bett, was sie noch nie getan hatte, kletterte auf meinem Bauch und machte Schnurrgeräusche. Ich sagte: ›Oh, ich glaube, da ist jemand angekommen.‹«

Lucas Geburt war kompliziert und erforderte einen Kaiserschnitt, aber er kam gesund zur Welt. »Er hatte riesige blaue Augen«, erinnert sich Alexa, »große Teiche, in denen sich der Himmel spiegelt. In diesen Augen steckt viel Weisheit und Tiefe.« Alexa und Jorge waren überglücklich.

Kurz darauf bekam Jorge das Angebot, an vier Tagen in der Woche eine Live-TV-Show zu moderieren, in der Abenteuersportarten vorgestellt wurden. Es schien, als wären all ihre Träume wahr geworden.

»Als Luca elfeinhalb Monate alt war, musste Jorge verreisen«, sagte Alexa mit plötzlicher Traurigkeit in der Stimme. »Es war Dienstag, der 15. Januar 2013. Er verließ das Haus sehr früh am Morgen, gab mir einen Kuss. Ich schlief noch halb und sagte: ›Wir sehen uns morgen Abend.‹ Luca und ich gingen nachmittags in einen Park. Wir blieben bis 17 Uhr dort und gingen dann wieder nach Hause. Eine halbe Stunde später erhielt ich einen Anruf von Jorges Chef.

Er sagte: ›Ich habe sehr schlechte Nachrichten. Jorge hatte einen tödlichen Flugzeugunfall.‹ Ich hatte Luca auf einem Arm und das Telefon in der anderen Hand. ›Nein, das kann nicht möglich sein!‹, schrie ich. Ich sank zu Boden. ›Nein! Nein! Was erzählen Sie mir da? Was erzählen Sie mir da?‹«

Der Pilot, mit dem Jorge geflogen war, hatte vierzig Jahre und 24 000 Stunden Flugerfahrung. Fünfzig Minuten lang lief alles gut, während sie verschiedene Tricks und Loopings in der Luft machten. Der Fehler passierte während der Landung. Der Pilot, der sein eigenes Flugzeug in einer anderen Stadt zurückgelassen hatte und das Flugzeug des Flughafenbesitzers flog, verrechnete sich, und zwar übel. Das Flugzeug rutschte neben der Landebahn in den Dschungel. Bei dem Aufprall wurde sowohl der Pilot als auch Jorge getötet.

»Wenn wir zu dem Moment zurückkehren, in dem ich den Anruf bekam«, fuhr Alexa fort, »erinnere ich mich, dass ich meinen Körper verlassen habe und zu Jorge an die Unfallstelle gereist bin. Ich erinnere mich, dass ich zu ihm flog und ihm verzweifelt sagte: ›Jorge, das sollte nicht passieren! Wir sollten ein glückliches Paar sein und ein glückliches Leben führen!‹ Sofort bekam ich eine klare Antwort: ›Ja, Alexa, so soll es sein.‹«

Alexa führte ein paar Telefongespräche und innerhalb von dreißig Minuten war ihr Haus voll von ihren Freunden und Jorges Familie. »Von da an war mein Haus sechs Tage lang voller Menschen. Es war eine erstaunliche Erfahrung der Gemeinschaft, ein Teilen von Emotionen, Traditionen und Kameradschaft. Jederzeit war eine meiner Freundinnen bei mir, um auf Luca aufzupassen oder zur Bank zu gehen oder zu kochen. Ich war nie allein.«

Ich fragte Alexa, an welchem Punkt ihr der Gedanke der interdimensionalen Elternschaft gekommen sei.

»Ich habe Jorges Anwesenheit in diesen ersten Nächten im Haus sehr stark gespürt«, antwortete sie. »Einmal war ich mit Luca auf dem Arm in seinem Zimmer und habe versucht, Luca zum Einschlafen zu bringen. Ich spürte, wie Jorge uns umarmte. Wir drei waren wie eine Lichtsäule!

In der zweiten Nacht, als ich Luca zu Bett brachte, nahm ich den kleinen Jungen auf dem Arm mit nach draußen auf unsere Terrasse. Ich sagte: ›Gute Nacht, Bäume. Gute Nacht, Sterne. Gute Nacht, Himmel‹, wie wir es immer machten – ein abendliches Ritual. Und in dieser Nacht sagte ich: ›Gute Nacht, Papa. Er ist da draußen und wird immer auf dich aufpassen.‹ Dann trug ich den Kleinen in sein Zimmer. Als ich die Tür schloss, schaute Luca durch den Spalt und sagte: ›Tschüss, Papa.‹ Das Wort *Papa* hatte er noch nie benutzt. Für mich war ganz klar, dass er seinen Vater gesehen hat.«

Alexa fing an, Jorge bei wichtigen Entscheidungen zu konsultieren. Sie hatte das Gefühl, dass er sie dazu brachte, von Mexiko-Stadt in eine zwei Stunden entfernte Kleinstadt zu ziehen. Dort führte er sie zu einer wunderschönen kleinen Kopie des Hauses, in dem sie und Jorge vor seinem Tod in Mexiko-Stadt gelebt hatten, an einem Ort, an dem sie und Luca sich sicher und zu Hause fühlen würden. »Seit er von dieser physischen Ebene gegangen ist, habe ich nie aufgehört, mit ihm zu reden, besonders nachts. Normalerweise zündete ich eine Kerze an und sorgte für einen ruhigen Moment, um mit Jorge zu sprechen, so wie wir es getan hatten, als er noch hier war.«

In einer dieser nur von Kerzenlicht erleuchteten Nächte fragte Alexa Jorge, warum er gegangen war und ihr die ganze Verantwortung für die Erziehung ihres Sohnes überlassen hatte, was er von ihrer Art und Weise, mit dieser Verantwortung umzugehen, hielt und wie er Luca sah. Als Antwort fiel ihr der englische Begriff *interdimensional parenting* (»interdimensionale Elternschaft«) ein. Sie hielt den Atem an, als sie die Bedeutung dieses Ausdrucks begriff, den sie noch nie zuvor gehört hatte. Alexa verstand intuitiv, dass dieser Begriff von großer Signifikanz ist. Er begeisterte sie und ließ gleichzeitig eine tiefe Ruhe in sie einströmen.

Sie hat mir dann erzählt, dass auch Luca mit Jorge in Kontakt steht.

»Vor ein paar Wochen hat Luca gesagt: ›Mama, ich male alle, die in diesem Haus wohnen.‹ Ich war sehr gespannt auf das Ergebnis dieser kleinen Zeichnung, weil wir verschiedene Haustiere haben und er eine Nanny hat, die auch bei uns wohnt. Ich war also auf Mama, Luca, das Kindermädchen und die Hunde vorbereitet.

»Dann brachte er mir die Zeichnung. Es war ein Haus mit Luca, Mama und einem ovalen Etwas, einem Ei, das im Haus stand. Eine ganz andere Figur als die menschlicheren Bilder von mir und Luca. Es war ein Stock mit zwei Beinen und einer großen, eiähnlichen Form mit zwei Augen und einem Lächeln.«

Alexa fragte Luca, was diese Eiform sei.

»Papa«, antwortete er nüchtern.

»Warum ist Papa anders?«, fragte sie erschrocken.

»Ich weiß nicht«, antwortete Luca. »Er ist einfach so.«

Luca sah seinen Vater im Haus, offenbar als Lichtkörper, in meist ovaler Form.

Ich bat Alexa, mir von einem anderen Mal zu erzählen, als sie mit Jorge kommuniziert hatte.

»Einmal, vor etwa einem Jahr, war ich in einem Temazcal, einem traditionellen mexikanischen Dampfbad. Ich habe irgendwie Verbindung mit Jorge aufgenommen. Ich sah, wie er auf der Terrasse unseres Hauses saß, die Couch und die Kissen ausprobierte und es offenbar genoss, dort zu sein. Ich sagte zu ihm: ›Wow, du bist zu Hause! Genieße es, denn dies ist auch dein Haus, denn du hast uns hierhergeführt.‹ Das Nächste, was ich sah, war, wie er in Lucas Zimmer stand, wo Luca in seinem Bett schlief. Es war sehr bewegend, weil ich spürte, dass er seinen Sohn unbedingt berühren wollte, es aber nicht schaffte. Ich sagte: ›Es tut mir so leid, dass du ihn nicht unmittelbarer genießen kannst, aber das ist dein Sohn, und ich weiß, dass du da bist, um über ihn zu wachen.‹ Dann sah ich ihn auf dem Boden vor Lucas Bett sitzen und auf ihn aufpassen.«

Alexa sprach nun über einen besonderen Traum, in dem Jorge zu ihr gekommen war.

»Ich flog durch den Himmel, reiste durch eine gewaltige Dunkelheit. Plötzlich war ich direkt neben dem Bild in der Sixtinischen Kapelle, auf dem Gott und Adam dargestellt sind (wie sie die Arme und Zeigefinger ausstrecken, um sich zu berühren). Ich sah und spürte, wie sich ihre Finger immer näher kamen. In dem Moment, in dem sich die Finger berührten, gab es einen großen Knall, viel Licht, eine Explosion! In derselben Sekunde sah ich eine dieser alten Fotoautomaten mit einem davor schwebenden Vorhang. Ich trat vor, zog den Vorhang auf … und sah Jorge! Er saß in der Kabine. Er stand auf. Er war strahlend schön … schöner denn je. Er war es: sein Körper, seine Augen, seine Haare und alles in einer sehr strahlenden Version seiner selbst. Es war der wahre Jorge, seine Essenz. Er existiert immer noch, und zwar in einer glanzvolleren Version seiner selbst, als ich sie auf der Erde kannte«, fügte Alexa lachend hinzu.

»Es ist, als stelle das Bild mit den beiden Fingern aus der Sixtinischen Kapelle einen interdimensionalen Kontakt dar«, bemerkte ich.

»Genau«, stimmte sie zu.

Zusätzlich zu ihrer eigenen Kommunikation mit Jorge erhielt Alexa eine Nachricht von ihm über einen Freund, der die Akasha-Chronik liest, die vollständige, nichtphysische Aufzeichnung aller Gedanken, Worte und Taten, die für die irische Ebene relevant sind. Alexa las mir Jorges Worte vor:

Hallo Geliebte,

ich bin Jorge. Ich bin immer bei dir und ich bin sehr glücklich und erleichtert, dass du das weißt. Ich bin immer präsent. Bitte hör nicht auf, mit mir zu kommunizieren. Bitte glaube daran, dass diese interdimensionale Elternschaft möglich ist und tatsächlich ausgeübt wird. Du weißt das. Deine Seele weiß es. Du weißt, dass es geschieht.

Ich musste »gehen«, damit du anfängst, an die Existenz anderer Wirklichkeiten zu glauben. Vertraue auf deine Intuition.

Lucas Seele ist sehr alt und weise. Wir müssen auf ihn aufpassen. Ich bin dir immer nah. Ich kommuniziere tagsüber mit Telepathie und nachts in Träumen. Ich bin nie weggegangen. Du weißt das. Deine Seele weiß es. Ich schätze deinen Dienst, deinen Altruismus und die Wahrheiten, die du in deinen Liebesakten zum Ausdruck bringst, und bin zutiefst dankbar dafür. Du musst lernen zu glauben, ohne an dir selbst zu zweifeln. In früheren Leben hast du wegen deiner Fähigkeiten viel gelitten, aber diese Zeit ist jetzt vorbei und dein Bewusstsein erweitert sich. Du musst aufwachen und wach bleiben. Du machst das sehr gut mit Luca, sehr gut, und dieser Kleine ist unser größter Lehrer. Er ist von einer uralten Linie mit großem Wissen. Wenn er erwachsen ist, werden wir das sehen.

Du bist eine dienende Seele, und wir (der große Geist) sind dankbar für deine Arbeit. Wir wissen, dass es nicht einfach ist, aber du kannst es schaffen. Vergiss nicht, dass deine Seele beschlossen hat, dass all dies passieren soll, und dass du die Kraft und die Liebe deines Sohnes hast, die es dir möglich machen, dies durchzustehen. Du wirst es sehr gut machen, meine Geliebte. Liebe und schau nicht zurück, denn es geht dir sehr gut. Dein Buch wird herauskommen. Viele Seelen warten darauf.

Du wirst sehr geliebt, meine schöne Prinzessin.

Wir schwiegen eine Minute und ließen die Kraft und die Schönheit von Jorges Worten auf uns wirken.

»Alexa«, sagte ich, »hat dir das Konzept der interdimensionalen Elternschaft geholfen, jede Wut auf Jorge zu heilen und ihm zu vergeben?«

»Oh ja. Klar zu erkennen, dass es so sein sollte, hat mir enorm geholfen. Natürlich gab es Tage, an denen ich dachte: Ich will nicht aufstehen. Ich will einfach nur depressiv sein und im Bett liegen … Aber das war nicht möglich, weil ich mich um meinen kleinen Sohn kümmern musste. Die Erkenntnis, dass wir dies selbst geplant hatten, war in Kombination mit der Betreuung eines leichten, schönen, fröhlichen Jungen meine Medizin, um diese schwierigen ersten Jahre zu überstehen.«

»Deine Geschichte wird von Menschen gelesen, die ihren Ehepartner verloren haben und eines oder mehrere Kinder scheinbar allein großziehen. Dies könnte ihre erste Begegnung mit der Idee der interdimensionalen Elternschaft sein. Vielleicht sind sie schon seit einiger Zeit wütend auf ihren Partner, weil er sie scheinbar verlassen hat. Was würdest du diesen Menschen sagen?«

»Anstatt sich wie ein Opfer, allein, deprimiert und machtlos zu fühlen, ist es besser, sich intensiv mit diesen Herausforderungen auseinanderzusetzen und sie zu meistern«, riet sie. »Trauert intensiv. Weint auf intensive Weise. Bewegt euch intensiv, aber ohne zu fallen. Schaut durch den Schleier der Trauer und erkennt das Potenzial. Seid dankbar für die Gelegenheit zu verstehen, was es bedeutet, mit oder ohne Körper hier zu sein.«

»Alexa, unter den Menschen, die deine Geschichte lesen, sind vielleicht Kinder, die alt genug sind, um das Konzept der interdimensionalen Elternschaft zu verstehen, und die einen Elternteil verloren haben. Was willst du ihnen sagen?«

»Immer wenn du die Anwesenheit dieses Elternteils spürst, glaube daran, halte daran fest und finde in diesen Momenten Erleichterung und Liebe. Ich glaube, dass die Nacht die Zeit und die Natur der Ort ist, wo es viel einfacher ist, eine Verbindung herzustellen. Daher empfehle ich den Kindern, nachts an diesen Elternteil zu denken und ihn anzurufen. Ich sage Luca immer: ›Dein Vater liebt dich. Dein Vater wacht über dich in jeder einzelnen Nacht.‹ Der physisch anwesende Elternteil kann diesen Kindern auf spielerische – nicht spirituelle oder indoktrinierende Weise – erklären: ›In deinen Träumen kannst du fliegen. Du kannst zu den Sternen gelangen. Vielleicht kommt deine Mutter oder dein Vater, holt dich ab und nimmt dich mit auf eine Reise.‹

Und nimm auch über die Natur Verbindung auf. Jede Woche sage ich in vielen verschiedenen Momenten: ›Schau mal, den Vogel, das Licht im Baum, hör mal den Wind. Dein Vater ist da.‹ Geh in den Wald und rede mit ihm oder ihr in der Natur. Hör nie auf, mit ihnen zu reden.

Erzähle deiner hinübergegangenen Mutter oder deinem Vater, was du in der Schule gemacht hast. Sag ihm oder ihr, worüber du dir Sorgen machst oder ob jemand etwas getan hat, das dir nicht gefallen hat. Erzähl deinem Elternteil davon und du wirst das Gefühl haben, dass er da ist, dass er sich um dich kümmern, dir helfen und an deiner Seite sein kann.«

Ich habe Alexa gebeten, zusammenzufassen, wie interdimensionale Elternschaft ihr, Luca und Jorge hilft.

»Sie hilft mir, weil ich mich nicht allein fühle«, sagte sie. »Ich war traurig. Ich habe mich körperlich nach ihm gesehnt. Aber ich habe mich nicht allein gefühlt. Ich fühle mich sehr stark und sicher, kann meinen Weg weitergehen, weil ich spüre, dass er mich begleitet.

Für Luca ist Jorge in seinem Alltag definitiv präsent. Irgendwie macht Luca nicht den Eindruck, der Sohn einer alleinerziehenden Mutter zu sein, der sich nach einem fehlenden Elternteil sehnt. Ich glaube, dass ein großer Teil unseres Plans darauf ausgerichtet ist, Luca im Bewusstsein einer multidimensionalen Welt und Existenz zu erziehen und ihn vom Kleinkindalter an darauf vorzubereiten, dass wir nicht nur auf dieser physischen Ebene leben. Wenn er ein erwachsener Mann ist, wird dies eine wichtige Rolle in seinem Leben und für seine Lebensaufgabe spielen.

Dieses Konzept ins Bewusstsein zu bringen, wird es Jorge viel leichter machen, eine Rolle in Lucas Leben zu spielen. Luca wird einen ganz besonderen Begleiter haben. Ich denke, vieles von dem, was hier von Bedeutung ist, werden wir erst in Zukunft entdecken.«

»Alexa, gibt es noch etwas, was du Kindern sagen möchtest, die ein Elternteil verloren haben, vielleicht sogar denen, die jetzt erwachsen sind und von denen ein Elternteil in jungen Jahren gestorben ist?«

»Ich möchte den Kindern sagen, dass sich der Geist ihrer verstorbenen Mutter oder ihres verstorbenen Vaters in einem Vogel oder einem Fluss ›inkarnieren‹ kann, oder dass sie oder er ihnen in kleinen, magischen Zeichen begegnen kann. Sobald du dich öffnest und anfängst, diese Zeichen zu lesen, machen sie dein Leben magisch und schön. Selbst für die älteren, bereits erwachsenen Menschen, die diese Erfahrung vor langer Zeit gemacht haben, ist es nie zu spät, sich mit der Gegenwart der Seele zu verbinden, weil die Zeit in der geistigen Welt so anders ist. Sie können immer Verbindung mit ihrem Elternteil aufnehmen, der sie definitiv nie verlassen hat.«

Im Gespräch mit Jeshua und Jorge

Mein Gespräch mit Alexa hatte mich mit vielen Fragen zurückgelassen. Hatten sie, Jorge und Luca vor ihrer Geburt vereinbart, dass Jorge kurz nach Lucas Geburt zum großen Geist zurückkehren würde? Wenn ja, warum wollte Alexa Luca allein großziehen? Warum wollte Luca nur von seiner Mutter erzogen werden? Wenn dies ihre vorgeburtlichen Absichten gewesen waren, warum war Jorge dann mit ihrem Plan einverstanden gewesen? Um Antworten auf diese und andere Fragen zu ihren Lebensplänen zu bekommen, habe ich Pamela gebeten, sowohl Jeshua als auch Jorge zu channeln. Zu Beginn unserer Erkundung bat ich Jeshua um eine Definition von interdimensionaler Elternschaft.

»Interdimensionale Elternschaft bedeutet eine liebevolle Beziehung zwischen einem Elternteil, der den physischen Bereich verlassen hat, und einem Kind, das sich noch im physischen Bereich befindet. Die Beziehung ist geprägt von Fürsorge, Engagement und Unterstützung durch den Elternteil. Dieser Elternteil wird von mindestens zwei Geistführern unterstützt, damit er seine Funktion von der anderen Seite aus erfüllen kann. Die Erfüllung dieser Rolle ist Teil des Plans ihrer Seele für inneres Wachstum.

Der verstorbene Elternteil muss in der Lage sein, sich mit seiner eigenen Seele oder seinem höheren Selbst zu verbinden. Er muss ein Bewusstsein haben, das es ihm ermöglicht, sich über die starken Emotionen zu erheben, die er für das Kind hat – Sorge, Trauer, Wut oder Angst, es zu verlieren – oder auch bezüglich seines eigenen Todes. Dieses transpersonale Bewusstsein (auf der Seelenebene) stellt sicher, dass das Kind – und der verbleibende Partner auf der Erde, wenn es einen gibt – wirklich von dieser interdimensionalen Beziehung profitiert. Und es hilft dem verstorbenen Elternteil, sich mit den eigenen Gefühlen auseinanderzusetzen, denn aus der Seelenperspektive sieht man ein größeres Bild.

Interdimensionale Elternschaft gehört fast immer zum Seelenplan der beteiligten Personen. Das bedeutet, dass sie sehr wahrscheinlich ist, dass sie also zu der Kategorie von Ereignissen gehört, die mit hoher Wahrscheinlichkeit eintreten, wenn die Seelen zuvor beschlossen haben, sie zu erleben.«

Pamela schaltete sich ein, um dies zu erklären: »Anders als Situationen, in denen die Eltern sterben, den irdischen Bereich und ihr Kind aber nicht loslassen können (und somit erdgebunden bleiben) und die Beziehung eher von heftigen Gefühlen des Verlustes und der Traurigkeit geprägt ist, kommt interdimensionale Elternschaft nicht aus dem astralen (erdgebundenen) Bereich, sondern aus dem spirituellen Bereich, in dem ein beträchtliches Maß an Freiheit und Bewusstheit herrscht.«

Nun trat Jeshua beiseite, damit Pamela ihre ersten Eindrücke von Jorge schildern konnte, der still auf seinen Einsatz gewartet hatte.

»Ich sehe Jorge«, sagte Pamela. »Er sieht aus wie auf dem Bild (das Alexa ihr geschickt hatte), aber er trägt weiße Kleidung mit dunklen

Streifen an den Handgelenken und Knöcheln und schwarze Schuhe, die sehr irdisch aussehen. (Jorge hätte sich Pamela in jeder beliebigen Form präsentieren können, auch als bloßes Licht. Er hatte jedoch eine Erscheinung gewählt, die Pamela und damit auch Alexa vertraut war, um ein Gefühl der Verbundenheit und des Trostes zu erzeugen.) Er weint. Sein Herz ist voller Liebe zu seiner Frau und seinem Kind. Er sehnt sich immer noch danach, bei ihnen zu sein, sie in den Arm zu nehmen und zu streicheln. Er hat, was das betrifft, immer noch sehr menschliche Gefühle. Aber er ist auch an einem Ort des Lichts und der sehr reinen, friedlichen Energie. Er möchte Alexa und Luca sagen, dass er sie sehr liebt und dass er da sein wird, wenn sie hinübergehen. Er ist ihnen offensichtlich sehr verbunden. Er sagt auch, dass er stolz auf sie ist und auf die Art und Weise, wie sie mit der Situation umgehen. Er sagt, dass sie Krieger des Bewusstseins sind, die für mehr Licht auf der Erde sorgen, während sie ihren individuellen Weg des Wachstums gehen.

Jorge arbeitet gern an diesem Buch mit, weil er sagt, dass es eine Kategorie verstorbener Eltern gibt, die in die interdimensionale Erziehung einbezogen werden *könnten*, die aber gegenwärtig in der astralen Dimension feststecken, wo sie an dem Verlust und ihrem gebrochenen Herzen leiden. Es gibt einige, die nach ihrem Seelenplan ein interdimensionaler Elternteil sein sollen, die sich aber immer noch zu sehr in heftigen Emotionen gefangen fühlen, um auf die transpersonale Ebene aufsteigen zu können. Er möchte den Prozess der Befreiung beschleunigen, indem er denjenigen, die auf der Erde zurückgeblieben sind, entsprechende Informationen gibt. Diese Menschen können mit ihren Lieben sprechen, was denen sehr helfen würde. Menschen im Astralbereich können von physischen Menschen, die auf der Erde leben, oft leichter erreicht werden als von ihren Geistführern, weil sie ihre Geistführer noch nicht anerkennen.

Es gibt auch«, fuhr Pamela fort, »verstorbene Eltern, deren Seelenplan keine interdimensionale Elternschaft für sie vorsieht, die sie aber trotzdem ausüben könnten, wenn sie dies aufrichtig wünschen. Es könnte ihnen helfen, zu wachsen, loszulassen und viele Dinge zu verstehen. Sie werden dann vielleicht keine ›vollwertigen interdimensionalen Eltern‹, sondern eher ›Auszubildende‹. Jorge betont, dass es im Universum viele Wahlmöglichkeiten gibt. Es gibt ein paar grundlegende Tendenzen in einem Seelenplan, aber es gibt auch viel Spielraum. Man hat vielleicht den Seelenplan, ein interdimensionaler Elternteil zu werden, schafft es aber eine ganze Weile nicht, weil man in heftigen Emotionen feststeckt. Vielleicht hat man diesen Plan auch nicht, entwickelt sich aber dennoch zu einem interdimensionalen Elternteil, weil man sich für die Seelenebene öffnen will und begierig darauf ist, sich aus dem dichteren Astralbereich zu befreien. Man kann Ereignisse planen, aber spirituelles Wachstum kann man nicht planen. Letzteres hat etwas mit freier Wahl zu tun.

Jorge sagt, dass mehr Bewusstheit unserer menschlichen Gesellschaft für das Leben auf der anderen Seite und wie es dort für einen verstorbenen Elternteil ist, die interdimensionale Kommunikation verbessern und beiden Seelengruppen helfen kann.«

»Pamela«, fragte ich, »hat Alexa vor ihrer Geburt geplant, Jorge zu ›verlieren‹ und dann eine interdimensionale Erziehung zu erleben, und wenn ja, warum?«

»Alexa und Jorge haben eine sehr starke Bindung. Sie waren schon in mehreren Leben zusammen«, antwortete Pamela. »Hier nutzte sie ihre Gaben des Hellsehens, des Hellwissens und des Hellfühlens, um Informationen über ihre früheren Leben und ihre Energien in diesen Inkarnationen zu bekommen.« In einem Leben war er ihr Vater und beide hatten Schwierigkeiten, einander gehen zu lassen, als sie erwachsen wurde. Sie verglich alle Männer, die sie kennenlernte, mit ihm, und dabei kamen sie immer zu kurz. Sie urteilte über sie und öffnete sich ihnen nicht.

In anderen früheren Leben war sie seine Mutter und sie waren einander in ähnlicher Weise zugetan. Und da ist ein Leben, in dem sie beide männlich sind, gute Freunde und Gefährten. Sie haben viel Spaß zusammen. Sie sind beide abenteuerlustig, leidenschaftlich und wagemutig. Ich sehe, wie sie zusammen mit ein paar anderen Männern auf Pferden durch eine weite Landschaft reiten. Vielleicht sind es reisende Handwerker. Sie lieben dieses Leben in Freiheit, es begeistert sie. Sie schauen ein bisschen von oben herab auf Menschen, die vorsichtiger oder engstirniger sind oder in restriktiven Denkweisen feststecken.

Jorge und Alexa haben in all ihren gemeinsamen Leben ein ähnliches Temperament. Beide sind beherzt, mutig und abenteuerlustig. Da war immer eine tiefe Zuneigung füreinander, allerdings so sehr, dass es ihre Beziehung zu anderen Menschen behinderte«, folgerte Pamela.

Jeshua kehrte wieder in den Vordergrund von Pamelas Bewusstsein. »Die Bindung war in gewisser Weise zu stark«, merkte er an. »Es ist notwendig, sich zu entwirren und für sich selbst ganz zu werden. Jorges früher Tod war Teil von Alexas Seelenplan, weil sie lernen wollte, mit dem Verlust umzugehen und allein zurechtzukommen. Sie wollte die Eigenschaften Geduld, Vertrauen und Hingabe entwickeln, während sie den Trauerprozess durchmachte. Gleichzeitig ist sie immer noch sehr abenteuerlustig und wollte sich als Pionierin ganz bewusst für interdimensionale Elternschaft einsetzen. Das starke Band zwischen ihr und Jorge macht dies möglich. Sie möchte also die Schattenseite der Beziehung überwinden (die so starke Anziehungskraft, die andere Menschen ausschließt und den Fortschritt verlangsamt), tut dies aber auf eine Weise, die die positive Seite davon nutzt: die starke Verbindung auf der Seelenebene. Diese Seelenverbindung kann ihr helfen, die Liebe zwischen Jorge und ihr noch zu spüren und einem hohen Maß an interdimensionaler Interaktion Raum zu geben. Aber gleichzeitig ist sie auf menschlicher Ebene auf sich allein gestellt und muss emotional zurechtkommen.«

»Aber ist das Gefühl der Einheit, das Jorge und Alexa gemeinsam erlebt haben, nicht Liebe?«, fragte Pamela. »Was ist falsch daran?«

»Es ist genauso wenig falsch wie einseitig«, erklärte Jeshua. »Da ist ein Ausmaß an Begeisterung und Unverfrorenheit in den Energien dieser beiden, das verstärkt wird, wenn sie zusammen sind. Das Ergebnis kann ein Mangel an Geduld, Hingabe und Gleichmut sein. Sie brauchen jetzt entgegengesetzte Energien mehr, als sie sich gegenseitig brauchen. Die Beziehung, wie sie jetzt ist (außerhalb des Körpers), fördert Eigenschaften wie Geduld und Hingabe. So haben sie auf sehr kreative Weise eine Art des Zusammenseins gefunden, die der Aufgabe ihrer beiden Seele entspricht.«

»Das klingt schön, genial sogar«, bemerkte Pamela, »aber ich kann mir vorstellen, dass Alexa das nicht so einfach sehen kann. Sie erlebt jetzt, wo Jorge physisch abwesend ist, eine große Lücke in ihrem Leben. Ist es nicht fast unmöglich, diese Situation aus der Perspektive der Seele zu betrachten, wenn man sich in einem menschlichen Körper befindet, der mit intensiven Gefühlen von Trauer und Verlust konfrontiert ist, in einer Welt, die so sehr auf das Physische und viel weniger auf das Geistige konzentriert ist? Wenn man emotional traumatisiert ist, kommt einem die Perspektive der Seele oft zu erhaben vor. Wie kann man sich für diese Sichtweise öffnen?«

»Man öffnet sich nicht auf einen Schlag für die Sichtweise der eigenen Seele«, sagte Jeshua. »Normalerweise dauert es einige Zeit, bis man den Transformationsprozess durchlaufen, sich mit seinen Emotionen auseinandergesetzt und für einen Blickwinkel geöffnet hat, aus dem Ereignisse und Situationen bedeutungsvoll werden und Früchte tragen. Das ist nichts, was man mit dem Verstand allein erfassen kann. Die Dinge von der Seelenebene aus zu verstehen, ist ein langsamer Aufstiegsprozess, in dem man seinen emotionalen

Schmerz allmählich akzeptiert und sich sanft und sorgfältig um sich selbst kümmert. Die Selbstliebe, die man entwickelt, wird es einem irgendwann möglich machen, Momente des Friedens und der Hingabe zu erleben. Der Schmerz ist immer noch da, aber man bekämpft ihn nicht mehr. Man lässt ihn zu. Dann findet wahre Transformation statt.

Indem du zulässt, dass der Schmerz in dir ist, und nicht einschreitest, vertraust du auf einer grundlegenden Ebene darauf, dass er einen Sinn hat, auch wenn du nicht verstehst, welchen. Im nächsten Schritt erkennst du, dass du größer bist als der Schmerz, weil du derjenige bist, der ihn zulässt. Hier kommt das eigene Bewusstsein der Seelenebene sehr nah. Wenn man lange genug an diesem Ort der Hingabe und des Bewusstseins verweilen kann, bekommt man Einblicke in die mögliche Bedeutung dessen, was sich ereignet hat. Die Ereignisse tauchen intuitiv in deinem Kopf auf, wie plötzliche Einsichten, die du nicht durch Denken gewonnen hast, sondern dadurch, dass du offen und unwissend bist. Es erfordert Mut, sich dem Nicht-Wissen, dem Nicht-Verstehen und einfach nur dem Schmerz hinzugeben. Aber dies ermöglicht Zugang zum wahren Wissen, nicht durch den Verstand, sondern durch das Herz.«

»Es geht also darum, den Schmerz zu akzeptieren«, fasste Pamela zusammen. »Aber wie kann man den Schmerz akzeptieren, wenn er sich unerträglich anfühlt? Wie kann man ihn akzeptieren, wenn man das Gefühl hat, der Schmerz zu *sein*, anstatt ihn zu *beobachten*?«

»Dann muss man akzeptieren, dass er im Moment unerträglich ist«, riet Jeshua. »Geh *mit* dem Fluss deiner Gefühle, nicht dagegen. Wenn du das Gefühl hast, dass er unerträglich ist, dann akzeptiere, dass dies jetzt deine Wahrheit ist. Akzeptiere, dass die Situation *im Moment* für dich unannehmbar ist. Kämpfe nicht gegen den Schmerz an und auch nicht gegen den Gedanken, dass er unerträglich ist. Es ist der Widerstand, der das größte Hindernis für Veränderungen darstellt.

Beachte, dass ich dir geraten habe, zu akzeptieren, wie du dich *im Moment* fühlst. Deine Gefühle ändern sich ständig, egal wie die Situation ist. Wenn ich also sage: ›Akzeptiere, dass es unerträglich ist‹, meine ich ›Akzeptiere, dass es *jetzt* unerträglich ist‹. Genau diese Akzeptanz erhöht die Möglichkeit, dass du dich wenig später oder Tage später anders fühlst. ›Akzeptieren‹ bedeutet immer, *vorerst akzeptieren.* Kapituliere einfach für diesen einen Moment und löse die Spannung des Widerstands. Dann schau, was passiert.«

Mehr über die vorgeburtlichen Absichten von Alexa und Jorge

»Jeshua, kannst du uns mehr darüber erzählen, warum Alexa an einer interdimensionalen Elternschaft beteiligt sein wollte?«, fragte ich.

»Sie möchte besser in der Lage sein, ihr Herz für die Kommunikation mit der ›anderen Seite‹ zu öffnen, dem Bereich jenseits des Physischen. Dabei geht es ihr vor allem darum, das Vertrauen und die Hingabe zu entwickeln, die dies erfordert«, antwortete er. »Sie muss sich für ihre sensible, weibliche Seite öffnen, um sich auf der Seelenebene mit Jorge verbunden zu fühlen, und ihre männliche Energie loslassen, die manchmal alles unter Kontrolle haben und den Ton angeben will, anstatt zu vertrauen und loszulassen.«

Ich fragte, ob Jorge vor seiner Geburt geplant hatte, in jungen Jahren zum großen Geist zurückzukehren und von der anderen Seite Vater zu sein, und wenn ja, warum.

»Ja, das hat er«, bestätigte Jeshua. »Jorge hatte einen klaren Plan für dieses Leben. Er wollte zurückkommen und Alexa wiederbegegnen und er wollte Lucas Vater sein. Beides kannte er aus früheren Leben. In einem war Luca ein Priester, ein sehr ruhiger Mensch mit großer Geduld. Er war introvertiert, führte ein ruhiges Leben in einem Kloster und kümmerte sich nicht viel um Erfolg oder die Meinung anderer Leute. Jorge besuchte ihn oft. Er war ein leidenschaftlicher junger Mann mit revolutionärem Geist, der sauer war über die Ungerechtigkeiten (Armut, Ungleichheit, Machtmissbrauch durch Behörden), die er in der Gesellschaft um sich herum bemerkte. Er suchte nach einem spirituellen Verständnis für die Lage der Dinge. Deshalb kam er zu Luca. Luca mochte ihn sehr. Er mochte seine leidenschaftliche Natur. Und Jorge bewunderte und schätzte Luca, weil er sich um nichts Äußerliches zu kümmern schien und etwas Geheimnisvolles und Weises an sich hatte. Luca war jedoch ein bisschen einsam und hatte Jorge sehr gern um sich.

Jorge wollte Luca in diesem Leben wiederbegegnen, weil viel Liebe zwischen ihnen war und er wusste, dass Alexa von Lucas Seelenenergie unterstützt werden würde. Alexa profitiert von Lucas Energie, weil sie das Gegenteil ihrer eigenen ist. Luca hat die Geduld und Gelassenheit, die sie selbst entwickeln möchte.

Jorge und Alexa hingegen«, fuhr er fort, »können Luca mit der Wärme und Vitalität versorgen, an der es ihm in seinem früheren Leben etwas gefehlt hat. Sie helfen ihm, stolz auf sich selbst zu sein und sich seiner selbst bewusst zu werden, damit er stark genug ist, seine spirituelle Energie und seine Weisheit in der heutigen Welt zum Ausdruck zu bringen. Lucas Seele muss lernen, Menschen zu vertrauen, darauf zu vertrauen, dass seine Energie willkommen ist und in dieser Welt dringend gebraucht wird. Er muss seine starke Introvertiertheit loslassen und an dieser Welt teilhaben.«

Damit trat Jeshua beiseite und Jorge kehrte in Pamelas Bewusstsein zurück, um seine Gedanken darzulegen.

»Ich musste jung sterben«, erzählte uns Jorge, »weil ich in einem anderen Leben Menschen getötet habe, die einer Gruppe angehörten, gegen die wir opponierten. Ich war Teil eines revolutionären Trupps, der die Politik verändern wollte. Bei der Verbreitung unserer revolutionären Ideen haben wir uns sehr mitreißen lassen und Gewalt nicht gescheut. Das Schlimmste, was ich getan habe, war, dass ich einen unschuldigen Mann tötete, der um sein Leben bettelte, weil er kleine Kinder hatte. Er war nicht einmal ein schlechter Mensch. Er hatte nur Angst vor den Behörden und wagte es nicht, sich gegen sie zu stellen. Ich hatte kein Mitleid und tötete ihn. Man war entweder für oder gegen uns. So sah ich es – sehr kurzsichtig. Meine Seele wollte das wiedergutmachen und aus erster Hand erfahren, wie es ist, einer Frau und einem kleinen Kind entrissen zu werden. Es war eine schreckliche Erfahrung, aber weil es Teil meines Seelenplans war, konnte ich einige Zeit nach meinem körperlichen Tod spüren, dass dahinter eine Art Rechtfertigung steckte. Mit der Hilfe einiger äußerst liebevoller und weiser Geistführer habe ich das emotionale Trauma relativ leicht verarbeitet.«

»Der frühe Tod wurde also nicht nur durch den Wunsch verursacht, die Dynamik zwischen dir und Alexa zu ändern?«, fragte ich mich.

»Nein, es war auch persönliches Karma im Spiel. Es war eine Mischung aus verschiedenen Motiven.«

»War Alexa auf der Seelenebene mit deinem frühen Tod einverstanden?«

»Ja. Es gab ein sehr tiefes Einvernehmen zwischen ihr und mir, als wir beide noch auf der anderen Seite waren. Wir waren uns beide einig, dass es ein Opfer war, das wir bringen würden, dass es uns viel Kummer machen würde, dass es aber auch viel zu gewinnen gab, was das Ganze für uns alle drei wertvoll machte.«

»Jorge, warum wolltest du ein interdimensionaler Elternteil werden?«

»Meine Geistführer haben mich dazu eingeladen, bevor ich in dieses Leben kam. Sie haben mich auf diese Möglichkeit hingewiesen. Damals habe ich mich gefreut, aber ich wusste noch nicht ganz, was es bedeutet. Jetzt merke ich, wie besonders und kostbar es ist. Ich bin ständig in Lucas Energiefeld. Wenn man ein Kind auf der Erde hat, gibt es ein unsichtbares Energieband zu ihm, solange es klein ist. Vor allem zwischen Mutter und Kind, aber wenn der Papa involviert ist, auch zwischen ihm und dem Kind. Du bist in Kontakt mit dem Kind, spürst, wo es ist und was es braucht. Da ist eine Art Wachsamkeit in deinem Bewusstsein, wie ein unsichtbares Band, das dich mit dem Kind verbindet. Dieses Energieband – ich bin sicher, dass Eltern es aus eigener Erfahrung kennen – ist zwischen Luca und mir immer noch intakt. Es ist immer im Hintergrund meines Bewusstseins, auch wenn ich hier auf meiner Seite des Lebens andere Dinge tue. Wenn ich zum Beispiel mit meinen Geistführern reise und viel über andere Orte und Bereiche des Universums erfahre, bin ich immer mit Luca beschäftigt, manchmal weniger konzentriert und manchmal sehr konzentriert. Ich spüre, wenn er meine Energie braucht. Wenn er Angst, Unsicherheit, Traurigkeit oder ein anderes starkes Gefühl in sich trägt, bin ich im Handumdrehen bei ihm. Die Zeit ist hier ganz anders.

Ich kann Luca Liebe und Unterstützung bieten«, fuhr er fort, »und ihm die männliche Energie geben, die ein Vater seinem Sohn geben sollte. Es ist paradox, dass ich ihn jetzt, da ich auf der anderen Seite bin, vielleicht besser unterstützen kann, weil ich die Dinge auf dieser Ebene des Lichts und des Verständnisses klarer sehe. Aber andererseits fehlt natürlich die direkte Verbindung, miteinander sprechen und sich in die Augen schauen zu können. Er ist aber ein sensibler Junge und in seinem Herzen spürt er mich und weiß, dass ich da bin. Ich hoffe nur, dass sein denkender Geist auch weiterhin für diese Möglichkeit offen bleibt, wenn er langsam erwachsen wird.

Ich sehe jetzt, dass interdimensionale Elternschaft, wie du es nennst, für das Wachstum meiner Seele hilfreich ist, weil ich verstehe, was wahre Liebe ist: sich nicht einmischen, geduldig sein, die freie Wahl des anderen respektieren und auf die Weisheit des Lebens vertrauen. Die Liebe, die ich jetzt für Alexa und Luca empfinde, ist sehr rein, auch wenn sie immer noch mit Traurigkeit vermischt ist, weil ich ihnen körperlich nicht nah sein kann. Auch wenn es mir immer noch sehr wehtut, habe ich das Gefühl, dass die Trauer irgendwann mein Lehrer sein und mich so formen wird, dass ich ausgeglichener und mehr in Kontakt mit meiner Seele sein werde.«

Dann trat Jorge beiseite und Jeshua kehrte zurück, um das Gespräch mit uns fortzusetzen.

»Jeshua«, fragte ich, »hat Luca vor seiner Geburt geplant, seinen Vater früh im Leben zu ›verlieren‹ und dann von seiner Mutter in einem Körper und seinem Vater von der anderen Seite aus erzogen zu werden, und wenn ja, warum?«

»Ja, das hat er«, sagte Jeshua. »Er wollte seinen Beitrag zu den Seelenplänen von Alexa und Jorge leisten. Er liebt Jorge und fühlt sich mit ihm auf der Seelenebene verbunden. Diese Verbindung basiert auf der Freundschaft, die sie in dem früheren Leben hatten, in dem Luca Priester war. Luca wollte Jorge helfen, die Aufgabe seines Seelenplans zu erfüllen, und er wusste, dass er mit dem Verlust seines Vaters klarkommen würde, auch wenn es ihm manchmal schwerfällt. Luca ist derzeit von der Trauer seiner Mutter beeinträchtigt, aber tief in seinem Inneren weiß er, dass sein Vater immer noch für ihn da ist. Für Alexa ist es wichtig, die Großartigkeit seiner Seele zu erkennen und ihn nicht als Opfer eines schrecklichen Schicksals zu sehen. Er kann damit umgehen und wird zu einem sensiblen Jungen heranwachsen, der für sein Alter sehr weise ist. Luca hat diesen Weg gewählt, weil er Jorge liebt und nicht nur seine Gene, sondern auch sein Energiefeld von dessen Energie geprägt ist. Das wollte er erleben, genauso wie er Alexa als Mutter haben wollte. Die auffallenden, ausgelassenen Energien beider Eltern geben ihm, was er sucht und was ihm auf der Seelenebene guttut.«

»Kennt Luca auch Alexa aus einem früheren Leben?«, wollte ich wissen.

»Flüchtig«, antwortete Jeshua. »Er kam in einem früheren Leben zu Alexa, als sie mit seiner Essenz in weiblicher Form schwanger wurde. Die Schwangerschaft endete vorzeitig mit einer Fehlgeburt. Sie kannten sich im irdischen Sinne nie sehr gut, aber ihre Seelen waren während dieser kurzen gemeinsamen Zeit miteinander in Berührung gekommen. Sinn und Zweck dieser Begegnung war, Energien auszutauschen und dadurch zu wachsen. Beide waren sehr traurig über den frühen Abschied und dies hinterließ die Saat für eine weitere Begegnung.«

Andere Gründe für interdimensionale Elternschaft

Ich fragte Jeshua, ob es noch andere Gründe gibt, aus denen eine Seele plant, Kinder zu bekommen, den Partner zu »verlieren« und sich dann mit ihm für eine interdimensionalen Elternschaft zusammenzuschließen.

»Der frühzeitige Verlust des Partners ist eine tiefgreifende Erfahrung, die einen Menschen bis ins Mark erschüttert, besonders wenn man Kinder hat«, antwortete er. »Es kann verschiedene Gründe geben, diese Erfahrung zu machen, die etwas mit früheren Leben und der Aufgabe der Seele für dieses Leben zu tun haben. Man muss sich jede einzelne Geschichte genauer anschauen, um ein klares Verständnis für das Netzwerk der Ursachen zu bekommen.

Die Gründe, aus denen man sich für eine interdimensionale Elternschaft entscheidet, sind ebenfalls vielfältig, aber für die Eltern, die auf der Erde bleiben, kann ich einige nennen:

1. Um dem Kind zu helfen. Der verstorbene Elternteil kann eine Art Orientierungshilfe bieten, die vor allem deswegen so hilfreich ist, weil sie aus einer höheren Sichtweise kommt und auf Liebe basiert, während Erziehung auf der Erde immer noch häufig auf Angst und Sorge basiert.
2. Um das eigene Leid zu lindern. Denn es ist sehr beruhigend, seinen Partner noch spüren und mit ihm kommunizieren zu können. Die Kommunikation wird nicht die ganze Zeit aufrechterhalten werden können und man wird zweifeln, ob sie real ist (weil man ein Mensch ist), aber die Lichtblitze der Liebe und die Informationen, die durchkommen, können wirklich dazu beitragen, den Schmerz zu lindern.
3. Um der eigenen inneren Stimme vertrauen zu lernen, sich mit dem Herzen zu verbinden und seiner Intuition zu folgen.
4. Um mit einer anderen Dimension von Wirklichkeit jenseits der irdischen in Kontakt zu kommen. Dabei wird man sich der Realität der eigenen Seele bewusst und öffnet sich für eine tiefe Ebene der Liebe und des Verständnisses – tiefer, als der denkende Geist oder die (oft beschränkten) Überzeugungen der Gesellschaft sie zu bieten haben.
5. Um eine Brücke zwischen dieser Welt und der Welt des Jenseits zu werden und mediale Fähigkeiten zu entwickeln, die auch in anderen Lebensbereichen eingesetzt werden können (etwa um anderen Menschen damit zu helfen).
6. Um das Bewusstsein für ein Leben nach dem Tod und die Seele-zu-Seele-Kommunikation mit verstorbenen Angehörigen in der Gesellschaft zu erhöhen.«

Ich fragte: »Gibt es noch andere Gründe, aus denen eine Seele plant, früh im Leben einen Elternteil zu verlieren und dann von einem Elternteil in einem Körper und einem von der anderen Seite aufgezogen zu werden?«

»Wenn es in erster Linie der Plan des auf der Erde verbleibenden Elternteils ist, den Partner zu verlieren und diese Erfahrung zu machen, möchte die Seele des Kindes vielleicht da sein, um dem lebenden Elternteil zu helfen, ihn zu trösten und zu unterstützen«, antwortete Jeshua. »Es kann sein, dass durch eine Verstrickung in einem früheren Leben viel Liebe für den lebenden Elternteil in der Seele des Kindes ist, und vielleicht möchte die Seele diese Liebe auf diese Weise zum Ausdruck bringen. Die Anwesenheit des Kindes kann für den verbleibenden Elternteil ein wichtiger Faktor sein, um weiterzumachen und einen Lebensantrieb zu finden.

Ein weiterer Grund kann sein, dass die Seele schon in jungen Jahren Eigenschaften wie Reife, Mut, Einfühlungsvermögen und Durchhaltevermögen entwickeln möchte. Oft beschließen Kinder, bereits sehr früh mit bestimmten Themen umzugehen, weil sie wirklich vorankommen wollen. Einen Elternteil früh zu verlieren wird sie von ihren Altersgenossen abheben und zwingen, sich früh in tiefe emotionale Gewässer zu begeben. Dies kann zwar schwer sein, aber die so gewonnene Weisheit und Lebenserfahrung hat oft einen sehr positiven Einfluss auf den Lebensweg, je nach den Maßstäben der einzelnen Seele. Wenn ein Kind von einem Elternteil aufgezogen wird, der in bewusstem Kontakt mit dem verstorbenen Elternteil steht, bietet dies dem Kind eine viel breitere Perspektive als gewöhnlich und ermöglicht es ihm, sich mit einer tiefen Ebene von Liebe und Gnade vertraut zu machen. Wenn das Kind den anderen Elternteil spürt, entwickelt es oft starke intuitive Fähigkeiten und wird diese später in seiner Umgebung oder in Beziehungen zu anderen nutzen können.

Manchmal möchte die Seele eine Brücke zwischen dem lebenden und dem verstorbenen Elternteil sein. In einigen Fällen reagiert das Kind sensibler auf die Anwesenheit des verstorbenen Elternteils und kann Herz und Verstand des lebenden Elternteils für die Kommunikation öffnen. Das Kind hat vielleicht einen intuitiven

Eindruck von dem Verstorbenen, sieht ihn oder empfängt eine Botschaft über Gefühle oder Empfindungen. Wenn der lebende Elternteil dafür offen ist, kann auch er allmählich Nachrichten und Signale empfangen. Auf diese Weise kann das Kind die Verbindung zwischen den beiden Elternteilen in Gang bringen.«

»Jeshua, wenn der Partner von jemandem gestorben ist, woher weiß diese Person, ob der Partner ihr bei der Erziehung des Kindes hilft?«, fragte ich.

»Im Wesentlichen weiß man dies, weil man das Gefühl hat, dass der Partner in der Nähe ist, weil man seine Anwesenheit spürt und sich beruhigt, ermutigt und unterstützt fühlt. Viele Menschen zweifeln allerdings an ihrer Fähigkeit, Energien oder Präsenzen jenseits des Physischen zu spüren. Wir sind darauf trainiert, dies skeptisch zu sehen. Unser Schulsystem erkennt Intuition nicht als wertvolle Informationsquelle an und bagatellisiert sie als ›pure Einbildung‹. Für die meisten Eltern besteht die größte Herausforderung also darin, ihrer Intuition zu vertrauen und sich auf die Informationen zu verlassen, die durchkommen.

Ich unterscheide hier zwischen Emotion und Intuition, was hilfreich sein kann. Es gibt einen Unterschied zwischen dem Wollen, dem Verlangen, der Sehnsucht, dem Wunsch, dass der Partner bei dir ist, auf der einen und der Wahrnehmung, dass er da ist, auf der anderen Seite. Im ersten Fall spürst du keinen inneren Frieden. Du hast große Schmerzen und schreist auf. Du vermisst deinen Partner und fühlst dich innerlich leer und einsam. In diesem Zustand ist es in der Tat sehr schwer, mit dem anderen in Kontakt zu kommen. Die Emotion hindert dich daran, auf die Ebene der Liebe und Einheit zu gelangen, auf der du dem geliebten Menschen begegnen könnest. Die Emotion ist dabei natürlich verständlich und eine Zeitlang unvermeidbar.

Wenn du die Anwesenheit deines Partners spürst, ist das nicht wie eine Emotion. Es wird von einer tiefen Stille, einer inneren Ruhe begleitet. Du fühlst dich, wenn auch nur kurz, auf eine höhere Schwingungsebene gehoben. Ein Hauch von Licht, Hoffnung und Zuversicht berührt dein Herz. Du bist erleichtert, als würde eine Last von deinen Schultern genommen. Du verspürst Freude, wenn auch mit Traurigkeit vermischt. Wenn du solche Empfindungen hast, weißt du, dass du von deinem Partner auf der Seelenebene berührt wirst.

Ob der Partner dir bei der Erziehung eures Kindes hilft, erkennst du daran, dass du oft das Gefühl hast, er sei auf eine liebevolle und leichte Weise um dich, wenn du dich mit Themen rund um das Kind beschäftigst. Wenn du dir Sorgen machst oder nicht weißt, was du tun sollst, spürst du vielleicht plötzlich, dass man die Dinge auch aus einem anderen Blickwinkel betrachten kann, oder du hast einfach das Gefühl, dass auf jeden Fall alles gut wird. Du spürst vielleicht nicht wirklich, dass dein Partner etwas sagt, aber diese erhebenden Energien kommen von ihm.

Außerdem«, fuhr Jeshua fort, »beobachte dein Kind und frage es – ganz beiläufig, ohne es zu bedrängen –, ob es etwas spürt, ob es von seinem Vater oder seiner Mutter geträumt hat oder ob es eine Verbindung zu ihm oder ihr hat. Das Kind ist möglicherweise intuitiver (weniger vom Bildungssystem verdorben) als du. Du kannst das Kind ermutigen, über seine Empfindungen zu sprechen, und ihm mitteilen, dass es ganz normal ist, mit einer Seele jenseits des Physischen in Kontakt zu sein.

Der nächste Schritt besteht darin, deinen eigenen Gefühlen zu vertrauen. Wenn du den Eindruck hast, dass dein Partner oder deine Partnerin in der Nähe ist, oder wenn du manchmal ohne Grund intensiv an ihn denkst, dann grüße ihn einfach von Herzen. Erkenne es an. Frage ihn, ob er etwas wissen oder etwas mitteilen möchte, und warte einfach ab. Erwarte nicht unbedingt eine verbale Antwort. Vielleicht kommt sie später an diesem Tag als ein Gefühl oder eine plötzliche Einsicht. Um Verbindung zu dem Verstorbenen aufnehmen zu können, musst du dich mit einer anderen Art von Kommunikation vertraut machen: durch Bilder, Gefühle, plötzliche Erkenntnisse.

Am besten hältst du die Interaktion kurz, leicht und spielerisch. Wenn du unbedingt Antworten haben willst, schaltet sich dein Verstand ein und du bist am Ende enttäuscht, weil du denkst, du hättest dir das alles ausgedacht.

Der denkende Geist ist nicht in der Lage, diese feinstoffliche Art von Information zu empfangen. Hier ist das Gefühlszentrum gefragt, dein Herz. Der denkende Geist kann helfen, die Informationen herunterzuladen und in Worte zu bringen, aber das eigentliche Erfassen der Energie findet auf einer anderen Ebene statt. Es ist nicht die Ebene des Denkens. Es ist nicht die Ebene der Emotionen. Es ist die Ebene der Intuition, die Ebene des ›stillen Wahrnehmens‹ oder ›einfachen Wissens‹.

Generell«, schloss Jeshua, »würde eure Gesellschaft enorm profitieren, wenn die Herzensebene und die Intuition als wahre und wertvolle Informationsquellen anerkannt würden. Man muss kein Medium sein, um mit verstorbenen Angehörigen in Kontakt zu treten. Alle Menschen könnten auf einfache und klare Weise von Herz zu Herz mit ihren Lieben kommunizieren, wenn es ihnen nur beigebracht würde und wenn die dominierenden Kräfte in der Gesellschaft dieser Art von Kommunikation gegenüber aufgeschlossener wären. Wenn du deiner Intuition vertraust und dich den allzu skeptischen Stimmen in deinem Kopf nicht geschlagen gibst, trägst du tatsächlich dazu bei, das kollektive Bewusstsein zu verändern und Raum dafür zu schaffen, dass die Herzensebene in ihrer Bedeutung wieder erkannt wird.«

»Jeshua«, sagte ich, »manche Menschen, die dieses Kapitel lesen, denken vielleicht über deine Worte nach und haben das Gefühl, dass interdimensionale Elternschaft nichts ist, woran sie beteiligt sind, dass ihr Partner wirklich weg ist und dass sie mit der Erziehung ihrer Kinder ganz allein dastehen. Was kannst du ihnen sagen, um sie zu trösten, zu heilen und ihnen zu verstehen zu geben, dass alles, was geschieht, zum höchsten Wohl aller Beteiligten ist?«

»Erstens ist ein Mensch, den du liebst, niemals wirklich weg«, antwortete er. »Liebe ist die größte Kraft im Universum und wenn du jemals jemanden geliebt hast, wirst du immer mit ihm verbunden bleiben, ob er nun auf der Erde lebt oder anderswo. Durch die Gesetze von Zeit und Raum und von Geburt und Tod können Seelen niemals voneinander getrennt werden. Es ist wichtig, dass du dir dessen bewusst bist. Nur wenn du dich von der verbindenden Kraft der Liebe getrennt fühlst, wenn du dich einsam und erschöpft fühlst, mag es dir so vorkommen, als seist du ganz allein. Aber das bist du nicht. Auch wenn sich dein verstorbener Partner nicht an der Erziehung des Kindes beteiligt, stehen dir hochentwickelte und liebevolle Geistführer zur Seite.

Gerade wenn man sich in einer Krise befindet oder einen intensiven Trauerprozess durchmacht, wird die Hilfe von der anderen Seite vervielfacht und man wird mit Liebe und Gnade überschüttet. Du denkst vielleicht ›Ich fühle nichts‹, aber ich muss sagen, dass du es bist, der sich verschließt. Die Hilfe *ist* verfügbar. Es ist sehr verständlich, dass du dich vorübergehend von Liebe und Hilfe abschottest, denn wenn du dich von etwas traumatisiert fühlst, in diesem Fall dem frühen Tod deines Partners, widersetzt du dich dem, was geschehen ist. Du kannst es nicht akzeptieren. Und indem du es nicht akzeptierst, sagst du dir, dass das, was passiert ist, nicht aus guten Gründen passiert sein kann. Es fühlt sich falsch an und du wirst diese Idee eine Weile nicht loslassen. Dies ist die schwierigste Phase in jedem Trauerprozess. Es ist nicht nur die Trauer, sondern auch der zusätzliche Widerstand gegen das, was mit dir passiert, der es so schwer macht, dies alles zu ertragen.

Ich möchte sagen«, fügte er hinzu, »dass für einen alleinerziehenden Elternteil, der seinen Partner verloren hat, *die gleiche* Menge an

Liebe und Unterstützung zur Verfügung steht, unabhängig davon, ob der Partner von der anderen Seite aus an der Erziehung des Kindes beteiligt ist oder nicht.«

»Warum sollte der Elternteil auf der anderen Seite nicht beteiligt sein?«, fragte ich.

»Das kann mehrere Gründe haben«, antwortete Jeshua. »Erstens muss er sich vielleicht mehr auf seine eigene emotionale Heilung oder ungelösten Probleme konzentrieren und wird angewiesen, sich auf der anderen Seite auf eine innere Reise des Erwachens zu begeben. Sein Herz ist dann zwar immer noch mit dir und deinem Kind verbunden, denn diese Bindung ist ewig. Aber er wird auf der alltäglichen Ebene nicht so eingebunden wie ein interdimensionaler Elternteil.

Zweitens wird er vielleicht in eine andere Inkarnation gerufen, weil er seine Seelenaufgabe so am besten erfüllen kann. Dies bedeutet wiederum nicht, dass die Verbindung unterbrochen ist, denn auf der Seelenebene ist eine Inkarnation wie ein Lichtstrahl aus der Sonne (der Seele), der in einen bestimmten Abschnitt der Raum-Zeit auf der Erde fließt. Für den Elternteil und das Kind, die auf der Erde verbleiben, ist die Seele immer noch präsent und verfügbar, sie bringt sich aber auf einer höheren Ebene ein, die sich vielleicht weiter entfernt anfühlt. Im Grunde ist es aber immer noch Liebe.

Drittens kann es aus mehreren Gründen möglich sein, dass du mit deinem Partner auf der Seelenebene keine interdimensionale Elternschaft vereinbart hast. Diese Gründe müssen keineswegs negativ sein. Es geht um Entscheidungen, die getroffen wurden. Wenn sich dein verstorbener Partner nicht an der gemeinsamen Erziehung des Kindes beteiligt, ist dies kein Zeichen von Versagen. Es bedeutet nicht, dass etwas nicht stimmt oder dass jemand etwas falsch gemacht hat. Bitte sieh das nicht so. Das komplizierte Netz aus Beziehungen zwischen Seelen und Ereignissen im Universum ist viel subtiler und tiefgründiger, als dass ein so einfaches Urteil erlaubt wäre. Du kannst sicher sein, dass du die Art von Hilfe bekommst, die du brauchst und die am besten zu deinen Umständen passt.«

Nachdem Pamela alle meine Fragen an Jeshua und dessen Antworten an mich weitergegeben hatte, nahm sie ihre eigene Befragung wieder auf.

»Kommt es vor«, fragte sie, »dass sich ein Elternteil an der interdimensionalen Erziehung beteiligt und der Partner und das Kind auf der Erde sich dessen absolut nicht bewusst sind? Kann die Erziehung von der anderen Seite in dieser Situation noch funktionieren und effektiv sein?«

»Ja, durchaus«, antwortete Jeshua. »Das kommt vor und wenn es vorkommt, empfangen der Elternteil und das Kind auf der Erde Botschaften und heilende Energien, erleben sie aber nicht bewusst. Aber man kann Energie von der anderen Seite empfangen, ohne es zu wissen, und sie kann sich immer noch positiv auswirken.«

»Weil das im Grunde das ist, was in der Beziehung zwischen einem Menschen und seinen persönlichen Geistführern passiert, oder?«, fragte Pamela. »Die meisten Menschen kennen ihre Geistführer nicht, aber es gibt dennoch eine ›Arbeitsbeziehung‹, nicht wahr?«

»Genau.«

»Aber bedeutet dies, dass Menschen von ihren Geistführern oder verstorbenen Partnern gegen ihren Willen beeinflusst werden können?«

Jeshua stellte klar: »Es ist subtiler. Alle Menschen können frei wählen und erschaffen ihre eigene Realität. Was du tief in deinem Innern für wahr hältst, wird dir eine Reihe von Erfahrungen bescheren. Wenn ein Geistführer oder jemand anderes dir etwas anbietet, das einer bei dir sehr tief sitzenden Überzeugung widerspricht, wird es nicht zu dir durchdringen. Wenn du also davon überzeugt bist, dass du unwürdig bist, erreicht dich ihre Liebe möglicherweise nicht vollständig. Aber Menschen sind vielschichtige Wesen. Vielleicht bist du auf einer bewussten Ebene verbittert und verzweifelt, trägst aber dennoch ein tiefes ›irrationales‹ Gefühl der Hoffnung und des Glaubens in dir. Geistführer oder verstorbene Angehörige können auf diese tiefere Schicht zugreifen, sie mit der Energie der Hoffnung und des Vertrauens durchdringen und *stärken, was bereits da ist.* Das ist es, was auch interdimensionale Eltern tun, wenn ihre Lieben auf der Erde nicht bewusst auf sie reagieren. Sie stärken die Lichtkeime, die bereits in dir schlummern, und machen sie dadurch deinem alltäglichen Bewusstsein zugänglicher, sobald du dich dafür entscheidest.«

»Im Grunde«, fasste Pamela zusammen, »weißt du nie sicher, ob der verstorbene Partner *nicht* anwesend ist und das Kind mit dir gemeinsam erzieht. Denn auch wenn du ihn nicht spürst, kann er immer noch da sein, ohne dass du es weißt.«

»Ja, das stimmt«, bestätigte Jeshua. »Aber mach kein Problem daraus. Es gibt zwei Möglichkeiten. Entweder hast du klare Gefühle und intuitive Eingebungen in Bezug auf deinen Partner, dann besteht eine bewusste Verbindung. Oder dies ist nicht der Fall. Dann ist er möglicherweise dennoch an der interdimensionalen Erziehung beteiligt.

Es ist nicht immer notwendig, dass man sich auf eine bewusste Kommunikation einlässt. Frage dich: Möchte ich dies selbst erkunden? Habe ich Lust, meine intuitiven Fähigkeiten zu entwickeln, vielleicht mehr über das Spüren von Energien und die Kommunikation mit der anderen Seite zu erfahren? Folge deiner natürlichen Inspiration und deinem Gespür für das, was für dich richtig ist. Noch einmal: Wenn dein Partner von der anderen Seite involviert ist und du dir dessen nicht bewusst bist, ist dies kein Zeichen dafür, dass du versagt hast oder etwas falsch machst. Für manche ist es in der Tat vorteilhaft und erfreulich, ihre intuitiven Kommunikationsfähigkeiten zu entwickeln. Aber wenn du dich dem nicht gewachsen fühlst oder es dir nicht so zusagt, gibt es andere Möglichkeiten, von der Verbindung zu profitieren. Du kannst direkt daran arbeiten, angstbasierte Überzeugungen loszulassen oder dich einfach darauf konzentrieren, dich selbst mehr zu lieben und zu pflegen. Dann werden die positiven Energien deines Partners auf Ebenen außerhalb des Wachbewusstseins zu dir gelangen.«

Laut Pamela zog sich Jeshua damit zurück und Jorge trat wieder in den Vordergrund.

»Jorge«, fragte ich, »was kannst du noch sagen, um Menschen zu helfen, die ihren Partner verloren haben und ihre Kinder scheinbar allein großziehen, damit sie die tiefere spirituelle Bedeutung und den Zweck interdimensionaler Elternschaft besser verstehen?«

»Liebende, die durch die physische Grenze des Todes getrennt sind, können immer noch eine sehr tiefe und erfüllende Beziehung haben«, antwortete Jorge. »Es ist ganz anders, als wenn man sein Leben physisch mit jemandem teilt. Aufgrund der körperlichen Abwesenheit verlagert sich der Schwerpunkt auf die Seelenebene, die wesentlichste Ebene. Gleiches gilt für die Beziehung zum Kind. Die Liebesbeziehung zwischen den beiden Partnern und die zwischen dem verstorbenen Partner und dem Kind entwickeln sich immer weiter und alle Beteiligten können aufgrund der tiefen und intensiven Gefühle schneller wachsen.«

Ich habe Jorge gebeten, über ein paar spezifische Gelegenheiten zu sprechen, bei denen er Alexa mit ihrem Sohn von der anderen Seite aus geholfen hat.

»Ich helfe Alexa und Luca auf unterschiedliche Weise. Ich gehe oft mit viel Herzlichkeit und Freude auf Luca zu. Ich möchte ihn darin unterstützen, sein Herz offen zu halten und Alexas Trauer nicht zu sehr zu absorbieren. Kinder leben mehr im Jetzt und können leichter mit dem Trauerprozess umgehen. Empfindsame Kinder können die Traurigkeit des verbliebenen Elternteils jedoch ziemlich intensiv aufnehmen. Ich versuche, das für Luca zu verhindern, indem ich ihn wissen lasse, dass ich am Leben bin, und ihm zu mehr Spaß verhelfe.

Nachts im Traum spiele ich mit Luca, wie es Vater und Sohn im physischen Bereich tun würden. Wir haben zusammen eine gute Zeit. Für den Moment sind wir ganz sorglos, haben einfach nur Spaß und denken nicht an die Zukunft. Das rührt mich sehr und heilt auch meine Seele.

Ich bin oft bei Alexa. Ich stehe in meinem Energiekörper hinter ihr. Ich umarme sie mit meiner Liebe und Fürsorge und sende warme Energie in ihre Schultern, ihren Rücken und ihre Brust. Ich stelle eine Verbindung von Herz zu Herz zu ihr her, von der Mitte meiner Brust bis in ihre. Manchmal spüre ich Widerstand in ihr, weil sie aufgebracht ist und den Glauben verliert. Ich verstehe das. Es ist menschlich.

Ich versuche, Alexa in Bezug auf Luca zu ermutigen und ihr energetisch das Gefühl zu geben, dass sie ihm, seiner Stärke und seinen Talenten vertrauen kann. Sie würde sich besser fühlen, wenn sie sich weniger Sorgen machen und das Bedürfnis, alles unter Kontrolle zu haben, aufgeben würde. ›Bitte betrachte Luca nicht als Opfer‹, sage ich zu ihr. Er ist stark und kann der strahlende Stern werden, der er in seinem Innern ist, obwohl er seinen Vater so früh verloren hat. Er kann es schaffen.«

»Jorge, wie kann Alexa wissen, dass du ihr etwas erzählst? Wie kann sie bewusst Kontakt zu dir aufnehmen?«

Er wandte sich direkt an sie: »Alexa, vertraue deinen Gefühlen. Deine Intuition ist stark; vertraue ihr wieder. Spüre auch die Trauer, die Wut und den Widerstand. Die sind okay. Sie sind Teil des Lebens und Teil des Prozesses. Aber in sehr ruhigen Momenten, wenn du genug hast von diesen Emotionen und müde bist, wirst du ganz still und hörst das Flüstern deines Herzens. Dein Herz wird zu dir sprechen und dir sagen, was zu tun ist. Für dich und Luca wird sich ein neuer Weg auftun, und ich werde an deiner Seite sein und euch beide unterstützen. Woher weißt du, wann ich bei dir bin? Du erkennst es an den Gefühlen, die du hast. Wenn du wieder Hoffnung spürst, wenn du die Dinge von einem helleren Standpunkt aus sehen kannst, wenn du dich weniger schwer und traurig fühlst, dann ist unser Kommunikationskanal offen.«

Nun trat Jeshua in den Vordergrund, um Jorges Weisheit noch etwas hinzuzufügen: »Entscheidend für die Kommunikation mit einem verstorbenen Angehörigen ist, dass man einen ruhigen Raum im eigenen Innern findet, an dem man weder in Gedanken noch sehr emotional ist. Hier wohnt die Intuition. Dies ist ein natürlicher Raum, in dem man keine übersinnlichen Fähigkeiten haben muss. Auf der Suche nach diesem inneren Raum ist es hilfreich, Zeit allein in der Natur oder an einem ruhigen Ort zu verbringen, wo man sich mit sich selbst und seinen Emotionen wohlfühlt. Nur wenn man sich seinen Gefühlen stellt und sie akzeptiert, kann man in einen Zustand des Friedens und der Hingabe gelangen. Dies ist der Zustand, in dem sich das Herz öffnet, um Botschaften aus dem Jenseits zu empfangen.«

Auch Pamela teilte ihre Gedanken für Alexa mit.

»Geh mit dem Fluss der schweren Emotionen«, riet sie. »Unterdrücke sie nicht. Sie müssen durchlebt werden. Aber jede Emotion endet irgendwann. Dann kommt ein Moment der Stille und du gibst auf, weil du erschöpft bist. Dies ist der Moment, in dem Jorge dich erreichen kann. Er möchte dir in erster Linie Liebe schicken. Es ist wichtig, dass du dich eine Weile in dieser Liebe sonnst, bevor du Fragen stellst. Spüre ihn einfach, damit du dich daran gewöhnst, wie er sich jetzt anfühlt. Wenn diese Grundlage geschaffen ist, kannst du anfangen, kurze Fragen zu stellen, oder ihn bitten, dir nur eine klare Botschaft zu senden. Achte darauf, dass sich diese Kommunikation von der Gefühlsebene aus entwickeln kann und du nicht zu schnell mit deinem denkenden Geist dazwischenfunkst.

Sieh Jorge auch als Mensch. Er ist nicht allwissend, nur weil er auf der anderen Seite ist. Er hat sicherlich eine viel breitere Perspektive und mehr Wissen zur Verfügung, aber er ist immer noch der Mensch, den du auf der Erde gekannt hast. Sprich so mit ihm, mit dem Freund und Partner, und frage manchmal auch, wie du *ihm* helfen kannst, denn auch er hat noch Probleme.«

Abschließend sagte Pamela: »Erinnere dich trotz der überwältigenden Traurigkeit an die guten Zeiten und bewahre sie in deinem Herzen. Du wirst feststellen, dass ihr immer noch Spaß zusammen haben könnt, wenn ihr von der jeweils anderen Seite Verbindung zueinander aufnehmt. Ihr könnt laut lachen, wenn ihr Witze macht oder euch lustige Geschichten erzählt. Wenn dieser Sinn für Humor in eure Verbindung zurückkehrt, wisst ihr, dass sie real ist, denn die Energie der Freude und Leichtigkeit ist ein wesentlicher Teil eurer beider Seelen. Es ist eine Energie, die euch schon oft zueinander hingezogen hat.«

Alexas Seelenrückführung in ein Zwischenleben

Mein Gespräch mit Jeshua, Jorge und Pamela war enorm erbaulich und hilfreich gewesen und ich hatte viele Einblicke bekommen, warum Alexa, Jorge und Luca einen so herausfordernden Lebensentwurf erstellt hatten. Um noch mehr darüber zu erfahren, was geplant war und warum, machte ich mit Alexa eine Seelenrückführung in ein Zwischenleben, eine sogenannte Between Lives Soul Regression (BLSR). Ich führte sie durch die üblichen körperlichen und geistigen Entspannungsphasen und dann in ein früheres Leben. Als sie in dieser früheren Inkarnation starb und ihren Körper verließ, geleitete ich sie auf die andere Seite.

»Was erlebst du?«, fragte ich.

»Ich sehe silbernes Licht, das von den Sternen kommt«, begann sie. »Unten sehe ich Kreise aus Wolken – Wolken wie ein Meer. Ich habe das Gefühl, ebenfalls auf einer Wolke zu stehen und nach oben zu steigen. Ich sehe einen Baum ohne Blätter, einen schlanken Stamm in Regenbogenfarben. Ich sehe verschwommene Umrisse von Figuren, die wie Engel aussehen – gelbliche Kleider und undefinierte Gesichter. Es gibt mehrere von ihnen. Sie kommen auf mich zu und strecken die Hände aus.

Einer hat ein sehr schönes Gesicht, tiefliegende Augen, braunes Haar. Es ist eine männliche Figur, die mich anlächelt und sagt: ›Hab keine Angst. Ich bin einer deiner Engel.‹ Ich spüre, dass es Erzengel Gabriel ist.«

»Sag Gabriel, dass wir Fragen zu deinem Lebensplan mit Jorge und Luca haben«, forderte ich sie auf. »Frag ihn, ob er dich zum Ältestenrat bringt, damit wir diese Fragen stellen können. Dann sag mir, was als Nächstes passiert.«

»Ich sehe eine Treppe. Jorge steht auf der linken Seite. Gabriel steht auf der rechten Seite und reicht mir seine Hand. Die Treppe öffnet sich zu einem Loch im Himmel. Ich sehe den Himmel und die Sterne. Ich gehe die Treppe hinauf. Gabriel schwebt neben mir und Jorge steht am oberen Ende auf der Treppe.«

»Wie ist es, Jorge wiederzusehen?«, fragte ich.

»*Er ist wunderschön!* Er ist Licht und lächelt mit Geduld und Verständnis in seinen Augen.«

»Bitte Jorge und Gabriel, dich zum Ältestenrat zu führen. Beschreib alles, was du siehst und erlebst, bis ins Detail.«

»Ich stehe jetzt in der Mitte eines Raumes. Schöne, helle Gesichter, die mich anblicken, umgeben von Blautönen. Der Boden sieht aus wie Marmor. Es gibt einen Kamin. Der Raum ist wie ein Amphitheater. An den Seiten sind Stufen. Das Wesen, das mir am nächsten steht, ist eine schöne Frau mit viel Liebe in den Augen. Sie hat einen Stab mit einem Stern in der einen Hand und eine goldene Kugel in der anderen. Wo ich stehe und bis hin zu den Plätzen, wo sie sitzen, ist alles rot, weiß und orange. Dahinter ist es lila und bläulich und alles ist von Sternen umgeben.«

»Wie viele Mitglieder des Rates sind da?«

»Sechs. Einer hinter mir, zwei zu meiner Linken, eine Frau vor mir und zwei weitere rechts von mir.«

»Die Frau, die du beschrieben hast; frag, ob sie die Sprecherin des Rates ist.«

»Ja.«

»Wie ist ihr Name?«

»Andromeda. Von ihr empfange ich eine sehr liebevolle weibliche Energie.«

Alexa und ich sprachen nun abwechselnd. Ich forderte sie auf, Andromeda bestimmte Fragen zu stellen, und Alexa wiederholte die Antworten, die sie in ihrem Kopf hörte.

Alexa: Welche Botschaft hat der Rat für mich?
Andromeda: Sei Licht. Sei klar. Es ist mutig von dir, hier zu sein. Achte dich selbst. Du bist hier willkommen.

Ich begriff, dass der erste Teil von Andromedas Antwort Alexa daran erinnerte, was sie wirklich ist: klares Licht. Jeder Mensch besteht buchstäblich aus göttlichem Licht, das in einem physischen Körper verdichtet ist. Daher bat der Rat Alexa, sich an ihre wahre Natur und ihren eigentlichen Glanz zu erinnern.

Alexa: Was ist mein Plan für mein aktuelles Leben?
Andromeda: Wenn du selbst sein, für etwas oder jemanden eintreten, helfen, dienen, glücklich sein und ein tieferes, erweitertes Wissen über die Beziehungen erlangen willst, die unsere Welt ausmachen, dann durchquere die Kontinente und vernetze die Menschheit.

Alexa: Haben Jorge, Luca und ich jeweils vor unserer Inkarnation geplant, dass Jorge kurz nach Lucas Geburt wieder zurückkehrt?
Andromeda: Ja, das habt ihr, denn sein Platz ist dort, wo er jetzt ist. Das ist sein Platz, von dem aus er auf dich und Luca aufpasst.
Alexa: Warum haben wir diesen Plan gefasst?
Andromeda: Um weiterzukommen. Um in diesem Leben eine tiefere Erfahrung zu machen. Um Luca mit dem Licht in Verbindung zu bringen.

»Ich sehe Lucas Kopf und einen leuchtenden Lichtball direkt über ihm«, erzählte mir Alexa, als sie das Bild beschrieb, das ihr der Rat zeigte. »Es ist die Gelegenheit für ihn, sich in diesem Leben mit einem höheren Licht zu verbinden.«

Ich fragte Alexa, welche Fragen sie dem Rat gern stellen würde. »Ich würde gern noch einmal genauer wissen, warum wir das geplant haben«, antwortete sie und der Rat setzte ihr daraufhin ein neues Bild in den Kopf: »Ich sehe einen Wald. Ich spüre, dass ich Luca in die Natur bringe und ihn für alles, was uns umgibt, sensibilisiere – für das Wasser, die Luft, das Flüstern der Bäume, die Wolken, von denen sein Vater auf ihn herabschaut. All das fließt ihm zu wie Licht und sorgt dafür, dass er diese Präsenz, die immer da ist, wertschätzen kann.

Jetzt sitze ich auf einem großen Felsen neben einem Fluss, kämme mir die Haare und sehe mein Spiegelbild im Fluss, der durch die Zeit fließt und meine Tränen wegwäscht. Er fließt ruhig, glänzt silbrig und ist wunderschön. Es ist der Fluss der Zeit. Jorge ist bei uns, gekleidet wie ein Ritter. Er strahlt eine goldene und rötlich-feurige Energie aus und wirkt sehr beschützend und männlich. Er ist wie eine Sonne und ich bin wie ein langsam dahinfließender Fluss. Luca ist wie ein kleiner Elf, der im lichten Wald herumhüpft. So soll es sein: drei verschiedene Energien, die auf verschiedenen Ebenen koexistieren.«

Alexa: Auf welche andere Weise ist Jorge bei mir und Luca?
Andromeda: Jorge spricht über Bücher und Geschichten mit Luca. Er spricht, indem er andere männliche Präsenzen sendet, um Lucas männliche Energie zu unterstützen. Er wartet in Abenteuern. Er wird immer da sein, um Luca zu beschützen.

Weil ich wusste, dass der Rat oft einen geliebten Menschen hinzuzieht, der auf die andere Seite zurückgekehrt ist, schlug ich Alexa vor, den Rat zu fragen, ob sie direkt mit Jorge sprechen könne. Kaum hatte sie gefragt, erschien Jorge. Ich forderte Alexa nochmals auf, bestimmte Fragen zu stellen.

Alexa (traurig): Warum musstest du so schnell gehen? Was war deine Berufung?
Jorge: Ich bin überhaupt nicht schnell gegangen. Ich habe lange darauf gewartet, Vater zu sein. Und als ich dann Vater werden konnte, war es Zeit für mich, weiterzugehen.
Alexa: Wie hast du mir geholfen, für Luca da zu sein?
Jorge: Euer Haus. Ich habe das Haus für euch bauen lassen. Ich habe diesen Platz zur Verfügung gestellt. Ich habe den Raum mit Energie gefüllt, damit ihr dort leben könnt. Nachts passe ich auf Luca auf. Deshalb schläft Luca so gut und hatte noch nie Angst vor Dunkelheit. Ich leite seine Schritte. Ich beschütze ihn.
Alexa: Jorge, was möchtest du andere Menschen wissen lassen, die ihren Partner verloren und das Gefühl haben, allein Kinder aufzuziehen?
Jorge (weint): Dass sie überhaupt nicht allein sind, weil ihre Partner immer da sind. Sie wachen stets über sie – mit einer Liebe, die so tief ist, dass sie nie vergeht. Und sie beschützen die Kinder wirklich.
Alexa: Wie können diese Menschen die Anwesenheit ihres Partners spüren und wissen, dass er eine Rolle bei der Erziehung des Kindes spielt?

Jorge: Ich rate ihnen, in der Nacht eine Kerze anzuzünden. Setz dich hin, entspann dich und hör innerlich zu, was dein Partner dir sagt. Richte vielleicht einen kleinen Altar ein – mit ein paar Gegenständen des ›Verstorbenen‹ auf einem Tuch. Fühle. Lass einfach los. Viele, viele, viele Dinge sind Botschaften von geliebten Menschen, die diese Welt verlassen haben.

Alexa: Was kannst du Menschen, die immer noch um den Verlust ihres Partners trauern, noch sagen, um ihnen zu helfen oder sie zu trösten?

Jorge: Glaube an den Plan. Und spüre die Verbindung mit etwas Größerem, mit etwas auf einer anderen Ebene. Das hilft sehr dabei, dich von dem Gefühl zu lösen, ein Opfer zu sein, das sich so alleingelassen fühlt, als sei ihm das Herz herausgerissen worden. Das Herz bleibt. Das ist sehr wichtig. Konzentriere dich darauf, vollständig zu sein.

Alexa: Was kann der Elternteil, der noch im Körper ist, sagen, um dem Kind verstehen zu helfen, was passiert ist?

Jorge: Sag dem Kind, es soll an die Verbindung glauben und in seinen Träumen danach suchen. Küss das Kind abends vor dem Schlafengehen auf die Stirn und sage: ›Dein Vater oder deine Mutter ist bei dir und nimmt dich mit auf eine schöne Reise. Fühl dich sicher, denn du wirst immer beschützt.‹

Alexa (weint): Warum kann ich dich nicht klarer hören? Ich habe das Gefühl, dass ich einfach in der Lage sein sollte, mich hinzusetzen und mit dir zu reden, wenn ich möchte Aber ich bin es nicht. Es fühlt sich an wie ein Scheitern.

Jorge: Ich habe die Geduld, auf dich zu warten und dich bei dieser Übung auch weiterhin zu begleiten, denn Zeit spielt für mich keine Rolle. Wir haben viel Zeit.

Alexa: Jorge, liebst du mich?

Jorge: *Von ganzem Herzen!*

Alexa: Bist du zufrieden mit meiner Art, Luca zu erziehen?

Jorge: Luca ist ein fröhlicher kleiner Junge, strahlend, golden. Wenn wir beide Luca so sehen, solltest du nicht zweifeln, du solltest nicht fragen, denn wir beide sehen Gott in Luca, mit den gleichen liebevollen Augen der Eltern. Luca geht es sehr, sehr gut.

Während des gesamten Gesprächs war Jorges große Liebe zu Alexa und Luca deutlich spürbar. Weil ich merkte, dass er alles gesagt hatte, was er auf dem Herzen hatte, bat ich Alexa, sich wieder auf Andromeda und den Rat zu konzentrieren.

Alexa: Wo stehe ich in meinem Lebenszyklus? Nutze ich alles, was ich in früheren Leben gelernt habe, oder gibt es mehr Wissen oder Weisheit, die ich einsetzen sollte?
Andromeda: Du hast einen langen Weg hinter dir. Du hast schon oft hier vor uns gestanden. Du solltest dich mit deiner Aufgabe und deiner Fähigkeit, sie mit Weisheit und Licht zu leben, sicher fühlen, ohne abzustürzen und ohne von dieser kummervollen Erfahrung überwältigt zu werden. Die Trauer ist in Wirklichkeit ein Lichtball der Weisheit.

Mit diesen Worten trat Andromeda vor und reichte Alexa den Lichtball, den sie in der Hand gehalten hatte. Alexa fing wieder an zu weinen.

Andromeda: Das ist dein Geschenk: goldene Weisheit vom Rat.
Alexa: Was hält die Zukunft für mich bereit? Gibt es einen Mann?
Andromeda: Jorge selbst macht den Weg frei. Du hast verschiedene Wahlmöglichkeiten.
Alexa: Danke für all die Geschenke, die ich bekommen habe. Viel Licht. Viel Schönheit.

»Alexa«, sagte ich, »bevor wir schließen, möchte ich, dass du Andromeda und den Rat bittest, dir eine energetische Heilung zu geben, die auf allen Ebenen wirkt: physisch, emotional, mental und spirituell. Ich möchte, dass du dir vornimmst, die heilende Energie auf allen Ebenen vollständig zu empfangen. Beschreib mir, was du siehst und fühlst.«

»Ich spüre mich im Mittelpunkt des Kreises. Ich spüre, wie diese Wesen ihre Hände nach mir ausstrecken. Ich spüre goldenes Licht, einen Heiligenschein um meinen Kopf. Ich habe das Gefühl, in viele Lichtschichten gehüllt zu sein. Gelbes Licht erfüllt meinen Körper, orangefarbenes mein Körperinneres, rotes Licht erreicht meine Haut. Die erste Ebene um mich herum empfinde ich als blau, violett und grün. Ich spüre eine ganz besondere gelbe Energie in meiner Brust. Sie erfüllt meinen ganzen Oberkörper. Rundherum ist eine weiße Schicht, wie eine Robe, welche die farbigen Schichten bedeckt. Ich sehe die weißen langen Körper des Rates, die mir Licht senden und mich damit aufladen. Ich sehe andere Wesen, die mit Liebe in den Augen und einem Lächeln auf den Lippen dabeistehen: meine Großmutter, Engel und Jorge. Ich empfange immer noch diese schöne, liebevolle Energie, die mich von innen erleuchtet und mich mit schönen Farben und Lebensfreude erfüllt. Diese Licht- und Farbschichten sollen verteilt werden, sobald ich wieder auf der Erde bin.

Sie setzen mir einen Stern auf die Stirn, der mich durchs Leben führen und nie verlassen wird, der sein Licht nie ausschalten wird. Es wird mir Klarheit verschaffen. Es wird mich durch schwierige Zeiten führen und schöne Zeiten erhellen.

Jetzt lassen die Ratsmitglieder ihre Arme sinken und bitten mich, meine weiße Robe zu schließen. Ich senke respektvoll den Kopf und lege die Hände vor meinem Herzen zusammen. Ich danke ihnen von ganzem Herzen dafür, dass sie in diesem besonderen Moment meines Lebens für mich da waren. Danke.«

»Alexa«, sagte ich, »wenn wir das hohe Reich deines Seelenverstandes und die schöne Existenz in der geistigen Welt zwischen deinen irdischen Leben jetzt allmählich verlassen, sollst du dich daran erinnern, dass diese liebevolle Welt immer bei dir ist. Alles, worüber wir gesprochen haben – all deine Gedanken, Erinnerungen und Einsichten –, wird bleiben. Das wird dir helfen und dir Kraft geben, um den Rest deines aktuellen Lebens mit neuer Energie und Zielstrebigkeit zu vollenden.

Und während du gleich hörst, wie ich von eins bis zehn zähle, werden dein Körper und dein denkender Geist ins Wachbewusstsein zurückkehren, und es wird sich anfühlen, als wärst du gerade aus einem sehr erholsamen Schlaf erwacht. Wach und ausgeschlafen. Die Heilung, die Einsicht und die gute Arbeit, die du heute geleistet hast, werden sich in dein Überbewusstsein einprägen und sich von heute an in deinen Entscheidungen, deinem Handeln und deinem Selbstverständnis widerspiegeln. Du wirst die Augen öffnen und ganz wach sein, wenn du mich ›zehn‹ sagen hörst. Und du wirst dich an alles erinnern, wenn dein ewiges Wissen vollständiger mit bewussten Erinnerungen verschmilzt.« Dann zählte ich langsam von eins bis zehn und machte dann eine Pause, um Alexa Zeit zu geben, sich zu orientieren und zu erden.

»Wie war das für dich?«, fragte ich, als ich spürte, dass sie wieder da war.

»Ziemlich beeindruckend! Ziemlich tiefgründig!«, rief sie. »Wunderschön. Es war so außerhalb von Zeit und Raum. Als ich erkannte, dass ich schon einmal dort gewesen war, trat mein rationales Denken beiseite und gab zu, dass dies wirklich auf einer geistigen Ebene geschah. Es war so real und so vergessen und gleichzeitig so bekannt.«

»Wie war es, mit Jorge zu sprechen?«

»Er gab mir sehr klare Botschaften, die mich überrascht haben und die definitiv kein Teil meines normalen Bewusstseins sind.«

»Wie fühlst du dich?«

»Ich fühle mich aufgeladen und bestätigt. Ich bin auf jeden Fall viel stärker, wenn ich diese Liebe in meinem Herzen und den Stern auf meiner Stirn spüre. Ich gehe immer weiter. Das ist so viel mehr, als einen Ehemann zu verlieren, die Asche ins Meer zu streuen und weiterzuleben. Ich weiß, dass es noch so viel zu lernen gibt, und ich möchte ganz bewusst lernen.«

* * *

Beachten Sie die enorme Tragweite, die unbeschreibliche Würde und den außergewöhnlichen Mut, die Alexas, Jorges und Lucas Lebensplänen innewohnen. Diese ewigen, unendlichen Wesen verdichten einen Teil ihrer Energie in einem physischen Körper. Wegen der relativen Langsamkeit des gesprochenen Wortes verzichten sie auf augenblickliche telepathische Kommunikation. Sie verlassen ein Reich ohne Zeit, um in der linearen Zeit Fortschritte zu machen. Sie tauschen einen ewigen Geisterkörper gegen eine sterbliche, physische Form ein. Sie verzichten auf die göttliche Liebe, die sie in der Einheit der Heimat erlebt haben, zugunsten der wahrgenommenen Trennung auf der Erde. Und als ob dies nicht schon genug Herausforderungen im Lebensplan wären, fügen sie dieser Mischung noch die interdimensionale Elternschaft hinzu. Nur die stärksten Wesen wagen ein solches Unterfangen. Nur die mutigsten Seelen treten damit in Erscheinung.

Mit dieser Erkenntnis verstehen wir, dass Alexa, Jorge und Luca keine Opfer sind, denn was könnte derart mächtige Seelen zu Opfern machen? Für sie selbst ist diese Einsicht ein Schlüssel zur Erfüllung ihrer Lebenspläne. Jeshua sagte dazu: »Es ist wichtig für Alexa, die Größe von Lucas Seele zu erkennen und ihn nicht als Opfer eines schrecklichen Schicksals zu sehen.« Jorge wiederholte diese Erkenntnis, als er mit Alexa sprach: »Bitte betrachte Luca nicht als Opfer. Er ist stark und kann der strahlende Stern werden, der er in seinem Innern ist, obwohl er seinen Vater so früh verloren hat.« Luca als Opfer zu sehen, würde für Alexa bedeuten, seine Großartigkeit als Seele zu leugnen und ihn energisch zu entmachten. Wenn sie hingegen Lucas inneres Licht sieht, bewirkt sie, dass sie sich beide an ihre angeborene Großartigkeit erinnern.

Ebenso schön wie diese drei Seelen ist die in die Tat umgesetzte interdimensionale Elternschaft selbst. Vordergründig ist Luca seines Vaters beraubt. Doch wie Jorge uns sagte, bleibt das energetische Band zwischen dem nichtphysischen Elternteil und dem Kind intakt. Jorge spürt, wenn Luca traurig oder ängstlich ist und ihn braucht. Er ist dann augenblicklich an Lucas Seite. Auf der physischen Ebene scheint sehr vieles ganz anders, als es in Wahrheit ist. Jedes Kind, das einen Elternteil »verloren« hat, jede Person, die einen Partner »verloren« hat, und jede Person, die jemals auf diesem Planeten gelebt hat, wird von der anderen Seite über alle Maßen und weit über das hinaus geliebt und unterstützt, was wir derzeit verstehen können.

Alexa weiß das und mit zunehmendem Alter wird Luca erkennen, dass Jorge bei ihnen ist, wenn sie ihn brauchen. Sie sagt oft zu Luca: »Schau dir den Vogel an, das Licht im Baum, hör den Wind. Dein Vater ist da.« Ihre Worte vermitteln ihm weit mehr als ein tröstliches Gefühl. Sie sind buchstäblich wahr. Alles ist eins im Universum, es gibt keine Trennung zwischen den unzähligen Formen, die das Alleine annimmt. Jorge ist in jeder Brise, in jedem Regentropfen und jedem Sandkorn zu finden. Die Welle trennt sich nie vom Ozean und der Sonnenstrahl nie von der Sonne.

Im vollen Bewusstsein dieser Wahrheit sagt uns Jorge, dass viele, viele, viele Dinge Botschaften von geliebten Menschen sind. Die besondere Feder oder das besondere Blatt, das einem »zufällig« über den Weg geblasen wird; die Wolke, die »zufällig« wie ein Herz geformt ist; der bestimmte Vogel oder das Tier, das auftaucht, wenn Sie an einen geliebten »Verstorbenen« denken ... alle sind das Eine Wesen, das sein Bewusstsein einem anderen Teil seines Bewusstseins einprägt.

Und so wie unsere Lieben auf vielfältige Weise extern mit uns kommunizieren, sprechen sie auch intern auf mehr als eine Weise mit uns. Wie Jeshua sagte: »Um Verbindung zu dem Verstorbenen aufnehmen zu können, musst du dich mit einer anderen Art von Kommunikation vertraut machen: durch Bilder, Gefühle, plötzliche Erkenntnisse.« Es kann auch Bilder mit Worten oder Worte ohne Bilder geben. Die Gefühle, die der Geliebte auf der anderen Seite aussendet, können auf subtile oder auf kraftvolle Weise zum inkarnierten Partner gelangen, doch beide wissen, dass die Quelle des Gefühls eine andere ist als der Mensch auf der Erde. Plötzliche Erkenntnisse sind Downloads von Informationen – ein Wissen, von dem man nicht weiß, woher man es hat. Die Bereitschaft, dieses Wissen zu akzeptieren, ohne sich an ein intellektuelles Verständnis zu klammern, ist ein Akt des Vertrauens, und Vertrauen versorgt uns mit Licht. Licht wiederum enthält Informationen, einschließlich der wertvollen Anleitung, die der Partner von der anderen Seite bietet, um die geliebten Kinder mit zu begleiten.

Jeshua sprach eine besondere Wahrheit aus, als er sagte, dass Einsichten durch »Nichtwissen« entstehen. Feste Glaubenssätze und starre Gedankenstrukturen sind wie ein Rauschen zwischen den Dimensionen, das den Fluss der Weisheit zu dem im Körper verbliebenen Partner einengt oder sogar unterbricht. Um solche Überzeugungen oder Denkstrukturen zu erkennen, ist Selbstbewusstsein erforderlich. Man braucht Mut, um sie zu demontieren oder freizugeben. Dieses Selbstbewusstsein und dieser Mut können für die interdimensionale Elternschaft besonders hilfreich sein. Unsere Überzeugungen erschaffen unsere Wirklichkeit. Wie Jeshua sagte: »Wenn du davon überzeugt bist, dass du unwürdig bist, erreicht dich die Liebe der Hinübergegangenen möglicherweise nicht vollständig.« Doch selbst dann kann der nichtphysische Partner »Lichtkeime« der Hoffnung, des Glaubens und des Vertrauens verstärken, die bereits in dem verkörperten Partner schlummern.

Sie, die Sie Ihren geliebten Partner verloren haben und nun fürchten, ein oder mehrere Kinder »allein« großziehen zu müssen, sollten sich jetzt entscheiden, solche Lichtsamen in sich selbst zu pflanzen. Entscheiden Sie sich jetzt, daran zu glauben, dass Sie ein heiliges Kind der Quelle, ein heiliges Kind Gottes sind und aller Liebe und Unterstützung würdig, und zwar nur, weil Sie sind, was Sie sind.

Kapitel 4

Single sein

Etwa 10 Prozent der Weltbevölkerung heiraten nie oder gehen nie eine langfristige Beziehung ein, sondern verbringen einen großen Teil ihres Lebens allein und eben nicht in einer festen Beziehung. Oft suchen auch diese Menschen intensiv nach einem romantischen Partner und finden entweder keinen oder zumindest nicht so einfach oder schnell, wie sie es gern hätten. Könnte es sein, fragte ich mich, dass das Leben als langjähriger Single eine bereits vor der Geburt geplante Erfahrung ist? Wenn ja, aus welchen Gründen entscheiden sich Seelen, diese Erfahrung zu machen?

Um diese Fragen zu beantworten, habe ich mit Cathy gesprochen. Sie war die längste Zeit ihres Lebens Single und hatte auch aktuell keine romantische Beziehung. Im Gespräch mit dem großen Geist und bei einer Seelenrückführung in ein Zwischenleben erfuhr ich, dass Cathy das Singleleben als *sekundäre Herausforderung* geplant hatte, als eine Erfahrung, die sie vor der Geburt vorhergesehen und gewählt hatte, weil sie *primäre Herausforderungen* mit sich bringen würde: Nein zu sagen zur Negativität in romantischen Beziehungen und Ja dazu, sich selbst zu lieben. Auch wenn Cathy vielleicht auch mal das Gefühl hatte, versagt zu haben, weil sie keine langfristige Beziehung führte, war es ihr tatsächlich auf spektakuläre Weise gelungen, mit liebevoller Güte Nein zu Negativität zu sagen und sich die Chance zu geben, ihr Herz für sich selbst zu öffnen.

Cathy

Cathy war zum Zeitpunkt unseres Gesprächs sechzig Jahre alt und beschrieb sich selbst als ganzheitliche Heilpraktikerin und Heilerin in eigener Praxis und als Profi in Netzwerk-Marketing. Als Inhaberin eines Heilkunstzentrums lebte sie in einer wunderschönen, waldreichen, halb ländlichen Gegend – in Cathys Augen »wie in einem Sommercamp. In der Nähe ist ein schöner See. Ich verbringe fast jeden Tag Zeit am See. Es erfüllt mein Herz mit Frieden und Schönheit.«

»Cathy, wie viele deiner sechzig Lebensjahre hast du in einer romantischen Beziehung verbracht?«, fragte ich.

»Sehr wenige.«

»Wolltest du in den Jahren, in denen du Single warst, eine Beziehung haben?«

»In einigen schon. Ich verbrachte Zeit damit, jemanden zu suchen. Im Nachhinein denke ich, dass ich versucht habe, mich in ein konventionelles Partnerschaftsmodell einzufügen, anstatt mir meines eigenen Prozesses bewusst zu sein und meine Fähigkeiten und mein wahres Ich anzuerkennen.«

Cathys erste ernsthafte Beziehung war mit Curt, einer College-Liebschaft, den sie in ihren Zwanzigern heiratete. Sie war hingerissen von seinem Charme und seiner Fähigkeit, zu führen und über den Tellerrand hinaus zu denken. In ihrer Beziehung und im Zusammensein mit ihren Freunden ging es viel um Alkohol und Drogen.

»Wir hatten viel zu viel Spaß und waren viel zu ausgeflippt«, erinnerte sich Cathy. »Was ich nicht gesehen habe, war der Alkoholismus. Irgendwann wurde mir klar, dass dies keine gesunde Beziehung war. Der Drogen-Overlay und der Alkoholnebel waren zu stark. Ich war jung. Was wusste ich über den Aufbau einer Beziehung und persönliches Wachstum? Ich glaube, ich habe mein

Leben gerettet, indem ich diese Beziehung hinter mir gelassen habe. Wir hatten uns im Herzen sehr weit auseinanderentwickelt.

Curt heiratete schließlich wieder und er und seine Frau bekamen einen Sohn. In der Nacht, in der das Baby geboren wurde, hatte ich einen Traum. Wir hatten überhaupt keinen Kontakt mehr, aber ich träumte, dass das Baby kam. Und Curt kam im Traum zu mir und sagte: ›Meine Frau und mein Baby wären fast gestorben.‹ Später fand ich heraus, dass das stimmte. Das Baby wurde mit Mukoviszidose geboren und war außerdem geistig behindert. Es wurde nur dreizehn Jahre alt. Curt starb später an Alkoholismus und einer Krankheit, die mit industrieller Umweltverschmutzung in Verbindung gebracht wurde.

Während meines gesamten Erwachsenenlebens ist mir Curt in Träumen erschienen. Tatsächlich habe ich erst vor einer Woche von ihm geträumt. Mir ist klar geworden, dass er sich nicht auf der ätherischen Ebene niedergelassen hat. Er braucht meine Vergebung. Er bittet um meine Hilfe und Vergebung, um durchzukommen und zu dem nächsten Ort zu gelangen, an dem er sein muss.« Wie ich bald feststellen sollte, lag Cathy damit genau richtig.

Nach dem Ende ihrer Ehe mit Curt war Cathy nach Ohio zurückgekehrt und in die nächste Phase ihres Lebens eingetreten. Sie wollte nicht mehr von einem Partner abhängig sein, der sich womöglich als missbräuchlich oder alkoholsüchtig herausstellte, und widmete sich daher dem Aufbau ihrer finanziellen Sicherheit. Als Kundenbetreuerin eines Kabelfernsehunternehmens verkaufte sie Werbezeit und erwirtschaftete damit ein beachtliches Einkommen. »Ich habe eine selbstbewusste junge Frau aus mir gemacht«, erinnert sie sich. »Ich war unerschütterlich und unaufhaltsam, erfolgreich und attraktiv, eine ernst zu nehmende Größe.«

In dieser Zeit ging Cathy eine Beziehung mit Jim ein, dem einzigen Mann, von dem sie im Nachhinein glaubt, dass er ein guter, langfristiger Partner hätte sein können.

»Er hätte mich fordern, meinem Leben einen Mehrwert geben und mich dazu bringen können, zu wachsen und mein Potenzial zu verwirklichen, und er war auch eine Unterstützung und jemand, dem ich sehr viel hätte zurückgeben können«, bemerkte Cathy. »Aber ich hatte keine langfristige Beziehung mit ihm, weil ich nicht reif dafür war. Ich war nicht in der Lage, eine funktionierende Beziehung zu führen, und wusste auch gar nicht, wie das geht. Und ich hatte ein paar Dinge, die ich in mir selbst bearbeiten musste. Also bin ich nicht bei ihm geblieben. Manchmal wünschte ich, ich hätte es getan, aber ich weiß auch, dass ich dann ein ganz anderes Leben geführt hätte. Ich hätte vielleicht nicht die Dinge getan, die meine Bestimmung waren.«

»Und als du um die zwanzig, dreißig warst – diese Zeit, bevor du deine Bestimmung gefunden hast – diese frühen Jahre, in denen du Single warst, wie war das?«, fragte ich.

»Nun, ich hatte viel Spaß«, lachte sie. »Als ich Curt verließ, habe ich gelernt, dass es am sichersten ist, aus der Beziehung auszusteigen. Ich habe nicht gelernt, eine Beziehung aufzubauen oder Dinge durchzuarbeiten. Ich habe gelernt, auf mich selbst aufzupassen, indem ich aussteige. Also habe ich das lange gemacht. Als ich vierzig wurde, änderten sich die Dinge in meinem Leben, was Beziehungen angeht.«

Cathy entschied, dass eine »blutrünstige Karriere« nicht das war, was sie für den Rest ihres Lebens wollte. Sie erkrankte außerdem schwer am Pfeifferschen Drüsenfieber, was sie als Anstoß sah, eine neue Richtung einzuschlagen. Sie fragte das Universum, was als Nächstes für sie anstand, und wurde angeleitet, ihren Job aufzugeben und eine Schule für Massagetherapie zu besuchen. Nach ihrem Abschluss baute sie eine erfolgreiche Praxis auf.

»Damals habe ich viel tiefgehende Arbeit geleistet«, sagte Cathy. »Und dabei hatte ich mehr als je zuvor in den letzten zwanzig Jahren das Gefühl, dass ich wirklich eine Partnerschaft wollte, weil ich diesen Reichtum teilen wollte. Aber jetzt war das Spiel ein anderes, weil derjenige, nach dem ich suchte, anders war, und ich habe diese Person wirklich nicht gefunden.«

Cathy fand zwar keinen inkarnierten Partner von gleicher spiritueller Tiefe, aber ihre innere Arbeit brachte ihr die Erinnerung an einen und den Kontakt mit einem Partner aus früheren Leben, der im nichtphysischen Bereich lebt.

»Ich wurde mir einer spirituellen Partnerschaft bewusst. Mit einem Wesen, mit dem ich wohl fünf- oder sechshundert Jahre lang in verschiedenen Leben zusammen war. Ich habe klare Erinnerungen an ein gemeinsames Leben als Indigene. Ich erinnere mich, dass ich das Gefühl hatte, es sei für alle Menschen sehr schwer, mit dem mitzuhalten, was ich über diese Beziehung wusste.«

Dieser Partner kommunizierte telepathisch mit Cathy und sagte, sein Name sei Star Heart. Als Cathy Ende vierzig, Anfang fünfzig war, kam Star Heart oft zu ihr. Sie spürte, dass er da war, um sie zu unterstützen und ihr Mut zu machen.

»Wir waren in einem früheren Leben Indianer«, erzählte sie. »Es war zu der Zeit, als die Europäer immer weiter vordrangen. Ich war Heilerin und stand mit den Kräutertraditionen in Verbindung. Star Heart und ich hatten drei Kinder. Wir wurden von den Europäern getrennt und unsere Kinder wurden getötet. In meiner Rolle in diesem gegenwärtigen Leben – Heilerin, Mystikerin, Schamanin und Verbindungsglied der Gemeinschaft – war mir Star Heart die ganze Zeit eine Stütze.«

Ich bat Cathy, von einer Episode aus ihrer jetzigen Inkarnation zu erzählen, in der Star Heart sie unterstützt hatte.

»Ich war in einem Park, an einem wunderschönen Abschnitt des Flusses, der durch den Wald fließt, Hunderte und Hunderte von Hektar, sehr abgelegen. Ein besinnlicher Tag. Ich habe eine Zeremonie gemacht. Der Himmel war von einem kristallklaren Blau. Keine einzige Wolke war zu sehen. Ich betete mit dem Wasser und der Erde, den Elementen und meiner Adlerfeder. Star Heart war da, das spürte ich. Als ich in den Himmel schaute, sah ich eine riesige, senkrecht stehende Wolke, die *exakt* wie eine Feder geformt war! Es war sehr klar, dass er sich mir zeigte und Teil der Zeremonie war, dass er mich in meinen Gebeten und meiner Arbeit unterstützte.«

Es gibt nur ein Wesen im Universum und jede und jeder von uns ist ein Teil des Einen. Ich verstand Cathys Geschichte als schönes Beispiel für einen individualisierten Ausdruck des Einen (Star Heart), der sein Bewusstsein einem anderen individualisierten Ausdruck des Einen (Wolke) einprägte. Auf diese Weise senden unsere Lieben auf der »anderen Seite« ein bestimmtes Symbol, um uns wissen zu lassen, dass sie hier sind, stets präsent in unserem Leben, und dass sie uns immer lieben. Körper sterben, aber die Bande der Liebe sind ewig und untrennbar.

Cathy hatte mir zu einem früheren Zeitpunkt erzählt, sie habe das Gefühl, schon immer Single gewesen zu sein, obwohl sie in ihrem jetzigen Leben einige Jahre in einer Beziehung gewesen war. Ich habe sie gefragt, warum es sich so anfühle.

»Das erste oder zweite Jahr einer Beziehung ist la la«, antwortete sie lachend. »Es sind die Flitterwochen, der ganze Spaß. Es ist nichts Tiefes. Also im Sinne einer Person, die in einer Partnerschaft lebt … war ich noch nie wirklich eine.«

»Hast du in all den Jahren, in denen du Single warst, eine Sehnsucht nach dem Tiefgründigen verspürt?«

»Ja«, bestätigte sie. »Was ich am meisten vermisse, was mir in meinem Leben fehlt, ist dies: Wenn es in einer Ehe einen Konflikt gibt, muss man sich hinsetzen, Beziehungsarbeit leisten und seine Muskeln und Fähigkeiten aufbauen. Wenn es in einer Freundschaft einen Konflikt gibt, kann man erst mal nach Hause gehen und später ein Gespräch führen. Es trifft einen nicht so tief, weil man nicht jeden Tag mit dieser Person zusammen sein muss. Ich vermisse die Konflikte. Ich hatte sie nie in meiner Herkunftsfamilie und in meinem Leben gab es nur wenige Gelegenheiten, bei denen Freunde und ich Konflikte und Herausforderungen meistern konnten.«

Als Cathy Mitte vierzig war, heiratete sie noch einmal. Die Ehe mit Michael hielt ein paar Jahre. Sie stellte fest, dass Michael Freude, Hilfsbereitschaft und Verspieltheit in ihr Leben brachte, aber dass er verantwortungslos war. »Er war ein gutherziger Typ, der einfach nicht wusste, wie er sich in die Welt einbringen sollte.«

Als sie um die fünfzig war, bemühte sie sich mehrere Jahre lang intensiv um einen Partner. Sie war auf mehreren Dating-Seiten im Internet aktiv und hatte viele Dates, aber ein Partner war nie dabei. Ich fragte, was sie motivierte und welche Erfahrungen sie machte.

»Ich dachte mir: ›Okay, wenn es einen Partner für mich gibt, werde ich ihn finden.‹ Ich hatte von einer Frau gehört, die 108 Dates hatte, bevor sie ihren Partner fand. Und ich traf Leute, die auf einer Dating-Seite die Liebe ihres Lebens gefunden hatten, also dachte ich: ›Ich versuch's einfach mal.‹ Ich traf mich mit Leuten, die oberflächlich betrachtet aussahen, als seien sie die Richtigen, wie Geistliche und Menschen, die auf einem spirituellen Weg waren. Nach ein paar Jahren sagte ich: ›Okay, ich erzwinge hier etwas, das nicht zu mir passt‹, und akzeptierte, dass dieses Leben für andere Dinge da ist. Vielleicht gibt es eine Ära, in der das passieren wird. Ich verschließe die Tür nie ganz.«

»Wie denkst du jetzt darüber, Single zu sein?«, fragte ich.

»Ehrlich gesagt, Rob, seit ich der Dating-Szene den Rücken gekehrt habe, habe ich diese Lebensform von Herzen angenommen. Ich habe meinen Frieden damit gemacht und fühle mich wohl damit.«

»Gibt es Momente, in denen Schwierigkeiten auftreten und du denkst: ›Meine Güte, ich wünschte, ich hätte einen Partner, mit dem ich darüber sprechen könnte‹?«

»Ja, aber ich gebe diesem Gefühl nicht lange nach, weil es mich nicht unterstützt. Das geht auf meine spirituelle Ausbildung und die Disziplin des Gleichmuts zurück. Ich weiß, dass es an mir liegt, ob ich glücklich bin.«

»Viele Menschen haben Angst, dass sie allein alt werden oder allein sterben. Hast du solche Ängste?«

»Ich werde wahrscheinlich allein alt werden. Ich werde wahrscheinlich allein sterben. Ich habe keine Angst, Rob. Habe ich einfach nicht. Für Angst ist in meinem Leben kein Platz. Was soll die Angst nützen? Sie ist das Gegenteil von Liebe. Sie bedeutet, dass ich dem Göttlichen nicht vertraue. Ich gebe jeden Tag mein Bestes, um dynamisch zu bleiben, damit ich im Alter in der besten Verfassung bin, in der ich sein kann.

Wenn wir außerhalb von uns nach einer Antwort suchen oder nach jemand anderem, der die Probleme für uns löst, dann sind wir nicht dort, wo unsere Kraft ist«, fügte Cathy hinzu. »Glück, Trost und Frieden kommen nicht von dort. Sie müssen von innen kommen. Sie zu finden ist meine Lebensaufgabe.«

Ich habe Cathy gefragt, was sie sonst noch über das Singleleben sagen möchte.

»Ich schätze mich glücklich, meinen spirituellen Weg zu haben. Das Göttliche ist im eigenen Inneren. Was will man mehr? Ich trage es jeden Tag in meinem Herzen.«

Cathys Sitzung mit Aaron und der göttlichen Mutter

Ich hatte sehnsüchtig auf Cathys Sitzung mit Aaron gewartet, einem erleuchteten Wesen von immenser Liebe und Weisheit, das von Barbara gechannelt wurde. Aaron kann auf die Akasha-Chronik zugreifen, die vollständige, nichtphysische Aufzeichnung aller

Gedanken, Worte und Taten, die für die irdische Ebene relevant sind, einschließlich der vorgeburtlichen Planung. Was ich nicht erwartet hatte, war, dass wir auch in den Genuss einer Audienz mit einer Erscheinungsform der göttlichen Mutter kommen würden. Wie Barbara mir erklärte, ist die göttliche Mutter eine Verbindung aus den höchsten weiblichen Bewusstseinsformen (Mutter Maria, Guanyin und andere) in unserem Universum. Unsere Sitzung fand als Videokonferenz statt.

»Ich habe ein Telefon mitten im Gesicht!«, verkündete Aaron lachend, als Barbara ihn zu channeln begann und er sich seiner Umgebung bewusst wurde. Ich erinnerte mich, dass in dem nichtphysischen Bereich, in dem Aaron lebt, jede Kommunikation telepathisch ist. Für Aaron ist ein Telefon ein seltsames und fremdes Instrument. »Ich freue mich, dich kennenzulernen, Cathy. Ich habe Robs schriftliche Fragen vor mir. Cathy, schau mich einfach kurz an, damit sich unsere Energiefelder besser verbinden können.« Aaron schwieg, während er Cathys Bild auf Barbaras Computerbildschirm betrachtete. Er schaute sich Cathys physischen Körper und die ihn umgebenden ätherischen Körper an und registrierte die Farben in ihrer Aura sowie alle möglicherweise vorhandenen energetischen Blockaden.

»Cathy, der Geburtsplan ist wie der Architektenentwurf für ein Haus. Man hat eine Idee für eine schöne Villa, aber die Nebenräume – die Bibliothek, die Werkstatt und das prächtige Solarium – sind nicht vorrangig. Das Wichtigste ist das Haupthaus, in dem du dein Leben verbringst. Das Haupthaus für dich, Cathy, und vielleicht für viele Menschen, die irgendwann feststellen, dass sie nicht das haben, was sie ihrer Ansicht nach vom Leben haben wollten, das Haupthaus ist ein Seelenplan, um dein Herz weiter für dich selbst zu öffnen. In mehreren früheren Leben war derjenige, der du warst, auf das Lob und die Verehrung anderer angewiesen. Wie viel davon du auch bekommen hast, es konnte nie genug sein.

Wenn dich jemand lobte, hattest du stets das Gefühl: *Das verdiene ich nicht wirklich.* Das war eine unterschwellige Selbstverleugnung.

In einem dieser Leben, Cathy, hast du als Mann in einer romantischen Beziehung gelebt. Du hattest mit deiner Frau mehrere Kinder. Weil sie sich so sehr um die Kinder kümmerte, hast du dich ungeliebt gefühlt. Wenn ich ›du‹ sage, meine ich diesen früheren karmischen Vorfahren.

Die Kinder haben dich geliebt. Die Frau hat dich geliebt. Aber du hast dir eine Geliebte nach der anderen genommen, die du alle nicht wirklich geliebt hast, in der Hoffnung, irgendwie die Liebe zu bekommen, nach der du gesucht hast, die du aber von deiner Frau und den Kindern nicht annehmen konntest. Du hast dich deiner Frau und deinen Kindern gegenüber nicht missbräuchlich verhalten, abgesehen von diesen außerehelichen Affären. Du bist liebevoll mit ihnen umgegangen. Du hast Zeit mit den Kindern verbracht. Deine Kinder haben dich verehrt, aber es war nicht genug, weil du dich selbst nicht vollständig lieben konntest.

In einem zweiten früheren Leben warst du wieder ein Mann und das, was wir heute einen Politiker nennen würden. Du warst das Oberhaupt einer kleinen Nation, aber du wolltest mehr. Du wolltest mehr Territorium, mehr Menschen, die dich anbeten, mehr Menschen unter deiner Kontrolle, weil du etwas brauchtest, um dich aufzubauen. Das konnte in jenem Leben nie gelöst werden.

Dies sind nur zwei von zahlreichen Leben, in denen du nicht in der Lage warst, dich in Liebe für dich selbst zu öffnen. Gehen wir noch einen Schritt zurück, Cathy. In einem sehr frühen Leben davor warst du ein Mädchen. Deine Eltern haben dich emotional missbraucht. Dein Vater hat dich auch körperlich missbraucht. Du hast dich, als du in jenes Leben kamst, nicht speziell dafür entschieden, missbraucht zu werden. Vielmehr wolltest du lernen, wie man Nein zum Missbrauch sagt. Aber weil du nicht Nein sagen konntest, kam viel Wut hoch und du hast dir selbst die Schuld gegeben. Es war dir unmöglich zu sagen: ›Es ist seine Schuld; er hätte mich nicht vergewaltigen dürfen‹, denn das Kind, das du warst, wollte geliebt werden, und die einzige Möglichkeit, geliebt zu werden, sah es darin, unterwürfig zu sein. Wenn du unterwürfig warst, hattest du das Gefühl, geliebt oder zumindest nicht angegriffen zu werden. Also hast du deine Wut gegen dich selbst gerichtet.

Viele Menschen, die keine langfristige Beziehung eingehen können«, erklärte Aaron weiter, »haben ein Problem mit Selbstverleugnung. Die Selbstverleugnung stammt zumindest teilweise aus einem früheren Leben des Missbrauchs, in dem sie die Wut, die sie nicht halten konnten, gegen sich selbst richteten.« (Mit *halten* meinte Aaron *präsent sein für.*) »So wurde die Wut zu einem eiternden Stachel im Herzen. Sie haben sich nicht erlaubt, auf jemand anderen wütend zu sein, weil es zu gefährlich war. Auf der Suche nach Ursachen für die aktuelle Unfähigkeit, sich selbst vollständig zu lieben und die eigenen Gefühle ohne Selbstkritik zu akzeptieren, finden wir oft Missbrauch in einem früheren Leben – nicht immer, aber oft. Man kommt also in dieses Leben mit dem Wissen, dass dies der Kern der Struktur ist, das Haupthaus. Es geht darum, sich selbst lieben und akzeptieren zu lernen, was bedeutet, die eigene Traurigkeit, Angst, Wut – was auch immer auftaucht – zu akzeptieren, ohne diesen Emotionen mit einem *Nein, das sollte ich nicht fühlen* zu begegnen.

Weil dies dein höchster Plan für dieses aktuelle Leben war, Cathy, war da ein Verlangen nach Liebe, ein Verlangen nach echter Intimität. Aber weil es so schwer war, dich selbst vollständig zu akzeptieren und wirklich zu lieben, fiel es dir schwer, Liebe von anderen anzunehmen, und deshalb konntest du diese liebevolle Energie, diesen liebevollen Partner nicht zulassen. Der liebevolle Partner hätte da sein können. Ich möchte nicht, dass du dir selbst die Schuld gibst und sagst: ›Ich habe das ausgelöst.‹ Es ist nur der Lauf des Karmas, Cathy, aber die Heilung des Karmas ist der Grund, aus dem du hier bist. Es ist noch nicht zu spät, eine von Herzen kommende intime Beziehung einzugehen, aber im ersten Schritt geht es darum zu lernen, wirklich mit dir selbst zu sein, dich selbst zu lieben und zu verstehen, was dich – gewohnheitsmäßig – daran hindert, dich selbst zu lieben.

Und jetzt zur nächsten Frage«, fuhr Aaron fort. »Wenn du dich dafür entschieden hättest, Jim zu heiraten, was wäre passiert? Ich glaube, du hättest dich von ihm entfremdet, weil er dich geliebt hätte und du dich der Liebe nicht würdig gefühlt hättest.

An einem bestimmten Punkt wäre es zwischen euch vielleicht zu Konflikten gekommen, weil du nicht hättest akzeptieren können, dass er den echten Wunsch hatte, zu geben und zu würdigen, und es für dich nicht sicher war, dich geschätzt zu fühlen. Wenn du das zu jenem Zeitpunkt hättest lernen können, wäre die Beziehung wahrscheinlich gut gegangen. Aber an dem Punkt, an dem du damals warst, wäre die Beziehung wahrscheinlich gescheitert.«

Dann ging Aaron auf meine Frage zu Star Heart, Cathys Seelenpartner, ein.

»Was ist ein Seelenpartner?« fragte er. »Ein Seelenpartner ist buchstäblich die Essenz des Bewusstseins, das du bist. Ihr wurdet gemeinsam aus der Quelle geboren wie eineiige Zwillinge, die aus dem Mutterleib kommen, den sie neun Monate lang geteilt haben. Du und dein Seelenpartner kommen gemeinsam ins Bewusstsein mit der Absicht, sich auf ewig gegenseitig zu unterstützen. Mal werden sie gemeinsam geboren, mal nicht. Es gibt nicht unbedingt nur einen Seelenpartner. Es können auch mehrere sein.

Es ist ganz einfach, Cathy, Star Heart liebt dich und möchte dich bei der Verwirklichung deines Seelenplans unterstützen. Star Heart ist hier, um dir akzeptieren zu helfen, was du fühlst. Wenn du bei Star Heart bist, fühlst du dich geliebt. Kannst du diese Liebe zulassen?

Cathy, es gibt eine Entität, die wir *die Mutter* nennen und die von Barbara verkörpert wird. Die Mutter ist buchstäblich eine hohe Ausdrucksform der göttlichen Mutter in all ihren verschiedenen Aspekten. Sie tritt immer in dem Aspekt auf, der für die Person, mit der wir sprechen, am besten geeignet ist. Seit ein paar Minuten ist die Mutter hier bei mir. Sie sagt, sie würde sich gern einbringen und nur ein paar Minuten damit verbringen, dir in die Augen zu schauen. Ich möchte, dass du darauf achtest, was passiert. Du wirst die Liebe spüren, die von ihr ausgeht. Da bin ich mir sicher. Aber ich denke, du spürst vielleicht auch einen gewissen Widerstand. Wenn ja, möchte ich, dass du normal atmest und ihm einfach Raum gibst. Frage dich: ›Was würde es bedeuten, diese Liebe vollständig anzunehmen, zu wissen, dass meine Würdigkeit oder Unwürdigkeit überhaupt nicht zur Debatte steht? Diese Liebe gehört mir. Sie kommt einfach zu mir, weil ich bin.‹ Schau, ob du dir einfach erlauben kannst, sie zu fühlen. Wenn nicht, ist das in Ordnung. Beobachte, was in deinem Körper passiert. Verdrängst du es? Spürst du einen Widerstand?«

Weil ich *Darshan* mit der göttlichen Mutter bereits erlebt hatte, wusste ich, was passieren würde. Als ich der göttlichen Mutter begegnete, sagte sie sehr wenig, sondern schaute mich einfach aus Barbaras Augen an, und zwar mit einer so intensiven Liebe und Verehrung, wie ich sie noch nie in diesem Leben erlebt hatte. Diese reine, allumfassende Liebe strömte zu mir hin und um mich herum, umhüllte und umarmte mich.

Wir schwiegen eine Weile, während Aarons Bewusstsein beiseitetrat und die göttliche Mutter nach und nach Barbaras Körper bezog.

»Meine Liebe, ich liebe dich«, sagte die göttliche Mutter mit sanfter Stimme zu Cathy. »Ich liebe dich bedingungslos.« Sie schaute Cathy jetzt mit der gleichen intensiven und aufrichtigen Verehrung an, die ich bei ihr erlebt hatte. »Ich kann deine Hand (in einer Videokonferenz) zwar nicht halten, aber ich strecke meine Arme nach dir und Rob aus. Du bist ein göttlicher Funke. Du strahlst. Wie bei allen Menschen kam es zu Deformationen, als der eine oder andere Aspekt von dir Schaden angerichtet oder Schaden genommen hat, aber du bist immer noch strahlend schön. Wenn du im Garten arbeitest und dir die Hände schmutzig machst, hackst du sie dann ab? Du wäschst sie. Du weißt, dass unter dem Dreck perfekt saubere Hände sind. Warum hackst du die Liebe zu dir selbst ab? Warum ist es so schwer zu erkennen, wie strahlend du bist und wie sehr du – auf ewig – geliebt wirst? Cathy, ich denke, es fällt dir so schwer, dir zu erlauben, vollkommen geliebt zu werden und dich selbst zu lieben, weil du Angst vor dem hast, was von dir erwartet wird, wenn du so sehr geliebt wirst.«

»In diesem Leben habe ich an Liebe und Ausstrahlung gearbeitet und daran, mich selbst als das strahlende göttliche Licht zu sehen«, antwortete Cathy, »und wenn ich das höre, fühle ich mich, als würde ich mich selbst belügen oder eine Heuchelei leben.« An dieser Stelle musste Cathy heftig husten.

»Überhaupt nicht, Cathy«, versicherte ihr die göttliche Mutter. »Du hast sehr tiefgründige Arbeit geleistet, aber es gibt immer Schichten und Schichten und Schichten. Die tiefsten Schichten tun normalerweise so weh, dass sie entsprechend schwer zu erreichen sind. Es gibt zwei Leben, über die ich sprechen möchte, Cathy. Das eine ist das Leben, von dem Aaron sprach, in dem das Mädchen missbraucht wurde. Dein Husten ist zum Teil eine stark verdrängte Erinnerung. Das Kind, das schreit, als sich der Vater über es beugt, um es zu vergewaltigen. Der Vater hält ihm die Hand vor den Mund, würgt es sogar, damit es nicht schreien kann. Das ist nicht nur einmal passiert, sondern viele Male. Er kam nachts in dein Schlafzimmer. Er erwischte dich in der Scheune hinter dem Haus. Es gab kein Entkommen. Du warst noch nicht mal ein Teenager. Er hat dich auf den Boden geworfen. Du hast angefangen zu schreien. Er hat dich manchmal fast bis zur Bewusstlosigkeit gewürgt, um die Schreie zu unterdrücken. Dies ist ein Teil des Hustens – das Öffnen der Kehle und das Aushusten der Wut. Ein Teil deiner tief sitzenden Wut auf alle Menschen wurde auf diese Weise begraben.

Das andere Leben ist geprägt von Wut auf dich selbst. Du warst eine Frau, die mit ihren drei kleinen Kindern in einem Boot – nennen wir es eine Fähre – den Fluss überqueren wollte. An Bord befanden sich zwei Dutzend weitere Personen. Die Strömung war an diesem Tag besonders stark. Der Fährmann verlor die Kontrolle über das Boot. Es fuhr auf Felsbrocken auf. Du und viele andere stürzten in das schnell fließende Wasser. Du hattest dein Baby auf dem einen Arm und hast versucht, deine beiden anderen Kinder an den Armen und euch alle über Wasser zu halten. Niemand konnte dir helfen. Alle waren wütend auf den Fährmann. Du hast gesehen, dass er jung, unerfahren und nachlässig war. Über dem Boot verlief ein schweres Kabel bis zu einer Umlenkrolle. Sie sollte das Boot an dem Kabel entlang in gerader Bewegung halten, aber als das Boot ins Schlingern kam, übte es zu viel Druck auf das Kabel aus, und am Ende riss es.

Du bist also im Fluss und kurz vor dem Ertrinken. Deine beiden anderen Kinder musstest du bereits loslassen, und jetzt versuchst du, das Baby mit einer Hand über Wasser und deinen Kopf oben zu halten. Aber dein Kopf geht immer wieder unter … Wasser im Hals … Wut, Angst. Schließlich gibt es nur noch eins, was du tun kannst, nämlich dich selbst retten. Du lässt das Baby los. Das war kein bewusster Akt. Du bist fast ertrunken und wenn du ertrunken wärst, wäre natürlich auch das Baby ertrunken.

Dann hat dich jemand herausgezogen, aber die Kinder waren weg. Du konntest dir nicht verzeihen, dass du deine Kinder nicht hattest retten können. Tatsächlich schaffte es einer, der Älteste, bis ans Ufer, aber du konntest dir nicht verzeihen. Da war so viel tief sitzende Wut auf diesen Fährmann – und Wut auf dich selbst. Der Rest dieses Lebens war eine Qual.«

»Aaron möchte hereinkommen und sprechen«, informierte uns die göttliche Mutter. Damit trat sie beiseite und Aaron sprach wieder durch Barbara.

»Cathy«, sagte Aaron, »deine Aufgabe hier besteht darin, dies als Metapher zu nehmen für all die Male, in denen dieser Bewusstseinsstrom, der du bist, das Leid nicht überwinden konnte, das dir zugefügt wurde. Wo fängt Vergebung an? Jeder Mensch hat solche Situationen erlebt. Wie vergeben wir uns selbst? Solange wir uns buchstäblich nicht verzeihen können, dass wir menschlich sind, können wir uns selbst nicht vollständig lieben. Das, Cathy, ist tiefste Heilung. Wenn du dich selbst auf diese Weise vollständig lieben kannst, kannst du nicht nur die Liebe anderer annehmen, sondern auch einen zutiefst liebevollen Partner finden, weil du diese Liebe annehmen kannst.

Cathy, verstehst du, was die Mutter meinte, als sie sagte, dass du dich keineswegs selbst belügst und auch keine Heuchelei lebst? Du bereitest dich einfach darauf vor, tiefer zu gehen. Für den Menschen liegt am tiefsten Punkt nicht das, was er anderen durch negative Emotionen oder Ängste angetan hat, sondern vielmehr der Schaden, den wir uns alle zugefügt haben, und das Mitgefühl für die gesamte menschliche Erfahrung, für alle Wesen. Dies bringt dich dazu, die erwachte Seele zu erkennen, die du wirklich bist. Dann lebst du von diesem erwachten Ort aus.«

»Ich habe eine Frage«, sagte Cathy. »War Curt, mein erster Ehemann, in diesem früheren Leben mein gewalttätiger Vater?«

»Ja, das war er. Und du konntest diesmal auf angemessene Weise ›Schluss jetzt!‹ sagen. Gib dir selbst viel Anerkennung dafür. Verstehst du, wie viel Selbstliebe es brauchte, um Nein sagen zu können?«

»Ja. Und war Michael, mein zweiter Ehemann, der Fährmann?«

»Nein, war er nicht, aber er hätte es sein können. Warum hast du dich zu diesen beiden Männern hingezogen gefühlt? Weil deine Aufgabe in einer Inkarnation immer, zumindest teilweise, darin besteht, früheres Karma zu heilen. Das heißt im Fall von Curt, diesmal Nein sagen zu können, und im Fall von Michael, sich nicht mit einem verantwortungslosen und unreifen Partner zufriedenzugeben. Dein vorgeburtlicher Plan war es, zu sagen: ›Ich will mehr als das. Ich will mich in diesem Leben nicht aufgrund von Selbstverleugnung einschränken.‹ Du kannst dich fragen, warum du dich überhaupt zu ihm hingezogen gefühlt hast. Du hast Michael in einem früheren Leben gekannt, in dem er verantwortungslos war. Ihr habt einen Seelenvertrag geschlossen, der besagt: Wenn ihr in diesem aktuellen Leben zusammenkommt, wird er dir helfen, Nein sagen zu können, und du wirst ihm helfen, indem du es sagst, und dann würdet ihr beide eurer Wege gehen. Es war nicht beabsichtigt, dass ihr zusammenbleibt, es sei denn, jeder von euch wäre in diesem Moment in der Lage gewesen, wirklich die Arbeit zu tun, die getan werden musste, aber das war unwahrscheinlich, weil der Mensch dafür Zeit braucht, sogar viele Leben.«

Aarons Beschreibung von Cathys vorgeburtlichen Vereinbarungen mit Curt und Michael erinnerte mich wieder einmal daran, dass auf der irdischen Ebene wenig so ist, wie es zu sein scheint. In ihren gegenwärtigen Beziehungen zu diesen Männern hatte sie sich schlecht behandelt und nicht respektiert gefühlt. Sie hatte sich vielleicht manchmal gewünscht, dass keiner von diesen Männern in ihr Leben getreten wäre. Die vorgeburtliche Planung sieht jedoch immer vor, in irgendeiner Weise zu wachsen, und eine solche Absicht erfordert, dass andere die Rolle des Katalysators spielen. Solche Katalysatoren sind zwar schwierig und fügen einem manchmal Schmerzen zu, werden aber mit großer Weisheit, Liebe und im Hinblick auf das höchste Wohl aller geplant.

»Cathy«, fuhr Aaron fort, »ich möchte, dass du feststellst, wie sich die beiden Würgereize oder Erstickungsanfälle angefühlt haben: der vom Flusswasser ausgelöste Erstickungsanfall – das buchstäbliche Ertrinken. Und der Vater, der dich würgt, deine Lungen füllen sich mit einer fremden Substanz – das bildliche Ertrinken. Ein Teil dieser fremden Substanz ist Wut. Ein Teil dieses Hustens war die ganze Wut, die du in vielen Leben geschluckt hast und die rauswollte.

Der nächste Schritt ist nicht, herumzubrüllen und die Wut auf grausame Weise zu entfesseln. Es geht einfach darum, sie anzuerkennen und beim Einatmen zu sagen: ›Ich habe intensive Wut verspürt‹ und beim Ausatmen: ›Ich gebe dieser Wut Raum‹. Die Wut ist unter bestimmten Bedingungen entstanden. ›Ich verurteile mich nicht dafür. Ich muss sie nicht länger in mir halten. Ich lasse sie los. Ich atme sie aus.‹«

Hier bezog sich Aaron auf die Tatsache, dass Gedanken und Gefühle von äußeren Umständen verursacht werden. Wenn sich die Bedingungen verändern, verändern sich auch die Gedanken und Gefühle. Diese einfache, aber profunde Erkenntnis ermöglicht es uns, von unseren Gedanken und Gefühlen Abstand zu nehmen. Das heißt, wir glauben nicht mehr, dass wir unsere Gedanken und Gefühle *sind*. Gedanken und Gefühle sind vielmehr etwas, das wir haben, etwas, das wir in uns tragen. Wenn wir nur ein wenig abwarten, gehen sie durch uns hindurch, ohne dass sie immer zum Ausdruck gebracht oder in die Tat umgesetzt werden müssen.

»Cathy, wenn du nicht weißt, was du damit anfangen sollst, sag einfach: ›Mutter, Aaron, bitte nehmt etwas von dieser Wut von mir. Sie quält mich. Ich gebe sie an euch ab.‹ Dein Freund Star Heart wird dir helfen. Star Heart ist nicht nur dein Seelenpartner, sondern auch dein wichtigster Geistführer in diesem Leben. Also frag Star Heart. Frag irgendein liebevolles Wesen.«

»Aaron«, warf ich ein, »viele, die dieses Kapitel lesen, sind Single und deswegen unglücklich und vielleicht sogar verzweifelt. Sie verstehen wahrscheinlich nicht, warum sie keinen Partner finden können. Vielleicht betrachten sie die Erfahrung des Single-Daseins als sinnloses Leiden. Sie haben vielleicht Angst davor, allein alt zu werden und zu sterben. Was würdest du sagen, um ihnen zu helfen, den tieferen spirituellen Sinn ihrer Erfahrung zu erkennen?«

»Meine Lieben, ihr werdet geliebt. Ihr werdet immer geliebt. Viele von euch fühlen sich dieser Liebe nicht würdig. Interessanterweise sind die meisten Menschen, die Single bleiben, sehr alte Seelen, Perfektionisten in Bezug auf sich selbst. Sie haben so hohe Erwartungen an sich selbst, dass sie keine negativen Gefühle haben und auch keine zum Ausdruck bringen wollen. Wenn unter verschiedenen Bedingungen eine negative Emotion entsteht, geben sie sich selbst die Schuld daran. Diese Selbstbeschuldigung bildet eine Art Panzer um sie herum, der andere auf Distanz hält. Sie tragen einen so tiefen Schmerz in sich, dass sie den perfekten Zustand der liebenden Güte und des Mitgefühls für alle Wesen nicht immer aufrechterhalten können. Also verurteilen sie sich selbst. Anstatt eine Verbindung mit einem anderen zutiefst liebenden Wesen einzugehen, gehen sie dann eine Verbindung mit jemandem ein, der die Wut ans Licht bringt, weil es (auf der Seelenebene) darum geht, Mitgefühl für sich selbst zu entwickeln. Also ziehen sie immer wieder diese Art von Personen an, statt zu sagen: ›Damit bin ich durch. Ich bin Liebe. Ich liebe, und ja, ich bin ein Mensch. Wenn ich auf einen Reißnagel trete, wird mein Fuß durchstochen und ich habe Schmerzen. Wenn ich von jemandem angegriffen werde, kann Wut in mir aufkommen. Es ist in Ordnung, dass sie da ist. Das ist ganz natürlich, genauso wie die Schmerzen im Fuß ganz natürlich sind. Das gehört zum Menschsein dazu. Die Frage ist nicht, ob da etwas aufgekommen ist, sondern ob ich dieses Entstehen von Schmerz eher als einen Katalysator für

Mitgefühl mit mir selbst einsetzen kann als für noch mehr Selbstverurteilung.‹

Indem diese alten Seelen nach und nach mehr Mitgefühl für die negativen Gedanken aufbringen, die in jedem Menschen auftauchen, und aufhören, sich selbst deswegen zu verurteilen, fangen sie an, ähnlich fortgeschrittene alte Seelen einzuladen, mit denen sie ihre Aufgabe erfüllen können. Sie brauchen keinen Auslöser mehr für die Wut und die daraus resultierende Selbstverurteilung. Sie lassen sie los. Daher bitte ich alle, die damit zu kämpfen haben, sich zu fragen: ›Inwiefern bin ich noch nicht ganz offen für die Liebe, für ein wirklich liebevolles und unterstützendes Herz?‹ Vertraut darauf, dass ihr alte Seelen seid, die eine bestimmte Phase ihres Wachstums durchlaufen.

Einige von euch«, fuhr Aaron fort, »haben Mitgefühl mit sich selbst entwickelt, ziehen aber immer noch Menschen an, die das nicht haben, und möchten dann keine Beziehung mit ihnen eingehen. Warum ziehst du so etwas an? Vielleicht, weil das Herz auf einer bestimmten Ebene immer noch zu empfindlich ist. Es ist schwer vorstellbar, wirklich in diese tiefste Intimität zu kommen, in der der andere die immer noch aufkommende Negativität zu sehen bekommt. ›Was, wenn diese Person sieht, dass ich immer noch wütend werde, dass ich immer noch verurteile?‹ Bevor man es selbst nicht klar erkennt und Mitgefühl dafür aufbringt, so die Befürchtung, kann man es keinen anderen sehen lassen.

Aber, meine Lieben, genau das *könnt* ihr, und deshalb seid ihr in die Inkarnation gekommen. Ich sage denen von euch, die allein sind und Intimität suchen, *ihr könnt sie finden*. Ihr könnt lernen, euch selbst mehr zu lieben, damit ihr einen liebevollen Partner einladen könnt. Du bist nicht Single, weil du schlecht bist. Du bist Single, weil du dir selbst gegenüber noch nicht ganz so liebevoll bist, wie du es in dieser Inkarnation sein wolltest. Wenn du dich selbst mehr liebst, wirst du eine liebevolle Beziehung einladen. Bitte nimm dies nicht als weiteren Grund, dich selbst zu verurteilen: ›Oh, ich habe versagt. Ich liebe nicht genug.‹ Das ist nicht das, was ich sagen will. Ihr alle seid strahlend schöne Wesen, wie die Mutter dir gesagt hat, Cathy. Du kannst Liebe geben und annehmen, wenn du einen Schritt nach dem anderen gehst, immer weiter hinein in das Risiko des Liebens und Geliebtwerdens. Vertraue auf die Möglichkeiten.

Wenn du am Ende trotzdem allein bleibst, vertraue bitte darauf, dass du einen Lebensplan hast. Frage dich: ›Was an mir ist mustergültig?‹ und nicht ›Was an mir ist verbesserungswürdig?‹ ›Wie kann ich darauf aufbauen, nicht um mich zu einem besseren Menschen zu machen, damit andere mich lieben, sondern einfach, weil es Spaß macht, auf der Liebe in meinem Herzen aufzubauen?‹«

Indem Aaron die Bindung an das Ergebnis auflöste, machte er den Aufbauprozess zu einer leichteren, weniger eingeschränkten Erfahrung, bei der die Unterstützung durch den Geist fließen und leichter angenommen werden konnte.

»Es geht in diesem Menschenleben nicht nur um (romantische) Beziehungen«, fuhr er fort. »Auf welche Weise schenkt ihr anderen wirklich Freude? Auf welche Weise dient ihr anderen? Einige von euch sind Lehrer. Manche von euch kümmern sich auf der Ebene des Körpers und der Emotionen um andere. Einige von euch sind Bauern, die das Land bestellen oder Obstplantagen anlegen. Andere weben Stoffe, malen Bilder oder machen Musik. Wertschätze dich selbst. In deinem Leben geht es nicht unbedingt nur um eine Beziehung. Mir ist klar, dass du einsam bist und eine Beziehung willst, aber je mehr du dich auf deine Herzensfreude konzentrierst und auf das, was du gibst, und je mehr du dir das zugutehältst, desto offener bist du für die Beziehung, nach der du suchst.

Ich liebe dich«, schloss Aaron. »Ich gehe mit dir. Ich bin deinen Weg in vielen Leben gegangen und weiß um deinen Schmerz. Du sollst wissen, dass du geliebt wirst. Rob, ich übergebe an dich. Ist deine letzte Frage damit ausreichend beantwortet?«

»Ja, aber ich habe noch eine«, antwortete ich. »Gibt es noch andere Gründe, aus denen Menschen vor ihrer Geburt planen, lange Zeit oder sogar ihr Leben lang Single zu sein?«

»Manchmal geht es nicht um die Heilung von Karma«, antwortete Aaron. »Manchmal gibt es einfach einen höheren Fokus. Vielleicht hat sich jemand mit Leib und Seele einer bestimmten Beschäftigung verschrieben – der Kunst, der Medizin, einem religiösen Weg. Es mag ein tiefes Streben danach geben, die Erfahrung zu machen, dass man genug ist und keinen Partner brauchst, um genug zu sein, dass das, was man auf die Erde bringt – sich als einen strahlenden, einzelnen Mensch –, die Erde wirklich segnet. Genau wie das Samenkorn eines Apfelbaums, das von einem Vogel auf ein weit entferntes, fruchtbares Feld getragen und dann fallen gelassen wird, zu einem neuen Apfelbaum heranwächst. Dieser Baum lässt seine Äpfel fallen und es bilden sich neue Samen. Hundert Jahre später steht dort nicht nur ein Obstgarten, sondern die Obstgärten dehnen sich kilometerweit in alle Richtungen aus. Und alles begann mit diesem einen Samen. Manche Menschen haben das Gefühl, dass sie das allein nicht schaffen können, aber ihr könnt es. Du bist der Same, jeder von euch ist es, und vielleicht hast du den vorgeburtlichen Plan gefasst, buchstäblich der eine Same zu sein, mit dem der Obstgarten beginnt. Und dabei spielt es keine Rolle, in welche Richtung dein Leben geht.

Du sagst vielleicht: ›Aber Aaron, ich bin kein Arzt und kein Künstler. Ich bin in keiner Hinsicht ein großartiger Mensch. Ich führe einfach ein beschauliches Leben.‹ Aber das ist ein Samenkorn. Vielleicht geht es darum, einem Gehbehinderten über die Straße zu helfen, oder einen Spaziergang zu machen und unterwegs kleinen Kindern und Nachbarn ein Lächeln zu schenken und den einen oder anderen Hund zu streicheln. Du schenkst der Person, die du auf der Straße triffst, ein Lächeln und sie lächelt die nächste Person an, der sie begegnet, und das Lächeln verbreitet sich. Auch indem du einfach deine liebevolle Energie einbringst, streust du Samen aus.

Hier geht es also darum, nach und nach zu erkennen: ›Ich bin genug. Ich bin dieser Same, der der Beginn eines Obstgartens sein kann – ein Obstgarten der Freundlichkeit, der Liebe.‹ Dies ist ein Hauptgrund, warum Menschen vor ihrer Geburt planen, Single zu sein – um zu lernen, dass sie sich selbst genug sind.«

»Aaron«, sagte ich, »die menschliche Erfahrung auf der Erde scheint so angelegt zu sein, dass die meisten von uns Partner wollen. Warum ist das so? Gibt es andere Planeten, auf denen das nicht so eingerichtet ist?«

»Es ist einfach so, dass ihr Säugetiere seid, Rob, und ein Säugetier fühlt sich wegen der zur Arterhaltung nötigen Intimität zu einem anderen Säugetier hingezogen. Aber es gibt andere Existenzebenen – ich möchte das Wort *Planeten* nicht verwenden –, auf denen Menschen – oder nennen wir sie nicht *Menschen* –, auf denen individualisiertes Bewusstsein keine spezifische Form annimmt. Es kann viele verschiedene Formen annehmen und mit vielen Wesen verschmelzen. Es ist eine andere Form von Intimität.

Interessanterweise sind Wesen, die sich auf diese Weise entwickelt haben, vielleicht noch nicht bereit für eine individualisierte Form, die so viel Mut erfordert. Sie sind ein Erleben ohne jede Trennung gewohnt.« Aaron bezog sich hier auf die Tatsache, dass die Einschränkungen der fünf menschlichen Sinne dazu führen, dass wir uns als voneinander getrennte Individuen wahrnehmen. Tatsächlich sind wir alle eins miteinander und mit allen existierenden Wesen. »Was passiert, wenn du dich in die Illusion der Trennung bewegst? Es ist die Aufgabe des Menschen, die Illusion der Trennung zu erfahren und durch ein tiefes Erwachen hinter sich zu lassen. Die Säugetierform in der menschlichen Erfahrungswelt erzwingt die Illusion der Trennung. Man kann also diese Illusion aufbrechen und gewissermaßen dorthin zurückkehren, wo man angefangen hat, als man auf jener Ebene ohne jede Illusion der Trennung war, aber jetzt auf viel reifere Art und Weise, weil man die Illusion erlebt und sich von ihr befreit hat, statt sie nie erlebt zu haben.«

Welchen Nutzen hat es, erst in diese Illusion einzutauchen und sich dann von ihr zu befreien? Zu vergessen, dass alle eins sind, und sich dann wieder daran zu erinnern, führt zu einer profunden Selbsterkenntnis. Wenn wir nie etwas anderes als Einheit erfahren würden, würden wir nicht ganz verstehen oder zu schätzen wissen, was Einheit ist. Die Erfahrung der wahrgenommenen Trennung, so illusorisch sie auch sein mag, schafft einen Kontrast zur Einheit, der schließlich dazu führt, dass man die Einheit viel besser versteht. Sie ruft auch intensive Gefühle wie Angst und Furcht hervor, die in einem Zustand der Einheit nicht ohne weiteres erlebt werden können. Ein Großteil des Wachstums auf der irdischen Ebene kommt durch die Erfahrung intensiver Emotionen zustande und insbesondere dadurch, dass man lernt, geschickt mit diesen Emotionen umzugehen.

»Aaron«, fragte ich, »wenn wir am Ende unseres Lebens zum großen Geist zurückkehren, wie sind dann unsere Beziehungen zu den Menschen, die unsere romantischen Partner waren, als wir noch in einem Körper lebten?«

»Es gibt keine Norm, Rob«, sagte Aaron. »Es kommt immer darauf an. Es ist wirklich eine Seelenfrage. Man kann auf der Erde eine enge, sehr liebevolle romantische Beziehung zu einem Wesen haben und, abgesehen von einer kurzen Begrüßung auf der anderen Seite, nicht wirklich mit ihm verbunden sein. Dieses Wesen kann sich auf einer ganz anderen Ebene befinden. Dieses Wesen kann dich bei deinem Übergang begrüßen, wenn es zuerst hinübergegangen ist. Es kann dich in den frühen Phasen des Übergangs unterstützen und dann dorthin gehen, wo es – androgyn, männlich oder weiblich – arbeitet. Oder es kann sein, dass es dir sehr nah bleibt, und vielleicht ist da eine innige Intimität, die auf der anderen Seite weitergeht.

Da könnte jemand wie Curt sein. Ein Aspekt von Curt war der Mensch, der in verschiedenen Leben missbräuchlich war und daran arbeitet, den Schaden, den er anderen zugefügt hat, zu transzendieren. Aber es gibt noch einen anderen Aspekt von Curt: den tiefen Seelenaspekt, der zur Liebe und zum Lieben fähig ist. Die Beziehung zu Curt könnte auf der anderen Seite sehr herzlich sein, sowohl voller Lachen als auch Weinen über das, was in diesem Leben passiert ist. Wahrscheinlich wäre es keine andauernde Freundschaft, sondern eher eine Entscheidung, sich in künftigen Leben wieder zu begegnen, wenn es beiden dient. Bei Cathy könnte sogar die Bereitschaft hinzukommen, sich zu inkarnieren und in einem künftigen Leben eine Beziehung oder Ehe mit Curt einzugehen, und zwar als eine Frau, die jetzt sehr wohl in der Lage ist, Nein zu jeder Art von Missbrauch zu sagen, aber auf eine so liebevolle Weise, dass es Curt hilft, das Missbräuchliche in sich zu überwinden, weil es eben dieses Missbräuchliche ist, was sich selbst und andere nicht lieben kann. Ich behaupte nicht, dass das passieren wird oder passieren sollte. Es ist einfach eine Möglichkeit. Es wird dir niemals aufgezwungen, es kommt ganz von selbst. Vielleicht fragen dich deine Geistführer, Cathy, ob du Teil ihres Unterstützer-Teams werden möchtest, und dann spielst du diese Rolle in einer anderen Inkarnation.

Cathy, ich möchte dir ein Buch mit dem Titel *Zeugnis des Lichts* von Helen Greaves empfehlen. Helen war ein Medium. Ihre Freundin sagte: ›Wenn ich zuerst sterbe, komme ich und erzähle dir, wie es auf der anderen Seite ist‹, und das tut sie dann auch. Dieses Buch ist für viele Menschen sehr hilfreich.

Es kommt also darauf an, ob es eine tiefere Seelenverbindung gab«, schloss Aaron. »Ihr wärt wohl zusammen, wenn es einen Grund für diese Verbindung gäbe. Aber bedenke, in wie vielen Hunderten oder sogar Tausenden von Leben du mit wie vielen verschiedenen Seelen zusammen warst. Mit wem wirst du nach deinem Übergang zusammen sein? Es kann jemand sein, der in diesem aktuellen Leben gar nicht inkarniert war. Wahrscheinlich wäre Star Heart jemand, der dir nach deinem Übergang sehr nah ist, Cathy, so wie ich mit Barbara eng verbunden sein werde, wenn sie irgendwann hinübergeht.

Cathy, vertraue darauf, dass die Seele, wenn sie wächst, eine tiefere Beziehung einlädt. Es wird passieren, aber die tiefere Beziehung ist nicht das, was du hauptsächlich willst. Es ist vielmehr das Wachstum der Seele. Und denke bitte über den Husten nach. Frag dich ganz sanft: ›Was habe ich ausgehustet? Was möchte sich aus diesem Körper und diesem Bewusstsein befreien?‹«

Cathy fragte Aaron, ob sie in früheren Leben zutiefst liebevolle Beziehungen erlebt hatte.

»Jedes Wesen hatte solche Beziehungen«, sagte er. »Cathy, stell dir vor, wie du einfach Licht aussendest. Es gibt keine feste Struktur. Du bist auf einer anderen Ebene des Seins. Stell dir eine Farbe zu diesem Licht vor. Sag mir, welche Farbe bist du?«

»Ein helles, silbriges Blau.«

»Stell dir nun vor, du betrittst einen Raum, in dem sich andere Lichtwesen befinden, von denen jedes sein eigenes Lichtspektrum aussendet. Du fühlst dich von einigen Farben mehr angezogen als von anderen – nicht unbedingt von der Farbe, die du bist. Auf der anderen Seite des Raumes siehst du ein wunderschönes silbriges Rosa und trotz all der Gelb- und Grün- und Lavendeltöne wirst du von diesem silbrigen Rosa angezogen. Die Farben fangen an, miteinander zu tanzen, sodass deine Farbe klar und lebendig bleibt und die andere Farbe auch klar und lebendig bleibt, aber teilweise wirbeln sie ineinander und vermischen sich sogar.« Hier beschrieb Aaron, wie wir im nichtphysischen Bereich unsere Individualität behalten, während wir gleichzeitig unsere Energie mit der Energie eines anderen verschmelzen. »Du tanzt diesen Tanz eine Weile, und dann kommt noch etwas dazu, das auch sehr schön und noch lavendelblauer ist, und dann gesellt sich etwas blass Zitronengelbes zum Tanz. Bald schon ist der ganze Raum mit verschmelzendem Licht erfüllt. Spüre, wie ›Ich bin dies (diese besondere Energie)‹ jede Aussagekraft für dich verliert und du einfach dieses ganze Licht wirst – wie du damit verschmilzt, dich vollkommen anerkannt, akzeptiert und geliebt fühlst – ein Teil dieses Lichtwirbels. Und dann ziehst du allmählich dein eigenes Licht zurück, während andere anfangen, ihres zurückzuziehen. Aber das Licht, das du bist, ist jetzt bereichert. Es ist nicht mehr nur dieses silbrige Blau, sondern jetzt sind da überall kleine Einsprengsel von Rosa und Gelb sowie Pfirsich und Lavendel – nicht störend, sondern bereichernd.

Dies war eine Ebene des Seins, auf der du dich eine ganze Weile aufgehalten hast, Cathy, um auf deine eigene Kraft, deine Ausstrahlung und deine Fähigkeit, etwas von anderen aufzunehmen und ihnen etwas zu geben, vertrauen zu lernen. Dann hast du entschieden, dass es Zeit für eine weitere menschliche Inkarnation ist. Du warst schon einmal ein Mensch. ›Ich werde sehen, ob ich dieses Gefühl dafür, wer ich bin, ebenso bewahren kann wie die Fähigkeit, wertzuschätzen, wer ich bin, damit ich es mit anderen teilen kann. Ob es mir gelingt, keine Angst vor anderen zu haben und Nein zu deren Dunkelheit zu sagen, die sonst auf mich zukommen und mir Schmerzen zufügen würde.‹ Du bist also für eine Reihe von Leben in die menschliche Form zurückgekehrt.«

Dann sprach ich mit Aaron über meine Auffassung, dass einige Planeten bis zu fünf Geschlechter haben. »Ist das wahr?«, fragte ich ihn. »Und wenn ja, wie sehen romantische Beziehungen auf einem solchen Planeten aus?«

»Erstens sind sie nicht unbedingt monogam«, erklärte er. »Man braucht keine Monogamie, weil man weiß, dass man in allem und alles in einem ist. Auf einem Planeten mit fortgeschrittenem Bewusstsein gibt es kein Gefühl für ein separates Ego-Selbst, das besser oder schlechter sein kann, sondern einfach ein tiefes Verlangen jedes Wesens, wertzuschätzen und wertgeschätzt zu werden.

Ja, es gibt dort verschiedene Geschlechter. Ich kann es nicht anders erklären als damit, dass ihr heute ebenfalls verschiedene Geschlechter habt. Ihr habt das Männliche. Ihr habt das Weibliche. Ihr habt das Männliche, das zum Weiblichen tendiert. Ihr habt das Weibliche, das zum Männlichen tendiert. Ihr habt das Weibliche und das Männliche im perfekten Gleichgewicht. Ihr habt das männliche Bewusstsein in einem weiblichen Körper und das weibliche Bewusstsein in einem männlichen Körper. Ihr habt viele Geschlechter, aber weil der menschliche Emotionalkörper (der feinstoffliche Energiekörper direkt über dem physischen Körper) so schwer ist, habt ihr meistens noch nicht gelernt, alle anderen Geschlechter vollständig anzunehmen und alles anzunehmen, was von all diesen Geschlechtern in euch ist – vielleicht nicht besonders stark oder dominant, aber alle Geschlechter sind von Zeit zu Zeit in euch.

Beziehungen auf einem solchen Planeten basieren also auf einer sehr engen Verbindung. Diejenigen, die zu zweit, manchmal zu dritt, zu fünft oder zu zwanzig zusammenkommen, und zwar nicht nur physisch, sexuell, sondern auch emotional, tanzen gemeinsam, umarmen sich und tauschen manchmal Gedanken aus, wobei keiner das Bedürfnis hat, Recht zu haben oder Kontrolle auszuüben – einfach ganz offen, damit alle Ideen fließen und Neues entstehen kann. Wie vermischt man sehr unterschiedliche Ideen? Man versucht nicht, anderen die eigenen Ideen aufzuzwingen. Ihr kommt zusammen, jeder nimmt alle Gedanken des anderen wahr und in sich auf, bis ihr gemeinsam in eurer Energie ruht. Basierend auf dem gesamten bisherigen Input entsteht eine neue Vision.

Wir sprechen hier von sehr fortschrittlichen Zivilisationen, von Wesen, die das getrennte Ego weit hinter sich gelassen haben. Da das Klima auf der Erde jedoch allmählich eine höhere Dichte bekommt, zieht die Erde nach.« Hier bezog sich Aaron auf die Tatsache, dass die Erde viele Jahrtausende lang ein Planet der dritten Dichte (dritte Dimension) war. Jetzt bewegt sie sich jetzt durch die vierte Dichte (vierte Dimension) und wird danach zu einem Planeten der fünften Dichte (fünfte Dimension). »Dieses Fortschreiten von Ideen, dieses Verschmelzen – das Bewahren eigener Kräfte und gleichzeitig das vollständige Verschmelzen mit allem anderen, um sich nach außen hin in etwas Brandneuem und Strahlendem zu entladen. Dorthin steuert die Erde, während wir in ein höheres Bewusstsein übergehen.

Rob«, fuhr Aaron fort, »in deinem Buch geht es um die vorgeburtliche Planung verschiedener Aspekte romantischer Beziehungen. Unter einer romantischen Beziehung stellen wir uns oft einen Menschen vor, der mit einem anderen intim wird. Ich denke da nicht speziell an eine sexuelle Beziehung, wohl aber an tiefe, emotionale und energetische Intimität. Dies ist zwar eine Form der Intimität, die der Mensch normalerweise sucht, aber vergiss nicht, dass es viele andere Möglichkeiten gibt, intim zu sein. Wenn du das Gefühl hast, die Intimität, die du in diesem Leben suchst, nicht herstellen zu können, bitte ich dich, einen Baum in deinem Garten oder in einem Park zu finden und dich eine Zeitlang darunter zu setzen. Umarme ihn. Sprich mit ihm. Bau eine Intimität mit diesem Baum auf. Leg dich ins Gras, spüre die Erde unter dir und lass Intimität mit der Erde zu. Finde das Erdelement in dir selbst und sei dir bewusst, dass du die Erde bist und wie schön das ist. Schau dann hinauf in den Himmel und sei dir beim Atmen bewusst, dass du das Luftelement bist. Lass dich, wenn möglich, in einem Pool treiben. Spüre das Wasser um dich herum. Spüre das Wasser in deinem Körper und sei dir deiner Intimität mit dem Wasserelement bewusst. Spüre das Feuer der Sonne und erlebe es in dir. Sei dir der Intimität damit bewusst. Spüre schließlich die Energie in der Welt um dich herum und in dir selbst. Lade in dieses Leben nach und nach tiefere Intimität mit dir selbst und den Elementen ein, aus denen du bestehst. Die Intimität mit den äußeren Elementen – das Loslassen von ›innen‹ und ›außen‹ und das Zulassen dieser Verschmelzung – wird dir viel Freude bereiten.

Es dauert vielleicht Monate, bis du wirklich in dieser Intimität mit deinem Körper und den äußeren Elementen ruhen kannst. Dann besteht der nächste Schritt darin, einen Freund zu finden, nicht unbedingt einen Liebhaber oder möglichen Liebhaber, nur einen Freund, der bereit ist, das Experiment mit dir weiterzuverfolgen. Bitte diese Person, auf die gleiche Weise Intimität für die Elemente zu entwickeln. Setzt euch danach zusammen und fangt an, das Erdelement nicht nur in euch selbst, sondern auch im anderen zu spüren. Spüre das Feuerelement in dir selbst *und* im anderen, und so weiter. Nimm wahr, auf welche Art und Weise du dich selbst davon abhältst, voll und ganz zu teilen.

Diese Übung kann zweierlei bewirken. Erstens kann sie dazu führen, dass du siehst, wie du dich von anderen getrennt hast, mit denen du eine Beziehung hättest aufbauen können. Zweitens kann sie dir ein tiefes Gefühl des Friedens bringen, und zwar aus der tiefen Intimität heraus, die du bereits hast, aber nicht sehen konntest, weil da dieses *Ich will das* war, das dich davon abgehalten hat, dich auf das zu konzentrieren, was bereits da ist und auf die tiefe Freude daran. Dies führt dich vielleicht in eine intimere menschliche Beziehung, vielleicht auch nicht, aber es wird dir große Freude bereiten, diese Intimität zu erleben.

Es ist darüber hinaus sehr einfach, mit einem Haustier intim zu sein. Lass deine Energie von dir zu dem Haustier fließen. Spüre deine Freude darüber. Du hast eine intime Beziehung. Es ist einfach keine zu einem Menschen. Ich weiß, dass du dir die zu einem Menschen wünschst, aber denk mal über die Freude an der Intimität nach, die bereits da ist, und spüre sie. Bau darauf

auf, denn sie öffnet eine Tür zu einer tieferen menschlichen Intimität.

Ich möchte noch hinzufügen«, sagte Aaron, »dass jeder von euch einen oder mehrere Geistführer hat, die euch sehr lieben und die da sind, um euch zu unterstützen. Bittet uns um Hilfe. Wir möchten euer Wachstum auf dieser Ebene fördern, um die Manifestation eures Seelenplans für dieses Leben zu unterstützen. Denkt daran, dass ihr mit zahlreichen Plänen kommt, von denen einige höhere Priorität haben als andere. Vertraut eurer Erfahrung und erlaubt euch, die Pläne anzugehen, die höchste Priorität haben. Es ist ganz natürlich, dass eine liebevolle Beziehung dazugehört. Frage dich, was einer liebevollen Beziehung im Weg steht. Wenn jetzt jemand auftauchen würde, der der perfekte, liebevolle Partner für dich zu sein scheint, gibt es dann etwas, das sich eurer Beziehung in den Weg stellen könnte? Bei vielen von euch könnte die Blockade einfach das sein, was ich den ›Was, wenn jemand das herausfindet?‹-Punkt nenne: den wunden Punkt tief im eigenen Inneren, den du dir selbst nicht eingestehen wolltest oder konntest, den Punkt, an dem sich manchmal Hass, Angst oder Gier zusammenbraut. ›Was, wenn diese Person sieht, dass ich das reinste Chaos bin? Kann ich bis in alle Ewigkeit vorgeben, der schöne Mensch zu sein, als den mich alle sehen, den ich selbst aber für einen Betrüger halte? Vielleicht halte ich diese Person besser auf Abstand und lass sie nicht zu nah kommen.‹ Wir alle haben Licht- und Schattenseiten. Wenn die andere Person den Schatten in dir sieht, kann sie dir helfen, ihn zu heilen, genauso wie du ihr helfen kannst, ihren Schatten zu heilen. Hab keine Angst vor dem Schatten in dir selbst und lass nicht zu, dass er deine Beziehung behindert. Halt einfach an der Absicht fest, keinen Schaden anzurichten. Vertraue darauf, dass das Licht in dir stärker ist als der Schatten. Vertraue auf deine Fähigkeit, in diesem Licht zu leben, und hilf deinem Partner, in seinem Licht zu leben. Du kannst es schaffen. Meinen Segen und meine Liebe hast du.«

Nachdem Cathy und ich Barbara, Aaron und der göttlichen Mutter unseren tiefen Dank ausgesprochen hatten, bat ich Cathy, am Telefon zu bleiben.

»Wie geht es dir?«, fragte ich.

»Mein Gott!«, rief sie. »Ich habe so viel Heilung erfahren! Und dass Curt zuvor mein gewalttätiger Vater war! Das wurde mir so klar, als er das sagte. Curt hatte an meine Tür geklopft, damit ich ihm vergebe und ihn freigebe.

Ich spüre wirklich viel Frieden in meinem Herzen. Ich habe das Gefühl, dass etwas, an dem ich schon lange festhalte, freigegeben wurde. Ich fühle mich so leicht, Rob. Ich fühle mich ganz, ganz anders. Ich spüre, wie ein Fluss in mir an Orte fließt, wo er vorher nicht war.

Er hat mir viel gegeben. Weißt du, Rob, ich hatte das schon immer im Hals. Ich habe gehustet und mich geräuspert – immer und ewig – und wusste nicht, warum. Aber jetzt fühle ich mich klar.«

Cathys Seelenrückführung in ein Zwischenleben

Aaron und die göttliche Mutter hatten uns viele Einblicke in die Absichten von Cathys Seele für ihr jetziges Leben gegeben. Um herauszufinden, was wir vielleicht sonst noch in Erfahrung bringen konnten, habe ich mit ihr eine Seelenrückführung in ein Zwischenleben durchgeführt. Ich begann die Sitzung mit meinem üblichen Gebet:

»Liebe Mutter, lieber Vater Gott, Cathys Geistführer, Schutzengel, ihr höheres Selbst und was es an Liebe und Licht im Universum gibt. Vielen Dank, dass ihr heute hier bei Cathys Seelenrückführung in ein Zwischenleben dabei seid. Wir bitten euch, unsere

Sitzung zu segnen, zu leiten und zu vereinfachen. Bitte helft uns, die Informationen, die Heilung, die Erkenntnisse, die Bewusstseinserweiterungen und die anderen Ergebnisse zu erhalten, die für Cathy und die Leserinnen und Leser ihrer Geschichte hilfreich sind. Danke, dass ihr unsere Sitzung segnet und leitet. Amen.«

Nachdem ich Cathy durch die körperlichen und geistigen Entspannungsphasen der hypnotischen Einleitung geführt hatte, führte ich sie in ein früheres Leben.

»Ich bin draußen«, verkündete sie, als sie das frühere Leben zu sehen begann. »In einer ländlichen Gegend. Es ist Tag. Wesen sind in der Nähe. Meine Unterschenkel sind nackt. Ich trage einen weißen Stoff, so etwas wie ein altmodisches Kleid. Es hat keine Ärmel, keinen Schnitt. Es ist nur eine Hülle, eine Art strahlende Robe. Ich bin weiblich. Ich fühle mich wie ein Geistwesen, wie vor der Zeit, zu Beginn der Schöpfung. Dies scheint eine Abbildung meiner Essenz zu sein, ein archetypischer Ausdruck meiner selbst. Auf meinem Kopf sind viele Haare. Sie sind braun, aber auch golden. Ich habe etwas Ätherisches an mir.

Ich sitze auf einem Baum und das Sonnenlicht fällt durch die Blätter. Es ist, als sei eine Kraft überall. Es ist ein sehr lebendiges Gefühl. Ich sehe helles, strahlendes Grün und das Grau von Baumstämmen, und der Weg unter mir zeigt erdige Grün- und Brauntöne, und ich sehe Moos und Felsen im Wald.

Durch den reinen Magnetismus meines Herzens schwebe ich vom Baum. Ich bin mir auftauchender Lichter bewusst, Strahlen, die aus meinem Herzen kommen und mich ganz umgeben. Andere Wesen sind da, die eher leuchten, als dass sie Form oder Gestalt haben. Ich bin auf der Erde, in einer Zeit, die so lange zurückliegt, dass es das Leben, wie wir es kennen, noch gar nicht gibt.

Wir sind auf einer Lichtung im Wald und das Licht von uns allen ist einfach schön. Es ist wunderschön! Es ist helles, strahlendes, klares Licht, aber auch schillernd. Ich habe das Gefühl, dass es nichts zu tun gibt, außer als reine Liebe zu existieren. Es ist einfach so leicht.«

»Cathy, ich möchte, dass du darauf vertraust, dass deine Seelen- und Geistführer dir diese Szene aus einem bestimmten Grund oder mehreren Gründen zeigen«, wies ich sie an. »Was an der Szene, die dir gezeigt wird, musst du wissen oder verstehen? Vertraue darauf, dass du die Antwort kennst.«

»Das Licht, das ich in meinem jetzigen Leben bin, begann vor langer Zeit – vor vielen, vielen Evolutionen – und war immer in mir. Meine Ausstrahlung war eine, die Licht bewahrt und teilt, die andere mit dem Licht inspiriert und ermächtigt. Das ist seither so. Außerdem durchdringt eine große, friedliche, ausgelassene Freude die Szene. Sie ist fast ekstatisch, aber geerdet, wenn das Sinn macht.«

Cathy erzählte mir dann, sie habe das Gefühl, diese Szene sei abgeschlossen. Ich forderte sie auf, sich dem nächsten bedeutenden Ereignis oder der nächsten Szene in demselben früheren Leben zuzuwenden. Die Anweisung lautet zwar, immer im selben früheren Leben zu bleiben, aber etwa 15 Prozent der Menschen gehen in ein anderes Leben, und genau das tat Cathy auch. Der große Geist zeigt der Person immer das, was zu ihrem Besten und zum höchsten Wohl aller ist.

»Jetzt sitze ich auf einem geflügelten Geisterpferd«, informierte mich Cathy. »Wir reiten auf einem Regenbogen wie auf einem Weg und schauen auf die Erde. Es ist so schön: Meere voller Leben, schneebedeckte Berge. Wir sind in Asien. Dieser Ritt bietet einen Überblick; wir landen nicht. Ich erkenne, dass ich die Wahl hatte, wo und wann ich auf die Erde komme.

Ich lande jetzt in einem kalten Land … Nordamerika … Kanada. Ich bin eine indigene Frau und trage ein Kleid aus Hirschfell und Mokassin-Stiefel, Umhänge und Schals. Da ist ein Dorf. Wir leben in Harmonie mit der Erde. Überall sind Kinder und ältere Menschen.«

»Kannst du sagen, ob du einen Partner hast?«, fragte ich.

»Ja. Es ist mein Star Heart. Er ist mächtig, angesehen, stark, schön. Er fliegt in seinem physischen Körper über die Erde, was bedeutet, dass er schnell ist und auf andere aufpasst. Er ist ein Mensch, der wenig Worte macht.«

»Wie ist eure Beziehung?«

»Es gibt eine Synergie. Ich bin die Heilerin und setze die Kräuter und die Medizin der Erde ein, die wir damals kannten. Er ist mein männliches Gegenstück, nicht in dem Sinne, dass er auch Heiler ist, sondern vielmehr als einer, der über Wissen verfügt. Wir tauschen keine Worte aus. So ist es nicht. Es ist so, wie die Füchse zusammen rennen. Es gibt ein Wissen.«

»Lass zu, dass sich die Szene ganz natürlich entfaltet«, forderte ich sie auf. »Was wird dir als Nächstes gezeigt?«

»Wir haben Kinder. Wir haben ein Baby, das in meinen Armen liegt. Wir haben noch andere Kinder. Manchmal gehen sie mit ihm und lernen von ihm. Manchmal begleiten sie mich. Wir sind beide sehr fürsorglich. Wir sind Menschen der Erde, aber auch Menschen des Lichts, beidem ganz nah, ohne die Überlagerung durch Kultur und Raffinesse, die das moderne Leben trübt. Wir sind einfach im Fluss und im Rhythmus wie ein goldener Wasserfall, der in einen kristallklaren See fließt – die Einfachheit des Lebens. Wir unterrichten alle Kinder, genau wie alle anderen es tun.

Ich habe das Licht, das wir in diesem früheren Leben gesehen haben, in dieses Leben gebracht. Ich trage es sowohl an der Oberfläche als auch tief in mir. Es ist eine Reinheit der Existenz, keine Wildheit. Es fühlt sich ziemlich spirituell und gleichzeitig robust und harmonisch an. Da ist eine tiefe Herzverbindung.«

»Cathy, was musst du über die Szene, die dir gezeigt wird, wissen oder verstehen?«

»Dieser Reichtum steckt in mir. Er erklärt meinen Idealismus in meinem jetzigen Leben, denn ich weiß, was reines, einfaches Leben ist. Ich habe es erlebt.«

Ich führte Cathy zur nächsten wichtigen Szene, die der große Geist ihr zeigen wollte.

»Ich bin im Mittelalter«, sagte sie, als sie Einblick in ein drittes früheres Leben bekam. »Es ist klamm und nass, kalt und trostlos. Mir gefällt es hier gar nicht. Ich sehe Gebäude aus Stein. Ich sehe Bauern auf dem Land in schmutziger Kleidung, die sich abmühen. Ich sehe betrunkene, zahnlose, schmutzige Leute. Die Leute reißen sich gegenseitig an den Haaren – es ist so schlimm! – und werfen einander um. Die Mentalität hat etwas Brutales. Die Menschen gehen wie Tiere miteinander um. Jeder ist sich selbst der Nächste. Es fühlt sich hoffnungslos an.«

»Erlaube der Szene, sich zu entfalten. Was passiert?«

Cathy hielt einen Moment inne, um aufzunehmen, was der große Geist ihr zeigte. »Ich werde als Hexe gesteinigt, weil die Art und Weise, wie ich mein Licht und meine Heilung in die Welt bringe, den Leuten hier nicht passt. Es ist ein krasser Gegensatz zu dem anderen Leben, das wir gerade gesehen haben, und zu dem ersten. Und dann zu versuchen, in dieser Zeit als Lichtwesen, als Heilerin zu leben, das hat einfach nicht funktioniert. Frauen wurden so schlecht behandelt. Ich habe versucht, mich hier einzubringen, das Licht für sie zu bewahren und ein ermutigender Faktor zu sein.«

»Bist du jetzt in der Steinigungsszene?«, fragte ich.

»Nein, da will ich nicht hin. Ich weiß, dass es passiert ist, aber ich meide es.«

»Ich möchte, dass du dorthin gehst, aber geh nicht in den Körper. Schwebe einfach über der Szene.« Dies sollte Cathy ermöglichen, etwas Wichtiges zu erfahren, ohne das Trauma tatsächlich noch einmal zu durchleben. »Lass die Steinigung stattfinden. Ich zähle jetzt bis drei, und wenn ich bei drei angekommen bin, geht dieses Leben zu Ende. Eins … zwei … und drei! Wir bitten darum, dass alle Gelübde und Versprechen, die mit dem soeben untersuchten früheren Leben in Verbindung stehen und dir nicht länger dienen, losgelassen und annulliert werden.

Du bist gerade gestorben und entfernst dich von deinem physischen Körper. Du hast diese Erfahrung schon viele Male gemacht und spürst keine körperlichen Schmerzen und hast keine Beschwerden. Während du dich vom Körper entfernst, kannst du weiterhin mit mir sprechen und meine Fragen beantworten, denn du bist jetzt in Kontakt mit deinem inneren, wahren Selbst – deiner Seele. Spüre, wie sich dein denkender Geist bis auf die höchsten Ebenen deines Seins ausdehnt. Wenn du vom Körper weg nach oben schwebst und auf ihn herunterschaust, verspürst du vielleicht in diesem Moment eine kurze Traurigkeit oder Reue. Aber deine Seele hat diese Erfahrung schon einmal gemacht und du wirst bald nach Hause zurückkehren können. Wo bist du jetzt in Bezug auf den Körper?«

»Sobald du gesagt hast, dass das Leben zu Ende ist, bin ich aus ihm herausgeflogen«, antwortete Cathy. »Einige deiner Worte haben mein Herz geöffnet, frei gemacht von dem Leid und der Enge dieser Zeit. Also, ich bin oben. Ich bin wieder im Geiste. Meine Umgebung ist einfach wunderschön! Weiches, goldenweißes Licht. Das Gefühl in meinem Herzen ist nur Frieden, reich und erfüllt. Es ist Liebe.«

»Cathy, siehst oder spürst du noch andere Wesen um dich herum?«

»Dieser Teil ist der am wenigsten visuelle von allen. Es ist eher eine Essenz oder ein Gefühl, wie wenn man einen Raum betritt und die Energie anderer Menschen spürt. Es ist wie dieses Gefühl, aber ohne das ganze Körperliche. Es ist einfach so, dass man sich einander bewusst ist. Wow, es ist wie ein Universum, nur bin ich der Mittelpunkt, einfach weil das meine Perspektive ist. In welche Richtung ich auch schaue, überall sind Wesen, wie in einer riesigen Kugel.«

»Cathy, du bist jetzt in einem Bereich, in dem alle Kommunikation telepathisch stattfindet. Ich möchte, dass du diesen Wesen eine telepathische Nachricht sendest, ihnen dafür dankst, dass du heute hier bist, und wen auch immer, der zu deinem höchsten Wohl mit dir sprechen möchte, bittest, nach vorn zu treten.«

»Ein großartiges Lichtwesen der Weisheit und Wahrheit tritt nach vorn«, sagte sie. »Es ist ein ›er‹, wenn es so etwas gibt. Er spiegelt mir alles, was gut an mir ist.«

Lichtwesen: Siehst du es? Siehst du, was du die ganze Zeit in deinem Herzen gewusst hast, mein Kind? In all deinen Leben hattest du ein Bewusstsein für das Licht, das du bist. Du hast es mit voller Absicht durch jedes Leben getragen. Du hast ein Leben voller Leid gesehen, um etwas zu erfahren, das du in diesem aktuellen Leben auch erlebt hast, aber in geringerem Maße: dass deine Seele, deine Essenz, dein wahres Ich ist und sich ganz leicht über alles irdische Leiden erheben kann. Jetzt, wo wir hier sind und du es so siehst: Vergiss es nie. Angesichts jeder Schwierigkeit, die kommt, vergiss es nie! In diesem Leben hast du es gut gemacht. Du hast dich sehr hart, fleißig und bewusst durch die Schichten früherer Leben gearbeitet, die noch nicht ganz abgeschlossen waren. Deshalb hast du jetzt so viel Frieden in deinem Herzen.

Cathy: Warum wurde mir das erste Leben, ganz früh in der Erdgeschichte gezeigt? Was hat dieses Leben damit zu tun, dass ich in meinem jetzigen Leben Single bin?

Lichtwesen: Wir haben dort angefangen, um dich an deine Essenz zu erinnern: deine Weisheit und dein Licht und die Vollkommenheit, die du gefühlt und erlebt hast. Die Erinnerung daran ist nie verschwunden. In diesem aktuellen Leben geht es bei deinem Single-Sein darum, in dieser Vollkommenheit zu ruhen, anstatt sie mit dem Chaos zu vermischen, das eine Beziehung mit sich bringen kann.

Die Reinheit und die Klarheit, die du in diesem Leben hattest, kamen auch in deinem indigenen Leben durch. Das ist deine tiefste Erinnerung. Sie ist in deinen Zellen. Sie ist ein Teil von dir. In deinem aktuellen Leben keinen Partner zu finden, bedeutet nicht, dass du diese Reinheit nicht haben wirst. Du hast dieses Leben einfach so gelebt.

Cathy: Warum wurde mir mein drittes Leben im Mittelalter gezeigt?

Lichtwesen: Um dir zu zeigen, dass die Seele das ist, was Bestand hat, und dass Schwierigkeiten nichts sind im Vergleich zur Schönheit, zur Herrlichkeit der Seele. Dir wurde dieses Leben gezeigt, um dir zu helfen, zu vergeben, und dich daran zu erinnern, zu vergeben. Es wurde dir gezeigt, um dir den Unterschied deutlich zu machen und dich daran zu erinnern, dass jede Entscheidung, jeder Gedanke, jede Aktion dir ein Leben im Licht oder das dunkle Zeitalter bringen kann, und das in jedem Moment.

Du hast dir eine besondere Zeit oder Zeremonie gewünscht, um Curt vergeben und ihn loslassen zu können. Jetzt ist die Zeit, dies zu tun, denn er ist hier, andere Wesen sind anwesend und ich bin auch da.

Curt war hier! Obwohl ich von dieser Ankündigung überrascht und auch ein wenig erschüttert war, erkannte und begrüßte ich diese Heilungschance für ihn.

»Cathy«, forderte ich sie auf, »bitte mach das mit Curt. Und beschreib ausführlich, was passiert.«

»Curt kommt nach vorn. Er zeigt sich verkrüppelt, sieht aus und ist gekleidet wie eine Person des Mittelalters, die seine Mentalität, seine Seele und den Ort repräsentiert, an dem er feststeckt. Wie hätten wir in unserem gemeinsamen Leben vorankommen können? Ich habe einen Weg gefunden, meine Flügel auszubreiten. Er hat so sehr versucht, mich wie einen Vogel im Käfig zu halten, meine Seele einzusperren und zu brechen. Er bittet mich um Vergebung, damit er spürt, dass er weitermachen kann.

Curt, ich vergebe dir. Ich vergebe dir. Mach weiter mit deinem Leben. Finde deine Flügel; sie sind da. Ich sehe das Großartige in dir! Ich habe immer das Großartige in dir gesehen, auch wenn das Leben auf der Erde nicht so großartig war. Es war da und es ist immer noch da. Ich gebe dir meinen Segen. Lebe auf eine gute Weise, um Licht und Liebe nach vorn zu bringen – das Licht und die Liebe, die du schon immer in dir hattest. Sei frei von dem, was du als Einschränkungen empfindest, und von der Scham und Schuld, die du mit dir herumgetragen hast. Lass sie los. Leg sie ab wie diese mittelalterliche Kleidung, die du gerade trägst.

Ich sehe, wie das graue, mantelartige Gewand von ihm abfällt. Ich sehe Curt so, wie er als junger Mann war, als ich ihn kennenlernte: groß und aufrecht, mit wallendem, glänzendem Haar, in einem heilen Körper. Er legt die Hände auf sein Herz und senkt den Kopf ein wenig demütig vor sich selbst, in Anerkennung und in Erinnerung. Tränen laufen über sein Gesicht. Er sagt: ›Ich sitze schon so lange an diesem Ort der Gebrochenheit und der Überzeugung, dass ich selbst gebrochen bin, fest. Ich brauchte nur die Vergebung und die Berührung eines schönen Mädchens (er lacht), die mich befreien.‹

Ich frage ihn, ob er in all diesen Träumen, in denen er zu mir kam, die Absicht hatte, um Vergebung zu bitten. Er ist reumütig. Er sagt: ›Es tut mir leid, dass ich eine solche Last für dich war, als wir zusammen auf der Erde waren und in den Träumen.‹

Ich sage: ›Es ist vergeben! Es ist vergeben! Es ist vergeben und ich liebe dich! Ich liebe dich und danke dir, dass du Teil meiner Reise und meines Wachstums bist. Als junger Mensch, als wir das erste Mal zusammen waren, hast du mir ein Stück meiner Freiheit gegeben – und eine Initiation ins Erwachsenenleben.‹«

Ich war tief bewegt von der Kraft, der Schönheit und der Anmut in Cathys Worten. Obwohl Curts Verhalten sie schwer verletzt hatte, war sie an einem Ort der aufrichtigen Vergebung und Dankbarkeit für die Weisheit angekommen, die aus dieser Erfahrung hervorgegangen war. Als sie ihr Gespräch mit Curt beendet hatte, erinnerte ich mich daran, dass Vergebung und Dankbarkeit die stärksten Möglichkeiten sind, energetisch zu segnen, zu befreien und so mit einer Erfahrung abzuschließen. Sowohl sie als auch Curt waren nun wirklich frei, um weiterzugehen.

Ich bat Cathy, das Lichtwesen zu fragen, was wir sonst noch über die drei Leben, die ihr gezeigt wurden, wissen mussten.

Lichtwesen: Was zwischen dir und Curt passiert ist, hat viele, viele Jahre deines Erwachsenenlebens beeinflusst und dich davon abgehalten, eine Beziehung einzugehen. Mehrere Faktoren waren dafür verantwortlich, dass du ein Leben als Single führst. Einer davon war der Schaden, der deiner Seele, deinem Glauben und deinem Optimismus durch diese Beziehung zugefügt wurde.

Ein anderer war das Gefühl, nie wieder eine ähnlich ideale Beziehung finden zu können wie in deinem indigenen Leben und in deinem ersten Leben überhaupt. Du hast danach gesucht, sie aber im physischen Bereich nicht gefunden.

Frag dich in Bezug auf das dritte Leben im Mittelalter: »Welche Aufgabe hatte ich dort?« Die Antwort wird sich zeigen.

Cathy: Ich beschloss, in diese Zeit zu kommen, weil ich die edle Hoffnung hatte, Mädchen und Frauen helfen zu können, aber meine Hilfe wurde nicht angenommen.

Lichtwesen: Triff angemessene Entscheidungen. Du darfst nicht denken, dass du die Welt verändern kannst, wenn das nicht deine Berufung ist oder in deiner Macht steht.

Was siehst du dort im Hinblick auf das Single-Sein in deinem jetzigen Leben?

Cathy: In manchen meiner Beziehungen in diesem Leben war ich mit einer Person zusammen, von der ich das Gefühl hatte, sie könne etwas von mir lernen oder ich könne ihr helfen oder sie retten.
Lichtwesen: Siehst du jetzt, dass es klug war, das Projekt aufzugeben, weil es nicht deine Lebensaufgabe ist, einen Mann zu reparieren oder ihn durch eine Beziehung zu retten? Du weißt, was eine Beziehung auf höchstem Niveau sein kann, also hast du jede andere Beziehung gelassen. Das war klug von dir.
Cathy: Als ich in dem dritten Leben die Sinnlosigkeit dessen erkannte, was ich glaubte, tun zu können, war es dann meine Entscheidung, zu gehen, zu sterben?
Lichtwesen: Ja. Es gab noch ein anderes Leben im Mittelalter, in das du als Mädchen gekommen bist, aber deine Familie erkannte, wer du (als Seele) wirklich warst, und verkleidete dich als Jungen, was dir erlaubte, in der Gemeinschaft ein Anführer zu sein, so etwas wie ein Priester, eine heilige Person, denn ein Mädchen in dieser Rolle wäre nicht anerkannt worden. Auch damals wurdest du entdeckt und getötet. Du hast die Lektion also beim ersten Mal nicht gelernt und es noch einmal versucht.

Du bist sehr mutig. Du hast keine Angst und bist immer noch so. Du gehst Risiken ein, weil du um die Vergänglichkeit des Körpers und die Tiefe der Seele weißt.

Als ich spürte, dass unsere Diskussion über die drei früheren Leben abgeschlossen war, bat ich Cathy, dem Lichtwesen zu sagen, dass wir dem Ältestenrat Fragen zu ihrem aktuellen Leben stellen wollten. Ich forderte sie auf, ihm in die Ratsversammlung zu folgen.

»Es ist, als gingen wir durch Wolken«, sagte sie kurz darauf, »ein ätherischer Ort. Die Ratsversammlung war die ganze Zeit hier. Ich sehe Lichtwesen beiderlei Geschlechts. Eine Ausstrahlung von Alter und Weisheit, Licht, Wahrheit, Gerechtigkeit, Schönheit und erleuchtetem Bewusstsein ist diesen Wesen eigen. Weil ich frage, wie sie aussehen, zeigen sie mir eine Form aus einer Art Licht. Das Gefühl zu wissen, dass sie hier sind, ist stärker als die visuelle Form, aber sie kommen mir entgegen, indem sie mir ein wenig Form zeigen.«

Ich forderte Cathy auf, dem Rat eine Reihe spezifischer Fragen zu stellen.

Cathy: Wie sieht der Plan für mein aktuelles Leben in Bezug auf das Single-Sein aus? Warum habe ich diesen Plan gefasst?
Rat: Es wäre sehr schwierig für dich gewesen, in einer Beziehung zu sein, die mit allem Schritt halten konnte, was du in diesem Leben durchgemacht und getan hast. Die Nichtpraktizierbarkeit der Partnerschaft ist real wegen der Einschränkungen des Menschseins.

Außerdem war deine Seelenreise extrem intensiv und persönlich und ihr war am besten damit gedient, dass du deinen Weg allein gehst, ohne die Ablenkungen oder die Zweifel, die dir möglicherweise von einer anderen Person in den Weg gelegt werden. Du wolltest diese Klarheit. Du wolltest diesen Fokus. Du wolltest dich nicht ablenken lassen, angezweifelt werden oder durch ein Urteil oder die energischen Emotionen einer anderen Person unbedeutend gemacht. Du wolltest den klaren Weg, um tiefgehende, umfassende Heilungsarbeit zu leisten, die viele Leben betrifft. Du wolltest eine tiefe spirituelle Verbindung und entsprechende Entdeckungen machen.
Cathy: Viele Leute würden sagen, dass ihnen ihre romantischen Beziehungen einen Impuls in Richtung Wachstum geben. Was ist der Unterschied zwischen mir und den vielen Menschen, die ähnliche Absichten zumindest teilweise in einer Beziehung verwirklichen?
Rat: In anderen Leben – dir wurde heute eines gezeigt – hast du dein Wachstum und deine Heilung durch Beziehung erreicht. Im Unterschied dazu hast du in diesem Leben darum gebeten, dich

ohne Ablenkung konzentrieren und nach innen gehen zu können. Wir weisen auf die vielen Jahre hin, die du als Kontemplierende in diesem modernen Leben verbracht hast. Du bist jeden Morgen aufgestanden und hast stundenlang kontemplierend und entdeckend unter dem Apfelbaum gesessen. Dazu die Zeit, die du im Garten damit verbracht hast, in der Erde zu graben, ihre Lektionen zu lernen und ihr zuzuhören; die Zeit, die du am Feuer und bei Mondschein im Wald im Kreise von Frauen verbracht hast, die in einer Gemeinschaft leben; die vielen Stunden in einer Schwitzhütte, beim Gebet; deine Reisen nach Indien auf der Suche nach dem Göttlichen in dir.

Cathy: Warum habe ich geplant, in einigen Leben mein Wachstum und meine Heilung in Beziehungen zu erreichen und in anderen nicht?

Rat: Das hat einfach mit dem Punkt zu tun, an dem du dich auf deiner evolutionären Reise befindest.

Dein Ego-Selbst, dein menschliches Selbst, dein menschliches Herz hat sich manchmal, besonders früher, einsam gefühlt und einen Partner gesucht. Aber als du reifer wurdest, hast du dich nicht mehr einsam gefühlt. Außerdem hast du den größeren Plan im Laufe der Zeit immer besser gesehen.

Heilende Leben, wie dein erstes (es wurde dir gezeigt), in denen dein Bewusstsein so hoch war, sollten dir erlauben, auf die menschliche Ebene zu kommen. Aber auf dem Weg dorthin nimmt das Menschliche Anhaftungen und Überzeugungen auf, die das Wesen von dieser rein spirituellen Essenz wegziehen. Daher kommen weitere Leben, in denen geheilt und erleuchtet wird, was geschehen ist. Die sich ändernden Bedürfnisse des menschlichen Anteils und des Seelenanteils diktieren, ob der Mensch in einer Partnerschaft lebt oder nicht.

Cathy: Wenn auf Seelenebene eine bestimmte Absicht besteht, der am besten durch Alleinsein gedient ist, und auf der

Persönlichkeitsebene die Absicht, einen Partner zu finden, wiegen die Absichten der Seele dann immer schwerer als die Wünsche der Persönlichkeit?

Rat: Nein. Die Vereinbarung wird mit der Seele getroffen: ›Das kannst du jetzt haben; das machen wir später. Du kannst die menschliche Befriedigung jetzt haben.‹

Cathy: Was soll jemand denken, der dieses Kapitel liest und vielleicht viele Jahre gegen seine bewusste Sehnsucht allein war?

Rat: Das hängt von der Person ab und davon, wo sie sich auf ihrer Evolutionsreise befindet. Es könnte sein, dass sie stärker von ihrer Seele geleitet wird. Es könnte sein, dass sich ihre Menschlichkeit unwürdig anfühlt und sie davon abhält. Es kann bei jeder Person eine ganze Reihe von Dingen sein. Und so tut jeder Mensch gut daran, sich zu fragen, wo der Fluss des Lebens, die Offenheit des eigenen Herzens, die Verbindung zu seinem Menschsein und der eigene Seelenauftrag verschmelzen. Schau genau auf die Absicht der Seele und des Menschseins und sieh, wo die Verschmelzung stattfindet und wo nicht oder wo sie gefördert werden könnte.

Cathy: Aus welchen anderen Gründen planen Seelen, bevor sie in den Körper kommen, viele Jahre oder ein ganzes Leben lang Single zu sein?

Rat: Pflege des Glaubens. Ein Bestreben, das Göttliche im eigenen Inneren zu erkennen und sich damit zu verbinden. Es gibt Möglichkeiten, sein wahres Selbst zu erkennen, die sehr viel besser umgesetzt werden können, wenn eine Person auf sich allein gestellt ist.

Cathy: Viele Menschen machen spirituelle Übungen, um sich an ihre innere Göttlichkeit zu erinnern, sind aber immer noch einsam und möchten gern einen Partner haben. Was würde der Rat diesen Menschen sagen?

Rat: Frage, ob es einem höheren Zweck dient, Single zu sein. Frage, ob du wirklich glaubst, dass du einer Beziehung würdig bist und es verdient hast, geliebt zu werden. Liebst du dich selbst tief und vollständig? Bist du bereit, Liebe sowohl zu empfangen als auch zu geben?

Cathy: Woher soll jemand, der Single ist, wissen, ob dies Teil des Plans ist, weil es seinem höchsten Wohl dient, oder ob er Single ist, weil er irgendwie vom Weg abgekommen ist?

Rat: Das Gefühl der Reinheit und Klarheit wird leichter wahrgenommen, wenn es Teil des Plans ist. Wenn eine Person vom Weg abkommt, ist sie viel verwirrter und weiß nicht, wie sie sich zurechtfinden soll. Dann ergeben die Dinge keinen Sinn.

Cathy: Ich hatte das Gefühl, gut zu Jim zu passen, dass er ein guter Partner hätte sein können und dass ich, wenn ich ihn geheiratet hätte, ein ganz anderes Leben geführt hätte. War das eine Option in meinem Vorgeburtsplan?

Rat: Ja. Dieser Weg hätte auf der menschlichen Ebene vielleicht erfüllender sein können, mit Liebe, Geborgenheit und mehr finanzieller Sicherheit in der Welt. Du hättest das alles wählen und trotzdem Wachstumsarbeit leisten können. Das hätte anders ausgesehen. Es hätte vielleicht nicht die gleiche spirituelle Tiefe gehabt, es sei denn, Jim hätte sich entschieden, dich in deinen spirituellen Bemühungen zu unterstützen, was eine Möglichkeit war. Das wäre eine Entscheidung gewesen, die er hätte treffen müssen.

Cathy: Wenn ich vor der Geburt das Gefühl hatte, dass ich am besten außerhalb einer Beziehung heilen und lernen kann, warum habe ich diese Option mit Jim dann überhaupt geplant?

Rat: (lachend) Diese Frage haben wir von Rob erwartet.

Du möchtest das Leben von vielen Seiten betrachten und Entscheidungen von einer informierten Position aus treffen. Du schätzt Konzepte und triffst Entscheidungen oft nicht, bevor du weißt, wie sie sich anfühlen. Es kam dir gelegen, an einer Weggabelung eine Wahl zu treffen. Wärst du zu der Zeit, zu der du eine Beziehung mit Jim hattest, reifer und menschlich weiter entwickelt gewesen, hättest du diesen Weg sehr wohl wählen, ein sehr gutes, erfülltes Leben führen und dann die spirituelle Reise in ein anderes Leben antreten können. Als Jim in dein Leben trat, warst du unerfahren und hattest ein sehr oberflächliches Verständnis von Beziehungen. Du hattest nicht genug, was du hättest voranbringen können.

Cathy: Ich möchte jetzt nach Star Heart fragen. Ist er ein Seelenpartner?

Rat: Ja. Du erkennst ganz klar, dass eure Seelen seit Äonen zusammen gereist sind. Ihr habt einander geholfen und euch gegenseitig unterstützt. In diesem aktuellen Leben hat er dich bewacht und beschützt, aber genug Abstand gehalten, dass du allein gehen kannst.

Cathy: Was ist ein Seelenpartner?

Rat: In der menschlichen Welt herrscht Verwirrung über den Begriff. Manche halten das Zusammensein mit einem Seelenpartner für den romantischen Idealzustand. Dies ist eine Möglichkeit, Seelenpartner zu betrachten. Andere erkennen, dass sie Seite an Seite durch das Leben gehen, aufeinander aufpassen, sich gegenseitig helfen zu wachsen oder eine Rolle füreinander spielen.

Ein Seelenpartner inkarniert vielleicht niemals im selben Leben. Es ist, als seien sie Klassenkameraden, die gemeinsam die Evolution durchmachen. Seelenpartner können bestimmte Lebensformen auf verschiedene Weise wählen, einschließlich der gerade beschriebenen.

Cathy: Hat jeder einen Seelenpartner?

Rat: Jeder hat einen Seelenpartner, und es ist vielleicht nicht nur einer.

Cathy: Was könnt ihr sonst noch sagen, um jemandem, der Schwierigkeiten hat, Single zu sein, zu einem höheren Sinn in der Erfahrung zu verhelfen?

Rat: Es ist immer klug und hilfreich, sich selbst sanft, mit Liebe und Mitgefühl zu behandeln und liebevoll im eigenen Innern Ausschau zu halten nach dem Selbstwert, der eigenen Kraft und dem göttlichen Funken. Dann kannst du zuschauen, wie die Angst dahinschmilzt, während du deinen eigenen Reichtum entwickelst. Untersuche auch den Grund, aus dem du dich so sehr nach einer Liebesbeziehung sehnst. Geht es darum, die Einsamkeit zu unterdrücken? Eine Leere zu füllen? Tiefe Wachstumsarbeit zu leisten? Suchst du einen praktisch veranlagten Partner oder einen intellektuellen Begleiter?

Bring dann beides zusammen und schau, was dir dazu einfällt. Schau, was du über dich selbst erkennst, das dich trösten oder dir einen Weg zeigen kann, der dich deinen Träumen näherbringt.

Im Anschluss an diese Fragen und Antworten bat ich Cathy, sich bei dem Rat, dem Lichtwesen, das sie in die Ratsversammlung gebracht hatte, bei Star Heart, Curt und allen, die in irgendeiner Weise an der Sitzung teilgenommen hatten, für all die Weisheit und Liebe zu bedanken, die sie mit uns geteilt hatten. Ich wies sie an, die Erfahrung immer in Erinnerung zu behalten. Dann zählte ich langsam von eins bis zehn und bat Cathy, bei zehn wieder wach zu werden. Anschließend saßen wir eine Weile schweigend da, während Cathy sich orientierte.

»Wie war es, Erfahrungen mit drei Leben zu machen?«, fragte ich, als ich spürte, dass sie für ein Gespräch bereit war.

»Das erste war freudvoll, schön und fühlte sich wie ein Zuhause an. Es hat mich eindeutig nie verlassen und für immer geprägt. Das zweite hatte wieder dieses Gefühl von Heimat. Es brachte auch die Herausforderung, ein Mensch zu sein, aber dort war es nicht schwer. Es war im Fluss, hatte einen Rhythmus. Es war wie: ›Schau, hier ist, was möglich ist.‹ Kein Wunder, dass ich mich in diesem aktuellen Leben immer nach dieser Qualität sehne! Das dritte hat mir gezeigt, welchen Unterschied es macht, wenn ich Entscheidungen treffe, die nicht meine höchste Wahrheit widerspiegeln.«

»Wie war es, mit dem Lichtwesen zu sprechen?«

»Es war, als würde ich mit dem Bruder reden, den ich nie hatte. Ich hatte das Gefühl, einen Kumpel zu haben, aber auch einen weisen Lehrer, einen Guru – eine respektierte, verehrte Person –, aber es war kein hierarchisches Verhältnis. Es war ein beruhigendes, kollegiales, hilfreiches Verhältnis wie unter Teammitgliedern. Manchmal, wenn ich in Indien mit weisen Meistern zusammensitzen konnte, waren einige von ihnen erhaben und distanziert, aber manche nahmen mir einfach jede Befangenheit. So war es. Es hatte eine gewisse Anmut.«

»Und wie war es, mit dem Rat zu sprechen?«

»Die Ratsmitglieder haben ihre Individualität herausgehalten, um den Fluss, die Essenz der Antworten von mehreren zu einer Antwort zusammenzuführen. Es brauchte ein wenig Geschicklichkeit. Es begann als Rinnsal und nahm dann allmählich Fahrt auf. Am Ende, als du dich bei allen bedankt hast, habe ich auch dir gedankt, Rob.«

* * *

Wie der amerikanische Politiker Rufus Miles sagte: Wo du stehst, hängt davon ab, wo du sitzt. Wenn Sie ein Mensch sind, der in der dritten Dimension »sitzt«, halten Sie es vielleicht für nicht erstrebenswert, die meiste Zeit eines Lebens in der Inkarnation als Single zu verbringen, und sind der Ansicht, dass eine solche Erfahrung wahrscheinlich Einsamkeit bedeutet und vielleicht sogar schmerzhaft ist. Wenn Sie jedoch eine Seele sind, die im nichtphysischen Bereich »sitzt«, könnten Sie der Ansicht sein, dass ein jahrzehntelanges Single-Dasein eine großartige und in der Tat einzigartige Gelegenheit für Expansion, Heilung und den Erwerb von Weisheit darstellt. Hier haben wir zwei diametral entgegengesetzte Sichtweisen und beide sind aus der Perspektive des jeweiligen Betrachters richtig. Die erste führt in dem Falle, dass die

Person wirklich Single ist, zu Widerstand und Leiden, die zweite zu Akzeptanz und Frieden. Ein zentraler Grundsatz dieses Buches ist, dass wir vom begrenzten Blickwinkel des Menschen zu der viel höheren Perspektive der Seele wechseln können. Dies macht die menschliche Reise viel einfacher und befähigt uns, die zugrunde liegenden Lektionen bewusster und auf weniger mühsame Weise zu lernen.

Eine Seele, die eine menschliche Erfahrung macht, unterliegt einer tiefgreifenden und oft nicht wahrnehmbaren Konditionierung. Wir gewöhnen uns an das, was gerade da ist, und bemerken es gar nicht mehr. Eine solche Konditionierung ist von früher Kindheit an vorhanden und hält ein Leben lang an. Eltern, Lehrer, Medienfiguren und viele andere preisen, in der Regel in bester Absicht, die Vorteile einer romantischen Partnerschaft. Populäre Medien romantisieren Liebesbeziehungen und lassen ihre Abwesenheit unnatürlich und trostlos erscheinen.

Vor der Geburt zu planen, »stromaufwärts« zu schwimmen, also gegen diesen Strom der Konditionierung, ist ein Akt der Kühnheit und des Mutes. Bevor wir in einen Körper kommen, wählen wir die Zeit und den Ort unserer Geburt. Im Rahmen unserer vorgeburtlichen Planung werden uns Szenen aus der Gesellschaft zur der von uns gewählten Zeit und an dem von uns gewählten Ort gezeigt. Cathy wusste genau, dass sie in einer Gesellschaft inkarnieren würde, die von Romantik geradezu besessen war.

Hinter dem Schleier der selbstgewählten und selbstverursachten Amnesie verbrachte Cathy Jahre damit, ihre wahre Natur zu vergessen. Menschliche Bedürftigkeit und Co-Abhängigkeit traten an die Stelle der bedingungslosen Liebe zu sich selbst und scheinbar anderen. Phasen tiefer Sehnsucht und Einsamkeit überlagerten das Wissen der Seele um die ihr innewohnende Ganzheit und Einheit mit allem, was ist. Warum sollte eine Seele, die sich darüber bewusst ist, dass sie Liebe ist, eine Rolle auf einer Bühne spielen wollen, auf der sie nicht nur ihre eigene Göttlichkeit, sondern auch die Heiligkeit aller anderen Akteure vergisst?

Der Prozess des Vergessens und der anschließenden Erinnerung daran, wer wir wirklich sind, führt zu einer profunderen Selbsterkenntnis. In den langen Phasen, in denen sie in keiner romantischen Beziehung war, machte sich Cathy auf die Heldinnenreise zu sich selbst. Ob in Zeremonien, in der Meditation oder einfach nur, indem sie unter einem Baum saß und völlig präsent war, erinnerte sich Cathy an ihre angeborene Schönheit, ihre zutiefst liebevolle Natur und ihre Heiligkeit, eine Heiligkeit, die ein Segen für alle ist, die mit ihr auf der Erde leben.

Die Tatsache, dass Cathy die meiste Zeit ihres Lebens nicht in einer romantischen Partnerschaft verbrachte, gab ihr sowohl die Gelegenheit als auch die Motivation, sich, wie Aaron es ausdrückte, »in Liebe für sich selbst zu öffnen«. Eine ihrer vorgeburtlichen Absichten war, sich selbst lieben und annehmen zu lernen, denn wenn wir uns selbst nicht umfassend lieben und akzeptieren können, können wir auch keine umfassende Liebe und Akzeptanz von anderen empfangen. Wir bekommen, was wir geben, und die Welt spiegelt uns, was wir geben. Wenn Sie darüber nachdenken, warum andere über Sie urteilen, Sie ablehnen oder nicht wertschätzen, sollten Sie sich fragen: Auf welche Weise urteile ich über mich selbst, wie lehne ich mich ab oder wertschätze mich selbst nicht? Und dann vergeben Sie, danken Sie den Menschen und segnen Sie die, die ein Spiegel für Sie waren. Die Erde ist eine Schule, in der Spiegelung unser Lehrer ist.

Obwohl es zutiefst heilsam ist, anderen zu vergeben, ist *Selbst*vergebung die wahre Hebamme der Selbstliebe. Aaron sagte: »Solange wir uns buchstäblich nicht verzeihen können, dass wir menschlich sind, können wir uns selbst nicht vollständig lieben.« Selbstvorwürfe, das Gegenteil von Selbstvergebung, bilden einen energetischen Panzer, der andere auf Abstand hält. Und die alte

Seele lädt weiterhin keinen liebenden Partner ein, sondern einen, der die Selbstbeschuldigung voranbringt, weil es auf Seelenebene die Absicht gibt, Mitgefühl für sich selbst zu entwickeln, Mitgefühl, das wiederum die Panzerung auflöst.

Und wie die göttliche Mutter sagte, fiel es Cathy auch schwer, Liebe von einem Partner anzunehmen, weil sie Angst vor dem hatte, was dann von ihr erwartet würde. Auch hier ist die Beziehung zum Selbst der Prüfstein. Wenn Cathy ihre spirituelle Reise nach innen ohne die Ablenkung durch eine romantische Beziehung fortsetzt, wird sie schließlich reichlich Selbstliebe kultivieren, in diesem oder in einem anderen Leben. Sobald sie weiß, dass sie sich selbst liebt, wird sie darauf vertrauen, dass sie immer zu ihrem höchsten Wohl handelt, was zum Teil bedeutet, keine überzogen Forderungen an sich selbst zu stellen. Diese Schwingung wird dann einen Partner anziehen, bei dem man davon ausgehen kann, dass er nicht zu viel von ihr verlangt.

Aaron sagte zu Cathy: »Die tiefere Beziehung ist nicht das, was du hauptsächlich willst. Es ist vielmehr das Wachstum der Seele.« Als dieses Wachstum am besten in einer Beziehung gefördert wurde, hatte Cathy einen romantischen Partner. Durch solche Beziehungen lernte sie, dass es klug ist, jemanden nicht reparieren zu wollen, und dass sie die innere Stärke hat, *mit liebevoller Güte* Nein zu Negativität zu sagen. Als ihr Wachstum am besten dadurch erreicht werden konnte, dass sie Single war, hatte Cathy keinen Partner. In dieser Zeit reiste sie nach innen, förderte ihren Glauben und entdeckte das Göttliche im eigenen Inneren neu. Wenn auch nicht ohne Kampf und Schmerz, war ihre Reise in jedem Jetzt-Moment perfekt für sie und gab ihr genau das, was sie am meisten brauchte, wenn nicht sogar das, was sie am meisten wollte.

Mit den Augen der Seele sehen wir diese Vollkommenheit.

Kapitel 5

»Zölibatäre« Beziehungen

Overlighting (»Überstrahlung«) ist ein Phänomen, bei dem ein nichtphysisches Wesen – ein Geistführer zum Beispiel – ein physisches Wesen, etwa einen Menschen, in seinen Energiekörper einhüllt. Da sich das nichtphysische Wesen auf einer höheren Schwingungsebene befindet, spürt die umhüllte Person einen deutlichen Energieanstieg. Im Grunde ist der Mensch jetzt in eine warme Decke aus Liebe gehüllt. Gefühle wie Freude, Frieden und sogar Glückseligkeit können aufkommen. Auch eine Wahrnehmungsverschiebung kann stattfinden. Der Mensch betrachtet die Welt nun mit liebevolleren Augen.

Ich selbst erlebte Overlighting zu Beginn und während eines Großteils meiner Unterhaltung mit Sarah, die zugestimmt hatte, mir von ihrer zölibatären, liebevollen Ehe mit Jim zu erzählen. Obwohl ich noch nie eine solche Erfahrung gemacht hatte, wusste ich sofort, was passierte. Der große Geist sagte zu mir: »Sarahs Geschichte ist wichtig. Wir empfehlen dir, sie in dein Buch aufzunehmen.« Ich verstand auch intuitiv, warum der große Geist so empfand: Zölibatäre Beziehungen (wobei Zölibat als mehr oder weniger freiwillige Abwesenheit von Geschlechtsverkehr definiert wird) sind weit verbreitet und oft ziemlich liebevoll, doch diejenigen, die in solchen Beziehungen leben, haben mit ihrem Selbstverständnis von Normalität zu kämpfen.

Sarah und Jim heirateten, als beide achtundvierzig Jahre alt waren. Obwohl sie sich wirklich lieben und respektieren und obwohl beide der Meinung sind, dass ihre Art der Ehe das Richtige für sie ist, ist ihr Zölibat ein Thema, über das beide nach Sarahs Eindruck nie ausreichend gesprochen hatten.

Als Sarah und ich unser Gespräch begannen und ich in der schönen, fast berauschenden Energie des Wesens badete, das mich überstrahlte, wusste ich bereits durch den liebevollen Anstoß vom großen Geist, dass sich Sarah und Jim vor ihrer beider Geburt auf die zeitweise Enthaltsamkeit geeinigt hatten. Aber warum sollte ein Paar eine solche Herausforderung erleben wollen, noch dazu eine, die von der Gesellschaft so oft als »abnormal« beurteilt wird? Welche Lehren könnten aus dieser Form des Leidens gezogen werden und welche Heilung könnte sich daraus ergeben? Ich war gespannt, wohin der große Geist uns mit diesen Fragen führen würde.

Sarah

Zum Zeitpunkt unseres Gesprächs war Sarah zweiundsechzig. Sie war das mittlere von elf Kindern einer katholischen irischen Familie und es gab »viel Liebe im Haus«, erzählte sie mir, »aber auch mein großes Geheimnis, nämlich dass ich die meiste Zeit meiner Kindheit von meinem älteren Bruder Steve sexuell belästigt wurde. Ich bin glücklich und dankbar, dass ich sieben Brüder hatte, die alle bis auf den einen ehrlich liebevoll waren. Mein Vater war warmherzig, hat sich immer angemessen verhalten und mich meistens unterstützt.« Es war also eine Kombination aus viel Liebe und viel Prüfung, die ihre Herkunftsfamilie für sie bereithielt.

»Ich arbeite im Marketing eines großen Unternehmens in New York City. Mein Mann Jim ist auch dort angestellt. Wir arbeiten in verschiedenen Teilen des Unternehmens, haben aber einige Crossover-Projekte. Das ist schön. Wir verstehen, was der andere macht, und haben viel gemeinsam.«

Sarah und Jim lernten sich über ihre Arbeit in verschiedenen Niederlassungen des Unternehmens in den USA kennen. Jim war ein bekannter Marketingleiter in einer dieser Niederlassungen. Seine Arbeit war vielfach ausgezeichnet worden und Leute seines Fachs bewunderten ihn.

»Der Funke der Begeisterung für Jim sprang bei einer Konferenz über, die wir jeden Sommer veranstalten«, erinnerte sich Sarah. »Marketingleute aus allen Branchen kommen zusammen. Am Ende der Konferenz gibt es immer eine Party. Und auch wenn wir uns nicht sehr gut kannten, kam Jim jedes Jahr schnurstracks auf mich zu und forderte mich zum Tanzen auf.

Interessant an Jim ist, dass er halb Afroamerikaner und halb Japaner ist. Er ist also sehr auffällig und anders. Ich bin dieses irisch-katholische Mädchen mit erdbeerblondem Haar – immer die Stimmungskanone.

Wie auch immer, auf dieser Party haben wir getanzt. Plötzlich merkte ich, wie heiß er war. Ich dachte: Oooh, es fühlt sich gut an, mit ihm zu tanzen! Er ist so muskulös; seine Arme machten mich an.«

Sarah und Jim trafen sich weiterhin, wenn er geschäftlich nach New York kam. Jedes Mal lud er Sarah zum Mittagessen ein. Beim fünften Date bat er sie schließlich zum Abendessen.

»Zu diesem Zeitpunkt trug ich ein Schild mit der Aufschrift ›Es ist in Ordnung, mich zu küssen‹«, lachte Sarah. Als sie und Jim mit der U-Bahn zu ihrem Ziel fuhren, kuschelte sie sich an ihn, um ihr Interesse zu zeigen. Als sie nach dem Abendessen durch die Innenstadt spazierten, nahm Jim ihre Hand. »Da wusste ich, dass wir ein Paar sein würden«, sagte sie. Und dann geschah es: ihr erster Kuss.

»Wir waren in Greenwich Village, haben Schaufenster angeschaut, sind einfach spazieren gegangen«, erinnerte sich Sarah. »Ich stand auf einer hohen Stufe. Als ich mich umdrehte, küsste er mich endlich zum ersten Mal. Wenn Jim die Geschichte erzählt, spricht er davon, wie meine Haare von hinten beleuchtet wurden. Er ist so filmbezogen! Ich sagte: ›Es wird Zeit!‹ Dann gingen wir weiter. Nach einer Weile saßen wir auf einer Parkbank. Es war so romantisch. Ich sagte: ›Warum, glaubst du, war keiner von uns je verheiratet?‹ Er sagte: ›Damit wir jetzt zusammen auf dieser Parkbank sitzen können.‹ Ich war hin und weg!«

Kurz nachdem sie ein Paar geworden waren, entdeckten Sarah und Jim, dass sie beide im Hinterland von New York aufgewachsen waren, nur drei Autominuten voneinander entfernt. Sie machten einen Tagesausflug, um sich gegenseitig ihre Elternhäuser zu zeigen. Während der Fahrt erzählte Sarah Jim von ihren schönen Erinnerungen an die Eisbahn in der Nähe ihres Hauses, wo sie Schlittschuhfahren gelernt hatte. Sie erzählte ihm, wie gern sie den Beatles-Song »Nowhere Man« beim Skaten gehört hatte. Nur wenige Sekunden später lief »Nowhere Man« im Autoradio. Sarah und Jim waren fassungslos. »Jim ist regelrecht ausgeflippt!«, erzählte mir Sarah. »Wir bekamen Zeichen aus dem Universum.«

Nicht lange nach dem ersten Kuss wurden Sarah und Jim intim. »Wir haben fast jeden Tag miteinander geschlafen«, sagte sie. »Aber einen Teil von mir hielt ich unter Verschluss. Ich hatte Probleme mit meinem Selbstwertgefühl wegen des sexuellen Missbrauchs in meiner Kindheit. Ich fürchtete, Jim würde mich vielleicht nicht wollen, wenn ich mich ihm in der Zeit unseres Werbens ganz offenbaren würde.«

An Weihnachten, vier Monate nach ihrem ersten Kuss, kam Jim für zwei Wochen nach New York, um Sarah zu besuchen. An Heiligabend sagte er, dass mit einer großen, animierten Werbetafel am Times Square, für die er in seinem Job verantwortlich war, etwas nicht stimme und er sie sich ansehen müsse. Er überredete Sarah, mitzugehen.

»Ich versuchte herauszufinden, was das Problem ist«, erzählte Sarah, »und plötzlich tauchte mein Gesicht auf der Werbetafel auf, so groß wie zwei Häuser! Dann rollte ein Gedicht, das Jim für mich geschrieben hatte, über den Bildschirm. Ich dachte: Das ist unglaublich! Das ganze schöne Gedicht ging immer weiter und am Ende stand ›Sarah, willst du mich heiraten?‹ in gebäudegroßen Buchstaben! Ich habe sofort Ja gesagt. Er hatte den Ring gleich dabei.

Dieses Weihnachtsfest war himmlisch. Die ganze Zeit war unser Sexleben sehr liebevoll. Es war wie ein Traum von sexueller Liebe, wenngleich der Sex selbst nicht immer synchron war. Aber ich dachte, es spielt keine Rolle, weil wir erst am Anfang unserer Beziehung standen.«

Einer der Gründe, warum sie nicht synchron waren, war, dass Jim ohne viel Vorspiel in Sarah eindringen wollte. Und er wollte, dass Sarah oft zum Höhepunkt kam. Sie hatte das Gefühl, dass Jim versuchte, eine besondere Leistung für sie zu erbringen, und fühlte sich ihrerseits unter Druck gesetzt, etwas für ihn zu leisten. Sie zögerte, über ihre Bedenken zu sprechen. Und als sie es dann doch tat, hatte sie das Gefühl, dass er ihre Kommentare in den falschen Hals bekam.

»Es war eine Kombination aus meiner Angst, offen über diese Dinge zu sprechen«, gab Sarah zu, »und seiner verrückten Überreaktion, wenn ich doch etwas erwähnte. Ich hatte das Gefühl, übervorsichtig sein zu müssen. Er sagte: ›Was denkst du, wie ich mich fühle, wenn du sagst, dass ich dich nicht richtig befriedige?‹ Wir waren beide so überempfindlich. In diesem Punkt sind wir uns so ähnlich und passen gut zueinander, aber unsere erhöhte Sensibilität erschwert die Kommunikation.

Außerdem war für ihn alles vorbei, sobald er gekommen war. Dann wurde es schnell schwierig und frustrierend für ihn, denn obwohl er eigentlich stundenlang mit mir schlafen wollte, hatte er nicht mehr die Ausdauer dafür. All das passierte, noch bevor wir verheiratet waren.«

Der Hochzeitstag kam und Sarah und Jim gaben sich in einer wunderschönen Zeremonie ihre Eheversprechen. Sie schliefen in dieser Nacht und in jeder Nacht ihrer Flitterwochen miteinander – nur in der letzten Nacht nicht. Früher an diesem Tag hatten sie über Geld gestritten. Auf dem Heimflug sprach Jim kein Wort mit Sarah. Nachdem sie nach Hause zurückgekehrt waren, verfiel Jim in eine Depression. Dann hatten sie die ersten sechs Monaten nach ihren Flitterwochen überhaupt keinen Sex.

Sarah sagte zu Jim: »Du hast aus einem bestimmten Grund geheiratet. Unter anderem, um einem anderen Menschen zu zeigen, wie es dir manchmal geht. Du musst hier nicht allein durch. Ich bin da. Ich gehe nicht weg.«

Jim suchte einen Arzt auf. Die Medikamente, die er bekam, halfen ihm, aus der Depression herauszukommen, aber sie verringerten seine Libido. Sarah und Jim schliefen wieder miteinander. Am Anfang alle paar Wochen einmal. »Dann nur noch alle drei, vier, sechs Monate«, sagte Sarah traurig. »Ich weiß wirklich nicht, wann es aufgehört hat. Ich fühlte mich schrecklich, irgendwie betrogen. Ich dachte, ich hätte endlich eine wundervolle sexuelle Beziehung mit einem Mann, den ich anbete, aber letztlich war es eine der schlimmsten sexuellen Erfahrungen meines ganzen Lebens. Und hier ging es um meinen Ehemann!« Ich hörte den Schmerz in ihrer Stimme, während sie sprach.

Im Laufe der Zeit erkannte Sarah, dass es nicht hilfreich war, sich ständig über den Mangel an Sex aufzuregen. Sie trat einer Frauen-Selbsthilfegruppe bei, was ihr half, sich weniger auf Jim als darauf zu konzentrieren, sich selbst glücklich zu machen. Eine Freundin betonte, wie wichtig es sei, authentisch zu sein, insbesondere im Hinblick darauf, Zärtlichkeit zum Ausdruck zu bringen, wenn man sie empfindet.

»Das führte zu einer schönen, entspannten Öffnung für den Austausch sexueller Zuneigung, die bis heute anhält«, sagte Sarah glücklicher. »Wir halten Händchen, wenn wir uns einen Film anschauen. Wir umarmen und küssen uns, wenn wir zu Hause sind. Wir streicheln uns sexuell – nicht bis zum Orgasmus, aber oft bis zur Erregung. Wir haben uns versprochen, unser sinnliches Leben wiederaufleben zu lassen, aber bis jetzt ist das noch nicht passiert.«

»Sarah, wie lange ist es her, dass ihr aufgehört habt, miteinander zu schlafen?«, fragte ich.

»Meine Güte, Rob, ich habe es einfach ausgeblendet. Es sind Jahre. Es ist traurig, aber ich habe immer noch Hoffnung. Die Tatsache, dass wir täglich liebevoll und sinnlich miteinander umgehen, hält es lebendig genug, dass ich mich nicht ungeliebt oder unerwünscht fühle. Es fühlt sich an wie bei sehr alten Menschen.«

Die Schwierigkeiten, die Sarah und Jim haben, kommen zum Teil daher, dass sie die Nächte in getrennten Schlafzimmern verbringen. Jim, der einen leichten Schlaf hat, muss dies tun, um gut zu schlafen und damit seine Depression in Schach zu halten. An Wochentagen verlassen beide früh das Haus und kommen spät wieder nach Hause. Sarah erläuterte: »Ich habe Jim gebeten, dass wir zumindest ein oder zwei Nächte pro Woche zusammen schlafen, und er sagte, dass das funktionieren könnte. Aber wir haben es nie gemacht, weil wir beide wirklich Angst haben.«

Gelegentlich hatte Sarah versucht, sich in Reizwäsche zu werfen, um ihr Sexleben anzukurbeln. Manchmal mochte Jim das. Zu anderen Zeiten reagierte er gereizt oder wütend, besonders wenn er deprimiert war. Dann rief er: »Heißt das jetzt, dass ich mit dir Sex haben muss?«

»Ich bekam diese ganzen Doppelbotschaften«, erinnerte sich Sarah. »Also habe ich jetzt diese Dessous und möchte sie anziehen, habe aber Angst vor Zurückweisung.«

»Lass uns mal aus Sicht der vorgeburtlichen Planung darüber sprechen«, schlug ich vor. »Glaubst du, dass du das mit Jim so geplant hast?«

»Ja, das glaube ich. Es ist in unserem Leben so stark, dass es etwas sein muss, das wir geplant haben.«

»Warum glaubst du, dass du das mit Jim geplant hast?«

»Jim muss lernen, Liebe und Sex zu verbinden«, erklärte Sarah. »In seinem Sexualleben vor mir war er unersättlich. Er hat viel experimentiert, mit vielen Frauen. Er lernt jetzt, dass es Liebe ohne Sex gibt. Außerdem besteht die übergreifende Herausforderung in Jims Leben darin, sich zugehörig zu fühlen.« Hier bezog sich Sarah auf Jims gemischte ethnische Zugehörigkeit. »Es ist wahrscheinlich das erste Mal in seinem ganzen Leben, dass er das spürt. Wenn er das Gefühl der Zugehörigkeit zu mir und seine Liebe für mich in den sexuellen Ausdruck integrieren könnte, wäre das sehr befriedigend für ihn. Und was mich betrifft, ich muss lernen, dass es Sex mit Liebe geben kann. Es geht darum, meinen wahren Wert zu kennen – in der Lage zu sein, mich selbst zu lieben, zu glauben, dass ich liebenswert bin, und mich als geliebtes Geschöpf Gottes zu erleben.«

Ich bat Sarah, mir mehr darüber zu erzählen, wie ihr die sexuelle Enthaltsamkeit ihrer Meinung nach beim Wachsen helfen kann.

»Diese Beziehung ist das Letzte, was sich mir in gewisser Weise verweigert. In all meinen anderen Beziehungen kann ich ganz ich selbst sein und sagen, was ich wirklich denke. Hier kann ich das immer noch nicht. Oder ich entscheide mich irgendwie immer noch nicht dafür, es mit Jim zu tun. Es ist, als stehe zu viel auf dem Spiel. Ich möchte so gern darüber hinwegkommen. Ich erinnere mich immer wieder daran, dass ich sagen sollte, was ich wirklich denke. Aber ich habe die Angewohnheit, mich zu verstecken. Sie rührt von meinem sexuellen Missbrauch her. Ich fühle mich nicht würdig, weniger wert als andere. Doch ich möchte diese Angewohnheit nicht mehr haben. Ich möchte ganz offen sein in dieser für mich schwierigen Beziehung, in dieser Arena der Erfahrung, die meine herausforderndste und lohnendste ist. Das, worauf ich in meinem Leben ganz besonders stolz bin, ist, dass ich es geschafft habe, eine sehr unglückliche Ehe in eine sehr glückliche Ehe zu verwandeln – Sex hin oder her. Das ist eine Errungenschaft auf der Seelenebene, die ich mitnehmen kann, was auch immer passiert.«

Während Sarah sprach, erinnerte ich mich daran, dass wir Beziehungen eingehen, um zu heilen und zu expandieren. In Jim hatte sie den perfekten Partner gefunden, um die Wunden des Missbrauchs aus ihrer Kindheit zu heilen und die Selbstliebe zu entwickeln, die ihre Seele erfahren möchte.

»Sarah, unter den Lesern deiner Geschichte es wird Menschen geben, die in ihrer Beziehung keinen oder nur selten Sex haben, aber sie lieben ihren Partner und wollen, dass die Beziehung so glücklich und liebevoll wie möglich ist. Welche weisen Worte hättest du für sie?«

»Zunächst, und das ist am wichtigsten, geben Sie nicht Ihrem Partner die Schuld. Wann immer wir jemandem die Schuld geben, liegt es normalerweise daran, dass etwas in uns ist, auf das wir uns nicht konzentrieren. Schauen Sie zuerst auf sich selbst. Entdecken Sie Ihre eigene Sinnlichkeit in Ihrem eigenen Tempo. Ich würde zur Selbstbefriedigung ermutigen – und ich verrate Ihnen ein Geheimnis: In Zeiten, in denen ich regelmäßig meine eigene Sinnlichkeit erkundet und mich selbst befriedigt habe, kam mein Mann und wollte mit mir Sex haben. Weil Selbstliebe attraktiv ist. Wenn Sie nicht gut von sich selbst denken, wird Ihr Partner Ihnen manchmal glauben und anfangen, Sie weniger gut zu behandeln. Es hilft, sich selbst gut zu behandeln.«

Hier waren wir bei einer wichtigen und grundlegenden Wahrheit über das Leben angekommen: Das Universum ist ein Spiegel unserer selbst. Wenn wir uns selbst lieben, spiegelt sich dies in unseren Beziehungen wider. Wenn wir uns selbst gegenüber lieblos sind, spiegelt sich dies ebenfalls in der Art und Weise wider, wie andere uns behandeln.

»Sarah, du hast darüber gesprochen, wie wichtig es ist, dem Partner keine Vorwürfe zu machen. Was würdest du einem Menschen sagen, der sich selbst die Schuld gibt oder sich selbst verurteilt?«

»Konzentriere dich auf das Gesamtbild«, riet sie. »Wir sind in diesen Situationen, weil wir als Seelen etwas lernen wollen. Such in deinem Herzen nach Gründen, aus denen die Erfahrung nützlich sein könnte. Es gibt immer etwas sehr Wichtiges, das du selbst tun kannst, während du in der Sicherheit und unter dem Segen deiner Partnerschaft bist. Es gibt keine Regeln. Die Menschen haben eine Vorstellung davon, wie eine Ehe sein sollte, aber es gibt unendlich viele Möglichkeiten, wie sich eine Seele zum Ausdruck bringen kann. Die Ehe ist ein Vehikel. Die Art und Weise, wie sich deine Seele in der Ehe zum Ausdruck bringt, kann sich sehr von dem Bild unterscheiden, das die Gesellschaft nach außen projiziert – du weißt schon, Aschenputtel und der Märchenprinz. Ich betrachte es aus der Perspektive von mehr als einem Leben. So kommst du am schnellsten zu einem Punkt, an dem du unabhängig von den Umständen zusammen mit deinem Partner glücklich bist, weil ihr gemeinsam unterwegs seid. Und egal, wie viel von der Reise ihr miteinander teilt, ihr teilt alles auf Seelenebene. Manchmal rede ich mit Jims Seele: ›Hey, Jims Seele auf der anderen Seite des Schleiers, ich möchte nur, dass du weißt, wie sehr ich dich liebe und wie gern ich in diesem Leben offen und ehrlich mit dir sein möchte.‹ Wirklich, das hilft manchmal.«

»Sarah, nehmen wir mal an, manche Menschen, die deine Geschichte lesen, haben die Ansicht der Gesellschaft übernommen, dass wir in einer Beziehung mit einer bestimmten Häufigkeit Sex haben sollten. Sie haben das Gefühl, dass in ihren Beziehungen etwas nicht stimmt, schlecht oder nicht normal ist, weil sie einfach nicht so viel Sex haben. Was würdest du ihnen sagen?«

»Wenn du eine Freundin hast, die sich selbst sagt, dass etwas mit der Beziehung nicht stimmt, weil sie nicht genug Sex hat, würdest du sie anschauen und ihre Schönheit sehen. Tatsächlich würdest du die Schönheit beider Menschen sehen und in deinem Herzen wissen, dass sie ihren Weg so gehen, wie sie sollten. Ich würde die Menschen also ermutigen, nach der Bedeutung zu suchen und sie zu lebendig werden zu lassen. Die Erfahrung zu akzeptieren und zu sehen versuchen, was sie sie lehrt. Wenn wir uns dagegen wehren, lernen wir nichts und machen es noch schlimmer, aber wenn wir unseren Geist und unser Herz für uns selbst und den Partner oder die Partnerin öffnen, haben wir eine viel bessere Chance, das zu erleben, was für uns wahr werden soll.«

Sarahs Seelenrückführung in ein Zwischenleben

Mit Mut und Ehrlichkeit hatte Sarah sowohl über ihre Liebe zu Jim mit mir gesprochen als auch über den Schmerz, den sie in Bezug auf ihr Zölibat empfand. Hatte sie vor ihrer Geburt geplant, sich dieser schwierigen Herausforderung zu stellen, und wenn ja, warum? Wir begannen unsere Untersuchung ihres Lebensentwurfs mit einer Seelenrückführung in ein Zwischenleben.

Ich leitete die Sitzung mit einem Gebet ein und bat Sarahs Angehörige, Geistführer, Engel und alle in der Geistwelt, die sie lieben und führen, sich uns anzuschließen. Dann geleitete ich Sarah durch die üblichen geistigen und körperlichen Entspannungsphasen und schließlich zurück in eine frühere Inkarnation. Ich wies sie an, aus einem Tunnel heraus in eine bedeutende Szene eines bedeutenden früheren Lebens einzutauchen. Dann bat ich sie, zu beschreiben, was sie sah.

»Ich bin draußen im Freien«, begann sie, »auf dem Land, es ist Tag, ein warmer Sommer. Ich bin mit jemandem zusammen. Ich habe nackte Füße, trage einen braunen, rustikalen Rock, eine Schürze und eine weiße Bluse mit Ösen – alltägliche Bauernkleidung.«

»Gut. Jetzt möchte ich, dass du dich selbst vor einem Spiegel stehen siehst, damit du dein Gesicht und deine Haare klar und deutlich sehen kannst. Beschreib mir dein Gesicht und deine Haare.«

»Braunes Haar, lang, aber nicht allzu lang. Eine Hakennase, aber attraktiv. Ich sehe ein wenig überrascht und verängstigt aus. Ich bin weiblich, vielleicht dreißig. Ich bin weiß mit sonnengebräunter Haut. Mittlere Statur.«

»Lass zu, dass der Spiegel sich auflöst«, forderte ich sie auf, »und beschreib mir dann alles, was du wahrnimmst und was du tust, damit ich dir folgen kann.«

»Ein Mann ist bei mir«, fuhr Sarah fort. »Er versucht, mich irgendwie zu kontrollieren, was ich nicht will. Ich bin ihm untergeben. Er scheint sich um mich zu kümmern, ist sich aber nicht bewusst, wie sehr er mich verletzt. Ich bin ihm nur oberflächlich wichtig. Er denkt, er liebt mich, aber ich fühle mich von ihm nicht geliebt. Ich glaube, er ist mein Besitzer. Er ist nicht mein Ehemann.«

»Du hast erwähnt, dass du überrascht und verängstigt aussiehst«, wiederholte ich. »Warum ist das so?«

»Es gibt niemanden außer ihm. Wir sind auf einem Bauernhof. Er hat nur versucht, mich auszunutzen.«

»Ich möchte, dass du dir das Gesicht dieses Mannes und seine Augen genau anschaust und mir sagst, ob du diese Seele als jemanden erkennst, der in deinem gegenwärtigen Leben ist?«

»Steve. Mein Bruder Steve«, sagte Sarah mit Gewissheit in der Stimme.

»Gut. Lassen wir die Szene weiterlaufen. Was passiert als Nächstes?«

»Er will mich davon überzeugen, Sex mit ihm zu haben. Ich will überhaupt nicht, aber er ist viel, viel größer als ich – sehr stämmig und stark – und er drängt sich mir auf. Obwohl ich vor Schmerzen und Angst weine, denkt er irgendwie, dass es mir gefällt. Er lacht laut, dann schließt er seine Hose. Ich liege am Boden. Ich schiebe meinen Rock zurück über die Beine. Ich weine. Er sagt, es habe ihm gefallen, und dann geht er.«

»Wie fühlst du dich?«

»Ich fühle mich schrecklich«, sagte sie und fing an zu weinen. »Ich fühle mich verletzt, erniedrigt, allein. Ich habe Angst, dass er es wieder tun könnte. Ich habe nicht das Gefühl, dass es jemanden gibt, mit dem ich darüber reden kann.«

»Ich verstehe. Ich möchte, dass du darauf vertraust, dass dir deine Seele und dein Geistführer diese Szene aus einem bestimmten Grund zeigen. Was musst du unbedingt wissen, um diese Szene zu verstehen? Vertraue darauf, dass du die Antwort kennst.«

»Ich muss verstehen, dass es nicht richtig war«, sagte Sarah. »Und dass ich nicht daran schuld war. Ich habe nicht darum gebeten. Ich habe es nicht verdient. Selbst wenn ich attraktiv sein wollte, heißt das nicht, dass ich so behandelt werden sollte.«

»Gibt es in dieser Szene noch mehr, das dir wichtig ist, oder ist sie für dich abgeschlossen und du bist bereit, weiterzugehen?«

»Ich habe das Gefühl, sie ist abgeschlossen.«

»Ich zähle jetzt bis drei. Dann gehst du automatisch zum nächsten bedeutenden Ereignis oder zur nächsten Szene im selben Leben über.

Eins … zwei … und drei! Sag mir, wo du jetzt bist und was los ist.«

»Ich bin in einer kleinen Stadt. Ich habe einen Hut auf und trage die Kleidung einer wohlhabenderen Frau. Ich bin vielleicht zehn Jahre älter. Ich sehe eine Kutsche. Ich bin dabei, in diese Kutsche einzusteigen, und da … sehe ich ihn! Ich hatte nicht erwartet, ihn zu sehen!«

»Denselben Mann?«

»Mmm hmm. Er steht auf der Straße, ein Stück von mir entfernt. Er sieht mich.«

»Wie lange ist es her, dass du ihn zuletzt gesehen hast?«

»Zehn Jahre.«

»Kommt ihr euch näher?«

»Nein.«

»Wie fühlst du dich, wenn du ihn siehst?«

»Sehr stolz.«

»Warum bist du stolz?«

»Ich habe jemanden geheiratet, der eine hohe Position in dieser kleinen Stadt hat. Er (der Vergewaltiger) dachte, ich wäre nichts, aber ich bin nicht nichts! Ich bin stolz darauf, dass ich von einem anderen geschätzt werde, der mich liebt und sich um mich kümmert, und dass er (der Vergewaltiger) keine Macht mehr über mich hat.«

Sarah sagte mir dann, sie sei bereit, vorwärtszugehen. Ich brachte sie zur nächsten signifikanten Szene in diesem Leben.

»Ich liege auf meinem Sterbebett«, sagte sie. »Es ist ein helles Licht im Raum. Ich glaube, es ist vom großen Geist. Meine Familie ist um mich herum und ich habe keine Angst. Mein Mann ist da, aber ich kann nicht sagen, ob er im Geist oder körperlich anwesend ist. Mein erwachsener Sohn und seine Frau sind da.«

Ich wies Sarah an, sich die Gesichter aller Anwesenden genau anzuschauen. »Erkennst du unter diesen Seelen Menschen, die in deinem jetzigen Leben bei dir sind?«, fragte ich.

»Mein Sohn in diesem früheren Leben ist im jetzigen Leben meine Schwester Claire. Seine Frau ist Danny, der Junge meiner Schwester im jetzigen Leben.«

»Wie alt bist du ungefähr?«

»Siebzig.«

»Welches Jahr ist es? Sieh die Zahlen in deinem Kopf.«

»1882.«

»In welchem Land hast du die meiste Zeit deines Lebens verbracht?«

»Österreich.«

»Was geht um dich herum oder in dir vor sich, das darauf hindeutet, dass dein physischer Tod am Ende des Tages eintreten wird?«

»Ich spüre eine Gewissheit in meinem Herzen.«

»Wie denkst du über das Leben, das du gerade gelebt hast?«

»Ich habe das Gefühl, dass ich es weit gebracht habe«, sagte Sarah zufrieden. »Am Anfang meines Lebens war ich sehr allein. Ich glaube, deshalb habe ich mich in diesem aktuellen Leben dafür entschieden, von so vielen Brüdern und Schwestern umgeben zu sein. Ich wollte das nicht noch einmal ohne Liebe und Unterstützung aus meinem Umfeld durchmachen. Später im Leben bekam ich schließlich einen Sohn und seine Frau trug ebenfalls viel zu meiner Behaglichkeit bei. Er war mein einziges Kind. Ich war so glücklich, endlich eine Familie zu haben, nachdem ich verarmt und nicht willkommen gewesen war. Irgendwie habe ich meinen Weg in ein besseres Leben gefunden. Ich bin zufrieden damit und froh, dass ich mich dafür entschieden habe.«

Ich führte Sarah in diesem früheren Leben bis zu dem Punkt, an dem sie ihren physischen Körper verließ.

»Wo bist du jetzt in Bezug auf deinen Körper?«, fragte ich sie.

»Über dem Dorf. Ich verabschiede mich und danke meiner Familie.« Sie fing wieder an zu weinen.

»Nimm dir so viel Zeit, wie du brauchst.«

»Es ist schwer zu gehen«, seufzte sie. Und nach einer Weile sagte sie: »Okay.«

»Bevor wir uns darauf vorbereiten, uns weiter von deinem Körper zu entfernen und deine Heimreise anzutreten, gibt es irgendwelche unerledigten Angelegenheiten auf der Erde, um die du dich noch kümmern möchtest?«, fragte ich.

»Da ist etwas mit meinem Mann.«

»Du hast die Möglichkeit, zu ihm zu gehen. Was möchtest du mit ihm gemeinsam regeln?«

»Ich möchte ihm sagen, dass es mir leidtut, dass ich ihn nicht so geliebt habe, wie er mich geliebt hat oder wie ich es mir gewünscht hätte. Ich möchte ihm sagen, dass ich dankbar bin für das Leben, das er mir ermöglicht hat, dass ich ihn sehr, sehr liebe, dass es mir leidtut, dass ich ihn körperlich zurückgewiesen habe und dass ich die Freude, die er mir geben wollte, nicht annehmen konnte.«

Sarah hatte keines dieser Dinge erwähnt, als sie die Szenen aus jenem früheren Leben beschrieb, aber ihre Bedeutung war dennoch klar. Ich veranlasste sie, in ihrem Geistkörper zu ihrem Ehemann aus jenem Leben zu reisen. Wir hielten einen Moment inne, während sie dies tat.

»Ich habe ihn gefunden«, sagte sie.

»Du hast die Fähigkeit, telepathisch mit ihm zu kommunizieren«, wies ich sie an. »Na los, teile ihm mit, was du mir gerade erzählt hast. Nimm dir so viel Zeit, wie du brauchst.«

»Es war Kevin«, sagte Sarah, als sie ihren Ehemann aus dem früheren Leben plötzlich wiedererkannte. »Kevin ist ein Mann, mit dem ich in meinem jetzigen Leben zusammen war, als ich jünger war.«

»Sag ihm alles, was du ihm gern sagen würdest. Und sag mir, wann du bereit bist, weiterzumachen.«

Nach einer Pause: »Ich bin bereit.«

Ich wies Sarah an, sich von der irdischen Ebene weg nach oben und hin zu unserem nichtphysischen Zuhause zu bewegen. Sie erzählte mir, dass sie helles Licht über sich sah, und ich ermutigte sie, in dieses Licht zu gehen.

»Was mir gleich auffällt«, sagte sie, »sind pastellblaue und rosa Wolken. Ich bewege mich auf ein Gebäude mit ein paar Säulen und einer Kuppel zu. Davor befindet sich ein kleiner Marktplatz. Dort warten ein paar Leute auf mich. Es sind meine Großmutter, mein

Vater (hier brach Sarah in Tränen aus), mein Onkel Jim und meine Mutter. Meine Mama ist richtig glücklich. Sie springt auf und ab, als hätte sie mich wirklich vermisst. Sie ist wie ein kleiner Kobold. Es ist so lange her, dass wir uns unterhalten konnten! Mein Onkel Jim lächelt. Meine Oma ist mir sehr wichtig.«

Ich riet Sarah, sich einen privaten Moment mit ihrer Familie zu nehmen, ihren Angehörigen für ihr Kommen zu danken, ihnen ihre Liebe zu zeigen und ihnen zu erlauben, ihre Liebe zu ihr zum Ausdruck zu bringen. Nach ein paar Momenten der Stille fing Sarah an, Wort für Wort an mich weiterzugeben, was ihre Familie ihr erzählte. Jedes Mal, wenn sie sprach, sagte sie zuerst, wer gerade sprach.

»Ich war wirklich gern dein Vater«, sagte Sarahs Vater sowohl zu ihr als auch durch sie. »Es hat Spaß gemacht, dir zuzuschauen und mit dir zu spielen, besonders als du klein warst. Du warst ein gewitztes Kind voller Energie und sehr intelligent. Und du warst sehr anspruchsvoll.«

»Als du ein kleines Kind warst und laufen gelernt hast«, mischte sich Sarahs Mutter ein, »musste ich deinen Brüdern Fünf-Cent-Stücke geben, damit sie dir helfen. Du hast dir ihre Finger geschnappt und bist gelaufen und gelaufen und gelaufen. Wenn ihnen langweilig war, haben sie dich abgesetzt und du hast geschrien (hier lachte ihre Mutter), bis ich sie bezahlt habe, um dich weiter herumzuführen. Du warst von frühester Kindheit an eine Suchende. Es war mir eine Freude, dich herumzuführen. Ich hätte dich überallhin mitgenommen. Ich habe dir so gern dabei zugesehen, wie du alles ausprobierst.« Sarah weinte leise, als ihre Mutter durch sie sprach.

»Sarah«, forderte ich sie auf, »frag sie bitte, warum dir dieses besondere frühere Leben gezeigt wurde, das du gesehen hast.«

»Jenes Leben wurde dir gezeigt, weil es einen Einfluss auf dieses aktuelle Leben hat«, sagte ihre Großmutter. »Dieser große Mann, der dich vergewaltigt hat, hat dich in diesem jetzigen Leben, in deiner Kindheit viele Jahre lang missbraucht und alles ist durcheinandergeraten. Weil es so sehr ein Teil deines Lebens war, dachtest du, du seist dafür verantwortlich. Du hast dich schuldig gefühlt und deshalb wolltest du es niemandem erzählen. Es war wichtig, dieses andere Leben zu sehen, weil es darin viel einfacher zu erkennen ist, dass das, was er getan hat, falsch war und dass du nicht dafür verantwortlich warst. Es war ein Fehlverhalten von ihm und nicht von dir. Die Ähnlichkeit in deiner Persönlichkeit und deinem Aussehen – schon als kleines Mädchen – hat deinen Bruder dazu gebracht, es zu tun. Aber dein Licht ist dein Licht und niemand darf es auslöschen.« Dabei weinte Sarah noch mehr. Ich hielt inne und gab ihr einen Moment.

»Sarah«, sagte ich dann, »ich möchte, dass du deine Familie fragst, woran dein Bruder in seinem jetzigen Leben arbeitet.«

»Dein Bruder arbeitet daran, Verantwortung für sich selbst zu übernehmen und für das, was er tut«, antwortete Sarahs Vater. »Er arbeitet daran, auf einen höheren Impuls in sich selbst zu reagieren. Damit ringt er jetzt.«

»Die Bindung, die zu dieser missbräuchlichen Situation geführt hat, bricht auseinander«, mischte sich Sarahs Onkel ein. »Es war eher eine Bindung auf der Seite deines Bruders. Er ist auf dich fixiert. Du wolltest ihm die Chance geben, Erlösung zu finden.«

Dies war eine große Offenbarung. Aus großer Liebe und im Dienst an der Seele ihres jetzigen Bruders hatte Sarah im Rahmen ihres vorgeburtlichen Plans zugestimmt, die Möglichkeit eines Inzests zu akzeptieren. Als Seelen sind wir oft bereit, solche Risiken einzugehen, um unseren Mitseelen die Wachstumschancen zu bieten, die sie brauchen. (Ich verweise hier auf das Kapitel »Missbrauch und Misshandlung in Beziehungen« in meinem Buch *Jede Seele plant ihren Weg. Warum leidvolle Erfahrungen nicht sinnlos sind.*)

Sarahs Familie erklärte dann mit einer Stimme, dass sich Sarah in ihrem früheren Leben auch deshalb schuldig gefühlt hatte, weil sie nicht häufiger sexuelle Beziehungen zu ihrem Ehemann hatte und sich gleichzeitig zu seinem Bruder, der in ihrem jetzigen Leben Jim ist, hingezogen fühlte. Beide Arten von Schuld wurden energetisch weitergetragen und verhindern nun die körperliche Intimität mit Jim.

»Sarah«, sagte ich, »frag deine Familie, was genau du mit Jim in Bezug auf Sex für dein jetziges Leben geplant hast und warum.« An dieser Stelle kündigte Sarah an, dass Jims Seele anwesend war und durch sie sprechen wollte.

»Sowohl Jim als auch Sarah wollten Sex und Liebe integrieren«, sagte Jims Seele. »Beide haben Angst. Beide wollen sich nicht zurückgewiesen fühlen. Jim liebt sie. Ein Teil von ihm ist endlich entspannt genug, um diese Liebe so zu spüren, wie sie auf eine ganz alltägliche Weise zum Ausdruck kommt.«

»Wussten Sarah und Jim, bevor sie zur Welt kamen, dass sie diese Jahre haben würden, in denen sie größtenteils sexuell inaktiv sind?«, fragte ich.

»Ja, absolut«, bestätigte Jims Seele. »Es ist eine Phase in seiner Inkarnation, in der sich reine Lust bei ihm in sexuelle Liebe verändert und er auch darüber Klarheit gewinnt, was Liebe ist. Sowohl Sarah als auch Jim fiel es schwer, an die Liebe des anderen Geschlechts zu glauben. Dies war ein Thema in vielen ihrer Leben. Beide waren sehr gut in der Lage, das andere Geschlecht zu manipulieren. Beide waren dem anderen Geschlecht gegenüber ziemlich taff. Sie mussten lernen, dass eine tiefe Liebe und eine Ehe ohne Sex aufrechterhalten werden kann, um die Liebe vollständig in den anschließenden Ausdruck der Sexualität zu integrieren.«

Ich fragte Jims Seele, ob Sarah und Jim diese Lektion vollständig gelernt hatten oder ob sie noch mehr lernen mussten.

»Das ›Mehr‹ ist Ehrlichkeit«, antwortete Jims Seele. »Sie sind nicht unehrlich miteinander, aber sie sind nicht so offen, wie sie sein könnten. Das ›Mehr‹ besteht also darin, sich mitzuteilen und sich zu erlauben, ganz offen füreinander zu sein. Nicht einfach ›Ich bin jetzt offen‹, sondern eher ›Ich lasse die Grenzen fallen. Ich bin mir vollkommen bewusst, dass du trotz meiner Angst der Mensch bist, für den ich offen sein möchte.‹ Das ist etwas anderes, als zu sagen, was man denkt oder fühlt. Es ist ein Gefühl ohne Vorbehalte und ein tiefes, bleibendes Vertrauen. Das haben sie noch nicht.«

»Wie könnten Sarah und Jim diese völlige Offenheit und dieses Vertrauen schaffen?«, fragte ich.

»Sie müssen die Grenze nach und nach erweitern, damit die Offenheit real wird«, riet Jims Seele. »Wenn sie sich fürchten, sollten sie in Richtung Liebe gehen. Wenn sie Angst haben, sollten sie überlegen, was am liebevollsten ist, und genau das tun. Jims Wunsch ist es, sich in diesem Leben zutiefst liebenswert und zutiefst liebevoll zu fühlen.«

»Also«, fragte ich zusammenfassend, »was Sarah und Jim an einem aktiveren Sexualleben und größerer Offenheit und Intimität hindert, sind die beiden Arten von Schuld, die Sarah energetisch aus jenem früheren Leben mitgebracht hat, und dazu auf beiden Seiten eine Angst, den anderen zu enttäuschen?«

»Ja«, bestätigte Jims Seele.

»In einer Beziehung ist es wichtig zu wissen, ob man sich aus Angst oder aus Liebe so verhält, wie man es tut«, fügte Sarahs Großmutter hinzu. »Wenn du Angst hast, bring dich einfach wieder auf die Spur und frage dich: ›Was wäre in diesem Moment liebevoll?‹ und dann tu dies stattdessen.«

In der Ehe gibt es keine Regeln«, fuhr sie an Sarah gewandt fort. »Nichts muss oder sollte auf jeden Fall sein. Es gibt nur Liebe. Lass das deine Richtschnur sein. Wenn du dich wegen des Mangels an Sex unsicher fühlst, erinnere dich daran, mit liebevolleren Gedanken auf dich selbst oder deinen Mann zuzugehen. Übe dich darin, liebevoller zu denken. Das wird helfen.«

»Sarah«, fragte ich, »was kann uns deine Familie noch darüber erzählen, was du mit Jim vor eurer Geburt in Bezug auf Sex und Liebe geplant hast?«

»Jim hat darauf vertraut, dass die Beziehung für Sarah so wichtig sein würde, dass sie sie auf keinen Fall jemals aufgeben würde«, sagte Sarahs Familie. »Er wusste nicht nur, dass sie nie aufgeben würde, wenn sie sich erst einmal gefunden hatten, sondern auch, dass sie nicht aufgeben würde, bis sie ihn überhaupt erst gefunden hätte. Beide wussten, dass es lange dauern würde, aber das war in Ordnung, denn beide wussten auch, dass sie eine Menge Grundlagen für ihre Beziehung schaffen mussten, bevor sie zusammenkamen. Wären sie zu früh in diesem Leben zusammengekommen, wäre die Beziehung zum Scheitern verurteilt gewesen. Beide mussten erst an einen Punkt kommen, an dem sie genug Erfahrung mit anderen Menschen gemacht und einige Lektionen gelernt hatten. Miteinander schließlich hofften sie, die endgültige Lektion zu lernen.«

»Was ist die endgültige Lektion?«, fragte ich.

»Sich selbst genug zu lieben, um ein Gespür für das Wertvolle zu entwickeln, das sie jeder einbringen. Dann braucht es keine Angst mehr und sie müssen nicht aus der Angst heraus aufeinander reagieren.«

»Ich bemerke, dass ich nur dann beleidigt oder verletzt bin, wenn ich mich selbst nicht wirklich liebe«, bemerkte Sarah, die jetzt als sie selbst sprach. »Das zu erkennen, ist wirklich eine große Sache. Wenn Jim gedankenlos ist, ist das seine Sache. Wenn ich entscheide, verletzt zu werden, ist das meine Sache.«

Ich fragte Sarahs Familie, was sie und Jim sonst noch über Sex und Liebe lernen müssen.

»Was sie gern über Sex und Liebe lernen würden«, antwortete Sarahs Großmutter, »ist, wie man die ganze Bandbreite von Weinen, Freude, Tiefe, innerer Schönheit und schöpferischer Kraft, die in der Liebe steckt – und die Liebe *ist* – zum Ausdruck bringt. Sie sind zusammen, um die schöpferische Kraft der Liebe vom Geist in den Körper zu ziehen, sich selbst und einander zu heilen und diese Kraft auf eine so kreative Weise in die Welt zu tragen, wie sie es sich noch gar nicht vorstellen können.«

Ein grundlegendes Prinzip des Lebens ist, dass das mehr wird, worauf wir uns konzentrieren. Wenn wir uns stärker auf die Liebe konzentrieren, durchdringen wir unsere Aufmerksamkeit mit der transformierenden Kraft des Göttlichen. Die Kombination aus Fokus und Liebe segnet alles und wirkt erhebend auf alles. Ihre Beziehung war für Sarah und Jim ein Prozess, in dessen Verlauf sie sich an diese Kraft erinnerten, an eine Kraft, die sie vor ihrer Geburt gekannt und dann willentlich vergessen hatten. Wenn sie sich allmählich wieder daran erinnern, erlangen sie ein tieferes Wissen um die Kraft der Liebe, ein Wissen, das ohne das vorübergehende Vergessen nicht möglich gewesen wäre.

»Was bedeutet es, einen anderen Menschen wirklich zu trösten?«, fragte ich Sarahs Familie dann. »Was ist dafür erforderlich?«

»Die wichtigste Voraussetzung«, meinte ihre Familie, »ist, an den anderen zu glauben und ihm seine ultimative Schönheit, seinen Wert und seine Güte widerzuspiegeln. Dazu kommt ein bestimmtes Wissen, dass alles gut ist und immer gut sein wird. Und körperliche Berührung ist sehr wichtig – die ganze schöpferische Kraft der Liebe in die eigenen Arme zu bringen und diese Arme dann um den anderen Menschen zu legen.«

»Ich möchte den höchstmöglichen Blickwinkel haben«, sagte ich ihnen. »Welche Rolle spielt Sex in den romantischen Beziehungen der Menschen? Warum sind wir überhaupt sexuelle Wesen?«

An dieser Stelle verkündete Sarah, dass ihre Seele anwesend sei und durch sie sprechen würde.

»Die wichtigste Rolle von Sex besteht darin, euch daran zu erinnern, dass ihr Seelen seid, die eine ständig zunehmende

Erfahrung der Schöpfung miteinander teilen. Menschliche Liebe ist nur ein kleiner Teil von Allem-was-Ist – und Alles-was-Ist ist Liebe. Es gibt nichts anderes. Wenn du also in einem Körper bist, ist es ganz natürlich, dass du mit einer schöpferischen Quelle in Berührung kommen willst. Weil die schöpferische Quelle Liebe ist, entzündet eure Wiedervereinigung als Seelen, wenn ihr euch in diesem physischen Leben begegnet, den Funken der Liebe. Du folgst dieser Flamme wie eine Motte dem Licht, um an einen Punkt zu gelangen, an dem du die Schöpfung berühren kannst. Du gehst ganz weit zurück und erfährst das Leben dort, wo es beginnt, in diesem Teil zwischen dem Manifestierten und dem Nicht-Manifestierten. Die Aufgabe von Sex ist also in Wirklichkeit die höchste Lebensaufgabe: Liebe zum Ausdruck zu bringen und die schöpferische Quelle zu berühren.«

»Sarah, als wir zum ersten Mal nach der Seltenheit sexueller Begegnungen zwischen dir und Jim fragten, wurde uns gesagt, es gebe keine Regeln und keine Gebote«, erinnerte ich mich. »Kann der große Geist dem etwas hinzufügen?«

»Es ist sehr wichtig«, riet Sarahs Großmutter, »nicht darauf zu beharren, von seinem Leben, sich selbst oder anderen die Verwirklichung einer Fantasie zu erwarten. Sei im Moment der Liebe. Jeder Moment ist entweder ein Ausdruck der Liebe oder ein relatives Versagen der Liebe, denn Liebe ist alles, was es gibt.«

»Dem sexuellen Selbst nah zu sein und es zu akzeptieren, ist eine Möglichkeit, mit dem großen Geist in Kontakt zu bleiben«, fügte Sarahs Vater hinzu. »Der Geist ist Liebe und die Welt ist physisch. Körperliche Liebe – Sinnlichkeit – ist also der volle Ausdruck der Liebe im physischen Bereich.«

»Wir müssen jetzt zum Schluss kommen«, sagte ich zu Sarah. »Ich möchte, dass du einen privaten Moment mit jedem Einzelnen verbringst, der dort ist, und allen für die Liebe und Weisheit dankst, die sie heute mit dir geteilt haben. Erlaube ihnen, ihre Liebe und ihre Dankbarkeit dir gegenüber zum Ausdruck zu bringen. Nimm dir so viel Zeit, wie du brauchst. Sag mir dann, wann du bereit bist, weiterzumachen.«

»Ich freue mich, euch alle zu sehen«, sagte Sarah zu ihrer Familie. Wir hielten eine Minute inne, als sie leise weinte. »Danke, dass ihr für mich da seid. Ich bin bereit.«

»Bevor wir sie verlassen«, sagte ich, »möchte ich dich anregen, sie um eine energetische Heilung auf allen Ebenen zu bitten: physisch, emotional, mental und spirituell. Sag mir, was als Nächstes passiert.«

»Die vier sehen jetzt eher wie Lichtwesen aus«, beschrieb Sarah ihre Eindrücke. »Sie erheben sich. Sie werden zu einem Wasserfall aus Licht. Die vier umgeben meinen Körper und gießen dieses Licht in mich hinein. Sie bilden eine Art Kapsel um mich herum. Ich spüre, wie sich mein Herz öffnet und empfängt. Ich spüre ihren Humor und ihre Liebe und ihre Freude darüber, wieder zusammen und mit mir zusammen zu sein. Ich spüre meine Mutter und meinen Vater und dass sie so glücklich miteinander sind. Sie sind genauso ein Teil voneinander wie zu der Zeit, als sie meine Eltern waren. Ich spüre sowohl ihre Individualität als auch ihre Einheit untereinander und mit mir. Ich spüre echte Freude in der Weisheit.«

Nun, nachdem die Heilung abgeschlossen war, schlug ich Sarah vor, sich an alles zu erinnern, was sie heute erlebt hatte. Dann führte ich sie langsam, Schritt für Schritt, aus dem Trancezustand zurück in den Wachzustand. Wir schwiegen eine Weile, während sie sich neu orientierte.

»Rob, ich bin bereit«, verkündete sie.

»Und, wie war das für dich?«

»Ich wusste an mehreren Stellen, dass ich sehr hochwertige oder neue Informationen empfange, die in mir waren, derer ich mir aber noch nicht bewusst war.«

»Woher wusstest du das?«

»Es fühlte sich an, als würde ich mich mit etwas anderem verbinden. Die Erkenntnis war teilweise in mir, aber es ging über mein Erkennen hinaus. Es war sehr emotional. Ich habe die ganze Zeit viel geweint«, sagte Sarah nun lachend. »Auch wenn es nicht so aussah, als würde ich weinen, kamen mir die Tränen.

Als du am Anfang das Gebet gesprochen hast, waren diese Erkenntnisse – bumm! – plötzlich alle da und schlugen gegen die Tür, um eingelassen zu werden, als wollten sie nicht warten, bis die Show zu Ende war. Außerdem war da das Gefühl, endlich mit jemandem zusammen zu sein, der mich trösten konnte. Es ist nicht so, dass Jim mich nicht trösten kann, aber ich hatte das Gefühl, mit Menschen zusammen zu sein, die mich voll und ganz verstanden und sehr hilfsbereit waren.«

Ich fragte Sarah, was sie ihrer Meinung nach am meisten aus dieser Erfahrung gelernt hatte.

»Das Wissen, dass es einen echten Grund für das gibt, was in meinem Leben und meiner Ehe vor sich geht. Die Idee, dass es eine Zeit ohne Sex geben musste, damit wir die Liebe feiern können. In den meisten Beziehungen, die Jim vor mir gehabt hatte, drehte sich alles um Sex und weniger um Liebe. Ich glaube, ich bin die erste Frau, in die er sich jemals wirklich verliebt hat.«

»Sarah, hat sich mit all deinem neu erlangten Wissen etwas an deinem Verständnis der Rolle, die Sex in menschlichen Beziehungen spielt, verändert?«

»Ja, sehr viel. Ich habe mich nie wirklich auf die physische Manifestation der ursprünglichen, schöpferischen Quelle konzentriert. Es ist, als würde man die Liebe vom Nicht-Manifestierten ins Manifestierte bringen. Das ist die längste ›Entfernung‹, die man zurücklegen kann! Die Liebe ganz nach außen zu tragen und in physischer Form zum Ausdruck zu bringen, ist also eigentlich eine sehr spirituelle Sache. Ich habe früher Lippenbekenntnisse dazu abgelegt, aber ich hatte es nie wirklich verstanden oder gespürt. Jetzt schon. Ich verstehe es auf einer tieferen Ebene und auf eine Weise, die sich wirklich auf mein Leben bezieht.«

»Hast du eine Vorstellung davon, wie sich deine Beziehung zu Jim in Zukunft verändern könnte?«

»Ich fühle mich mittlerweile wohl mit diesem neuen Verständnis und dieser Zusicherung. Es gibt mir ein neues Vertrauen, dass es wirklich in Ordnung ist, wie wir leben.«

»Was glaubst du, hat diese Sitzung noch für dich ergeben?«

»In diesem früheren Leben habe ich während der Vergewaltigung Lust empfunden. Das war damals sehr verwirrend für mich, weil ich nichts über Sex wusste, und dann vergewaltigte mich dieser Mann und trotz des Schmerzes und der Angst mischte sich auch Lust hinein. Es hat nicht dazu geführt, dass ich Sex mit meinem Mann haben wollte, wohl aber dazu, dass ich dieses Gefühl der Lust haben wollte, das ich mir in diesem damaligen Leben nie wieder erlaubt habe. Ich denke also, dass ich versuchen sollte, diese Erfahrung in die Beziehung mit Jim zu integrieren, damit ich endlich die Lust zusammen mit der Liebe haben kann, anstatt entweder Liebe und keine Lust oder keine Liebe und dafür Lust. Ich versuche, diese beiden Dinge für mich zusammenzubringen.«

»Hast du das Gefühl, dass dir das, was du heute gelernt hast, dabei hilft?«

»Ja, habe ich.«

Sarahs Sitzung mit Pamela und Jeshua

Sarahs Seelenrückführung in ein Zwischenleben hatte uns viele Einblicke in Sarahs Plan für ihr aktuelles Leben gegeben. Um zu erfahren, was wir sonst noch lernen könnten, sprachen Sarah und ich mit Pamela und Jeshua.

»Ich fange mit einer Frage an«, begann ich. »Haben Sarah und Jim vor ihrer Geburt geplant, eine romantische Beziehung zu haben oder zumindest potenziell eine solche Beziehung zu haben, in der es sehr wenig sexuelle Aktivität geben würde? Die größere Frage lautet: Planen Paare eine solche Situation und wenn ja, warum?«

Pamela schloss die Augen, um sich auf Jeshua zu konzentrieren. Wir schwiegen eine Weile. Wie immer wartete ich mit Spannung auf Jeshuas Anwesenheit.

»Du hast viel Liebe in dir«, sagte Jeshua zu Sarah, als er durch Pamela zu sprechen begann. »In deinem Herzen scheint ein helles Licht. Dir ist jedoch noch nicht wirklich bewusst, was dieses Licht bedeutet. Vor allem hast du die Tendenz, andere Menschen zum Licht bringen und dich um sie kümmern zu wollen, was jedoch dazu führen kann, dass du deine zentralen Grenzen aufgibst. Dann verlierst du deine Erdung und bist nicht mehr ganz in Kontakt mit deinen eigenen Bedürfnissen und Wünschen. Es ist wichtig, zu sich selbst zurückzukehren, mehr Bodenhaftung zu bekommen und die Beziehung, in der man sich befindet, aus dieser Perspektive zu sehen. Im Moment sind deine Energie und Jims Energie irgendwie verstrickt. Du willst dich aus einem tiefen Gefühl der Liebe und des Mitgefühls heraus um ihn kümmern. Aber manchmal kann Liebe für den anderen zu einer Last oder einfach zu viel werden, das kann zu Problemen führen. Ist das verständlich?«

»Ja«, bestätigte Sarah. »In meiner Beziehung gebe ich Jim gegenüber oft klein bei, weil es einfacher ist, als so viele Konflikte auszutragen. Ich fühle mich wirklich unterwürfig. Ich habe meine Wünsche zugunsten von Jim aufgegeben.«

»Es ist nicht nur Unterwerfung«, stellte Jeshua klar. »Du hast auch Angst vor Einsamkeit. Du spielst klein. Du tust so, als wäre dieser unterwürfige Teil von dir nicht wirklich du, aber du spielst ihn trotzdem aus, weil du Angst hast, allein zu sein.«

»Und bei diesem Alleinsein geht es im Wesentlichen darum, dein eigenes Leben anzunehmen«, fügte Pamela hinzu. »Du hast Angst vor deinem eigenen Licht, also vor deiner eigenen schöpferischen Kraft und auch vor deiner eigenen männlichen Energie.«

»Das stimmt«, bestätigte Sarah. »Ich weiß nicht, wie ich meine Macht annehmen soll.«

»Es ist tief im kollektiven weiblichen Bewusstsein verwurzelt«, fuhr Jeshua fort, »dass man als Frau dienen oder sich um die Bedürfnisse anderer Menschen kümmern muss, insbesondere um die Bedürfnisse eines Mannes. Und so wurde es ein Teil der Identität von vielen Frauen. In dieser empathischen und verständnisvollen Rolle zu sein, stets wachsam und immer die Energie des anderen absorbierend, hält Frauen davon ab, ihre Autonomie und ihre Stärke wirklich anzunehmen.

Sexuelle Energie ist Lebensenergie. Im Grunde ist Sex Leben. Es ist eine zutiefst kreative Energie, die man nicht nur im Schlafzimmer beim körperlichen Sex spürt. Es ist ein viel breiteres, umfassenderes Konzept. Es geht um Erneuerung, Originalität und Schöpfung – darum, etwas Neues zu erschaffen. Wenn zwei Menschen sich begegnen und diese Anziehungskraft spüren, gibt es etwas zu erforschen, zu entdecken, und das kann sich wie eine magnetische Anziehungskraft zwischen zwei ihnen anfühlen. Es besteht ein intensiver Wunsch nicht nur nach den körperlichen Empfindungen, sondern auch danach, einander kennenzulernen, und durch dieses gegenseitige Kennenlernen wachsen beide. Das Eingehen einer Beziehung ist also ein zutiefst kreativer Prozess. Das ist es, worum es bei der Sexualität auf einer tieferen Ebene geht.

In deinem Fall, Sarah, spürst du, dass ihr beide, du und Jim, auf einer tieferen oder Seelenebene nicht nebeneinander geht. Ihr seid auf verschiedenen Wegen, aber ihr liebt euch. Ihr wollt zusammenkommen. Allerdings müsst ihr euch mit bestimmten Problemen allein auseinandersetzen. Ihr könnt nicht alles teilen. Immer wenn

Anziehung und Intimität weniger und weniger werden, ist es wichtig, dies auf der inneren Ebene anzusprechen. Es gibt zwei Gründe, aus denen sie weniger werden oder ganz verschwinden. Ein Grund kann sein, dass ein Partner oder beide davor zurückschrecken, sich den eigenen Schatten zu stellen, die in einer engen Beziehung unweigerlich zum Vorschein kommen. Wenn sie nicht in der Lage sind, mit dieser Art von Ehrlichkeit oder Offenheit umzugehen, kann sich einer oder können sich beide verschließen und die Kommunikation ist vielleicht nicht mehr offen und frisch. Dann nehmen Paare oft bestimmte Gewohnheiten und Muster an, kommen irgendwie zurecht und überleben, aber es passiert nichts wirklich Neues.

Es gibt noch einen anderen Grund, aus dem die Anziehungskraft vielleicht zum Erliegen kommt oder allmählich verblasst. Manchmal begegnen sich zwei Seelen in einem Erdenleben, weil sie etwas Besonderes zu teilen haben. Sie ermutigen einander auf einer tieferen Ebene, sich bestimmten Themen zu stellen, und sie haben auch diese kreative Freude zusammen. Doch nicht alle diese Begegnungen oder Beziehungen sind dazu bestimmt, so lange zu halten wie eine dreißigjährige Ehe. Manchmal kann eine Beziehung also auch ihr natürliches Ende finden, weil sich die Dynamik, die zwei Menschen zusammengebracht hat, totgelaufen hat. Sie endet auf natürliche Weise. Die Menschen betrachten das als Versagen, aber auf der Seelenebene ist dies nicht unbedingt der Fall.«

Jeshuas Worte erinnerten mich daran, dass so vieles im menschlichen Leben nicht so ist, wie es zu sein scheint. Wo die Persönlichkeit häufig ein Versagen wahrnimmt, sieht die Seele vollendetes Wachstum.

»Sarah«, fügte Jeshua hinzu, »du hältst dich zurück, weil du deine eigene Kraft siehst und das Gefühl hast, es würde ihn umhauen, wenn du das ganze Ausmaß deines Lichts, deiner Weisheit zeigst. Du legst eine gewisse Schüchternheit oder Bescheidenheit an den

Tag, aber du kannst es nicht aufhalten. Du musst dein wahres Selbst zeigen. Es ist, als würdest du ihn beschützen wollen, aber auf der anderen Seite frustriert dich das, und dann beherrschst du dich deswegen.«

Ich fragte Pamela und Jeshua, was Sarah und Jim konkret in Bezug auf Sex geplant hatten. Wir schwiegen eine Weile, während Jeshua zur Seite trat und Pamela in eines von Sarahs früheren Leben eintrat.

»Ich sehe ein früheres Leben, in dem ihr beide, du und Jim, euch gekannt habt«, sagte Pamela zu Sarah. »Er war dein Vater. Er mochte dich sehr. In diesem früheren Leben warst du als Kind sehr introvertiert. Du warst verträumt und hattest ein reiches Innenleben, aber du hast es für dich behalten. Du warst also ein wenig verschlossen und schüchtern.

Er hat dir immer Mut gemacht. Er war viel offener als du, mehr in der Welt sozusagen, aber er hing sehr an dir. Du warst ihm sehr wichtig, die Blume seines Lebens. Aber später hast du dich in dieser Vater-Tochter-Beziehung ein wenig eingesperrt gefühlt. Irgendwann als junge Frau wolltest du dich daraus befreien. An diesem Punkt wurde seine Energie, die einst sehr warm und liebevoll gewesen war, übermäßig beschützend, ja sogar dominierend und einschränkend.

Du bist weggezogen. Ein anderer Mann trat in dein Leben. Dein Vater mochte ihn überhaupt nicht. Er war eifersüchtig und kritisch. Du hast dich innerlich gespalten gefühlt. Es gab ein Loyalitätsproblem.

Außerdem wolltest du in jenem Leben schreiben. Du hattest eine starke Verbindung mit einer höheren Energie, einer Führung, und du wolltest die entsprechenden Informationen, diese Weisheit nach unten bringen, wolltest darüber schreiben. Das hat sehr viel mit dem zu tun, was Jeshua als dein Licht bezeichnet hat. Es geht darum, ein neues Bewusstsein in die Gesellschaft zu tragen. Das hast du in jenem früheren Leben getan, aber es war schwierig. Du hast Ärger mit deinem Vater bekommen.

Am Anfang jenes Lebens hast du wie ein schüchternes, introvertiertes, sensibles Mädchen gewirkt, aber in dieser Sensibilität steckte großes Potenzial, weil du starke innere Visionen hattest. Später in jenem Leben wolltest du das zum Ausdruck bringen, aber dein Vater hat dich nicht mehr unterstützt, weil er dich so nicht kannte. Es endete also mit sehr gemischten Gefühlen. Du hast ihn immer geliebt und wolltest Frieden zwischen euch beiden, aber er hat dir immer wieder die Schuld gegeben, weil du ihn verlassen hast.«

»Das macht alles absolut Sinn«, bestätigt Sarah. »In diesem aktuellen Leben gibt er mir immer wieder alle möglichen Ratschläge, als sei er der Ansicht, ich wisse nicht, wie ich mich benehmen soll oder Erfolg haben kann.«

»Ich denke, er weiß ganz genau, dass du sehr gut in der Lage bist, es selbst zu tun«, antwortete Pamela. »Aber ich spüre, dass er befürchtet, du brauchst ihn vielleicht nicht mehr, wenn du das vollständig entdeckst, und was dann? Ich spüre seine Angst, verlassen zu werden, eine Angst, dann allein zu sein.«

»Aber wir haben beide die gleiche Angst«, sagte Sarah. »Er hat Angst, dass ich ihn im Stich lassen könnte, und ich habe Angst, ohne ihn einsam zu sein.«

An dieser Stelle teilte uns Pamela mit, dass Jeshua wieder sprechen wollte.

»Deine Seele wollte ihm in diesem Leben noch einmal begegnen«, informierte er Sarah. »Zunächst habt ihr einander ein Gefühl von Wärme, Zärtlichkeit und Zugehörigkeit gegeben. Aber dann seid ihr nach und nach wieder in dieses alte Muster verfallen, was oft passiert, wenn in einem früheren Leben etwas nicht gelöst wurde. Es wird sich wiederholen, weil ihr es lösen wollt. ›Löse es‹ bedeutet: Löse es für dich selbst. Ihr könnt nicht alles zusammen lösen. Dein

Weg ist dein eigener. Deine Seele möchte, dass du dich in diesem Leben mit deinem einzigartigen Licht beschäftigst.

Außerdem möchte deine Seele, dass du dich damit beschäftigst, was es bedeutet, dass du Menschen die Stirn bietest, dass du nicht konventionell bist, dass du Dinge sagst, vor denen manche Angst haben oder gegen die sie Widerstand leisten. Das ist es, was deine Seele will, und sie will auch frei sein von dieser kollektiven weiblichen Unterwürfigkeit.«

»Interessant ist«, erwiderte Sarah, »dass Jim und ich uns in einem Programm namens *Women's Empowerment and Gender Understanding* (›Frauenförderung und Gender-Verständnis‹) engagieren, das wir in unserem Unternehmen eingeführt haben. Wir geben Männern und Frauen Unterricht zum Thema Gender-Verständnis. Ich versuche, in diesem Leben auf die andere Seite zu wechseln, ganz ich selbst zu sein und mich von dem Muster zu befreien, das vor allem darin besteht, ihn übernehmen zu lassen. Aber ich muss vorsichtig sein und es behutsam machen, damit er weiß, dass ich nicht gegen ihn arbeite, denn so nimmt er es oft wahr.«

»In gewisser Weise bist du nicht ehrlich«, betonte Jeshua, »weil sich ein Teil von dir unterwirft. Tief in dir hast du bestimmte Urteile über Jim, aber die behältst du um des lieben Friedens willen für dich. Das jedoch spürt er und es verunsichert ihn. Aus dieser Unsicherheit heraus verhält er sich vielleicht nicht so nett oder wird kritisch oder dominant. Du musst dich dem zugrunde liegenden Problem ganz allein stellen. Deine Position ist nicht klar; sie ist mehrdeutig. Du solltest deine Macht in Anspruch nehmen und sehen, was passiert. Du hast keine Kontrolle darüber, was mit der Beziehung passiert, aber aus Sicht der Seele besteht deine wichtigste Aufgabe darin, diese Kraft, dieses Licht, deine Inspiration anzunehmen, dich wirklich zum Ausdruck zu bringen und dich nicht von dieser kollektiven weiblichen Entmachtung zurückhalten zu lassen.«

»Sarah, wenn du dich mit Jim streitest«, schaltete sich Pamela ein und sprach jetzt in ihrem eigenen Tonfall, »hast du dann Angst, wütend zu werden?«

»Sehr«, bestätigte sie. »Ich bin regelrecht panisch. Er sagt dann sofort Sätze wie ›So kann ich nicht leben‹ oder ›Ich will in keiner Ehe sein, in der wir uns streiten‹. Das hat er mir bei mehr als einer Gelegenheit gesagt. Seine Eltern haben früher ständig gestritten und er will das nicht tun. Ich weiß, dass er mich nicht verlassen wird, aber in punkto Streit ist er kompromisslos. Ich muss immer überlegen, wie ich Dinge sagen kann, damit sie zu ihm durchdringen.«

»Aber in diesem speziellen Beispiel regt er sich auf und fühlt sich frei, es dir gegenüber zum Ausdruck zu bringen«, sagte Pamela. »Du übernimmst dann die Verantwortung für seine Angst vor Streit und auch für deine. Du nimmst die ganze Last auf dich und entscheidest dann: ›Ich erhebe meine Stimme nicht.‹ Das funktioniert vielleicht kurzfristig, aber nicht auf lange Sicht, weil du es mit dir herumträgst.«

Damit trat Pamelas Bewusstsein beiseite und Jeshua kehrte zurück.

»Sei einfach wütend«, riet er.

»Oh mein Gott, das macht mir solche Angst!« Sarah fing an zu weinen. »Und ich weiß, es … Ich weiß, dass es den meisten Frauen Angst macht.«

»Kannst du erklären, warum es so beängstigend ist?«, fragte Jeshua sanft.

»Es ist die Angst vor der Einsamkeit. Ich bin dann ganz allein damit, wenn ich so wütend bin. Er verschließt sich dann immer. Er kann es nicht ertragen, wenn ich wütend bin.«

»Du bist in solchen Momenten in dieser Beziehung einsam«, bemerkte Jeshua. »Aber die grundlegendste Einsamkeit ist der Mangel an Verbindung zu dir selbst, zu deinem wahren Selbst, deiner Seele, deiner Inspiration, deiner Intuition. In dem Moment, in dem du dich um des lieben Friedens willen klein machst, bist du unehrlich mit dir und der Situation. Auch das kann ein Gefühl der Einsamkeit erzeugen – und es ist viel schlimmer, als tatsächlich allein zu sein.«

»Das stimmt. Ich bin einsam, wenn ich nicht sage, was ich wirklich denke, und ich fühle mich mit Jim verbunden, wenn ich sage, was ich wirklich denke.«

»Hier geht es um Mut«, sagte Jeshua zu Sarah. »Bei diesem ganzen Thema geht es um Mut, denn du weißt bereits alles, was du tun musst.«

»Willst du etwas Lustiges hören? Eine der Übungen, die ich mit den Frauen in meinem Kurs mache, heißt *The Courage Finder* (›Der Mut-Finder‹)«, sagte Sarah lachend.

»Männliche Dominanz ist ein sehr wichtiges Thema. Sie hat jedoch zwei Seiten«, fuhr Jeshua fort. »Früher waren Frauen aufgrund der Rollen, die sie spielen mussten, etwa Mutter und Ehefrau, machtlos. Sie konnten sich nicht öffentlich zum Ausdruck bringen. Allerdings waren auch Männer in ihrer Selbstdarstellung stark eingeschränkt. Sie durften oder mussten arbeiten, Geld verdienen, in der Armee kämpfen, in den Krieg ziehen. Diese typischen Männerrollen waren für Männer aber nicht wirklich befreiend. Sie waren vielleicht das dominante Geschlecht, aber das bedeutet nicht, dass ihr inneres Selbst oder ihre Seele in den Rollen, die sie erfüllen mussten, genährt wurde. Männer wurden von ihren Gefühlen abgeschnitten, von ihrem Herzen, also von einem wesentlichen Instrument, um sich mit der Seele zu verbinden.

Männer und Frauen haben unter diesen stark eingeschränkten Rollen sehr gelitten und leiden immer noch darunter. Es ist jetzt an der Zeit, sich aus diesen Rollen zu befreien, denn nur so können sowohl Männer als auch Frauen tiefer mit dem Wesen ihrer Seele, mit ihrer einzigartigen, individuellen Seelenenergie, in Kontakt treten. In dem Moment, in dem du dich zu stark mit einer traditionell definierten männlichen oder weiblichen Rolle identifizierst, schränkst du die Ausdruckskraft deiner Seele ein. Dies gilt sowohl für Männer als auch für Frauen.

Heutzutage ist es wichtig, dass Frauen ihre Rolle verstehen«, sprach er weiter. »Wenn sie sich zu sehr damit identifizieren, Opfer von Männern zu sein, und darüber in einen Zustand der Wut und Frustration geraten, ist das nicht die richtige Dynamik zur Lösung des Problems, weil auch Männer verwundet wurden. Wenn Männer zumachen oder emotional blockiert sind oder wenn sie aufgrund der Anforderungen, die in Beziehungen an sie gestellt werden, aggressiv oder frustriert werden, ist es sehr wichtig, dass Frauen die Geschichte der kollektiven Energie von Männern sehen und verstehen. Frauen müssen hier eine führende Rolle spielen. Nur so können sie eine heilsame Brücke zwischen den Geschlechtern schlagen.«

»Wie wirkt sich das auch auf die sexuelle Beziehung aus?«, fragte Sarah.

»Einander sexuell zu wollen, sollte Ausdruck des Verlangens der Seele nach Verbindung und Freude sein«, antwortete Jeshua, »und die traditionellen Rollen, die Männern und Frauen zugewiesen werden, sollten aufgegeben werden. Es sollte mehr darum gehen, dass sich das Individuum zum Ausdruck bringen kann, um echte Verbindung und um Kommunikation auf einer sehr intimen Ebene. Sexualität wurde im Laufe der Zeit so eng mit Macht und Machtmissbrauch verflochten. Es gibt viele emotionale Traumata, die mit Sexualität zu tun haben. Kommunikation ist der Schlüssel in diesem Bereich.

Außerdem ist es wichtig, dass Frauen erwachsen werden, aus dieser Opfer- oder Schuldzuweisungsrolle herauswachsen und sich ihrer eigenen schöpferischen Kraft wirklich stellen. Dann wird es eine Wiedergeburt der weiblichen Energie bei Frauen geben, und diese Energie wird sich auf natürliche Weise in den männlichen Aspekt integrieren, der auch bei Frauen vorhanden ist. Du bist beides. Wenn diese natürliche Integration bei Frauen stattfindet, werden sie unabhängiger und autonomer und ihre Beziehung zu Männern ist viel weniger angespannt. Es gibt weniger Erwartungen. Frauen werden die Männer in gewisser Weise frei machen, die zu sein, die sie sind. Sie werden keine archetypische Rolle mehr erfüllen müssen. Dann haben Männer die Freiheit, die Individuen zu sein, die sie sind, genau wie die Frauen.«

Ich unterbrach ihn. »Ich möchte auf die zentrale Frage zurückkommen, die wir meiner Meinung nach bisher nur teilweise beantwortet haben: Warum sind Sarah und Jim nicht sexuell aktiv? War das vor ihrer Geburt geplant und wenn ja, warum?«

»Am Anfang war da eine starke Anziehungskraft, ein Erkennen der Seelen«, sagte Jeshua. »Teil ihrer Absicht war es, den Kampf oder Konflikt, mit dem sie in ihrem früheren Leben konfrontiert waren, nachzustellen und jetzt einen eher befreienden Ausweg zu wählen. Sarah, deine Seele wollte sich mit diesem Thema auseinandersetzen, um von sehr alten, tief sitzenden Ängsten befreit zu werden: der Angst vor Selbstausdruck und vor allem der Angst vor dem Selbstausdruck als Frau. Du hast geplant, dich diesem Problem zu stellen. Die Frage der sexuellen Intimität ist wirklich zweitrangig gegenüber der Frage, wie ihr insgesamt miteinander umgeht. Es ist kein eigenständiges Thema; es hat etwas mit der gesamten Beziehungsdynamik zu tun.

Nachdem du wirklich in dich gegangen bist, solltest du, Sarah, entscheiden, ob das, was zwischen euch beiden geschieht, eine vorübergehende Phase ist oder ob die Dynamik ein natürliches Ende gefunden hat. Das kann ich dir nicht sagen. Es ist ein Teil deines Prozesses, es selbst herauszufinden.«

»Jeshua, was kannst du Sarah und Jim sonst noch raten, wie sie ihr Sexualleben jetzt angehen sollten?«, fragte ich. »Wie können sie es erneuern? Welchen besonderen Rat würdest du ihnen für den Umgang mit Traurigkeit, Angst oder Urteilen über sich selbst oder einander geben?«

»Wenn ihr beide wirklich daran arbeiten wollt, müsst ihr offen sein«, riet er Sarah. »Du solltest auf seine Gefühle nicht *allzu* viel Rücksicht nehmen, denn damit blockierst du deinen Selbstausdruck, und das ist für die Beziehung nicht hilfreich. Sei offen, auch bei starken Emotionen. Dann hältst du ihn für ebenbürtig. Das grundlegende Thema ist ein emotionales, kein sexuelles, aber Emotionen leiten die Sexualität. Sich zu jemandem hingezogen zu fühlen oder körperliche Erregung – das ist kein unabhängiger Prozess. Er hat ziemlich viel mit Emotionen zu tun.

Sexualität ist so direkt, so instinktiv, dass man sich in diesem Bereich nicht verstecken kann. Wenn du beispielsweise versuchst, den ganzen Tag über Frieden zu bewahren, wird deine Energie blockiert. Du bist nicht mehr spontan, also ist auch der Sex nicht spontan, wenn sich in euch beiden Emotionen aufgestaut haben. Deine eigene Sexualität, Sarah, bleibt auf diese Weise stecken. Wenn du dich weigerst, dich auf einer stark emotionalen Ebene wirklich zu öffnen, beispielsweise wirklich wütend zu werden, dann *ist* das, was in der Wut steckt, deine sexuelle Energie. Es ist deine Sinnlichkeit, dein Feuer, deine Leidenschaft. Wenn du das konsequent verdrängst, weil du Frieden haben willst, sehr verantwortungsbewusst bist oder ihn retten willst, dann unterdrückst du deine eigene sexuelle Energie, die schöpferische Energie ist. Sexuelle Energie ist auch die Energie der Seele. Sie ist nicht unabhängig davon.«

»Meine sexuelle Energie hat mich als Kind in große Schwierigkeiten gebracht«, sagte Sarah traurig.

»Ja, das sehe ich«, sagte Pamela, die jetzt als sie selbst sprach. Sie stimmte sich auf die Energie von Sarahs sexuellem Missbrauch in der Kindheit ein. »Ich sehe, du bist wie eine dunkle Wolke. Das ist deine Wut, deine Frustration, und darum herum sind Gefängnisgitter, sehr alte Gefängnisgitter. Früher konntest du deine Gefühle nicht zum Ausdruck bringen, aber ich kann dir sagen: In dieser besonderen Beziehung zu Jim wirkt die karmische Erinnerung daran. Die Erinnerung deiner Seele, dass du dich in dem früheren Leben nicht frei zum Ausdruck bringen konntest. Du hast also eine Erinnerung daran, dass du mit deinem Partner nicht wirklich du selbst sein kannst. Es kann unter vielen Umständen schwierig sein, starke Emotionen zu zeigen, aber bei ihm ist es aufgrund der karmischen Geschichte zusätzlich schwer.«

»Ich möchte Jeshua bitten, jetzt zu den Leserinnen und Lesern zu sprechen«, sagte ich. »Was würdest du Menschen sagen, die in einer festen Beziehung sind, in der es wenig oder gar keinen Sex gibt?«

»Untersucht die Gründe dafür und seid offen füreinander, ohne zu urteilen«, schlug er vor. »Sexualität und Intimität sind umgeben von Gefühlen wie Scham, Versagensängsten oder der Befürchtung, nicht gut genug zu sein. Es ist ein sehr heikles Thema. Der erste Schritt, den zwei Partner tun sollten, besteht in der Entscheidung, diese Dinge wirklich anzusprechen und zu erkennen, dass es auf beiden Seiten große Schmerzen gibt.

Erkenne, dass ein sexuelles Problem etwas mit der gesamten Energie einer Person zu tun hat. Es ist kein separater Teil. Es hat mit deiner Lebensenergie zu tun – damit, ob du dich mit dir selbst wohlfühlst, mit deiner wahrsten, einzigartigen Energie. Deshalb ist Sexualität von so großer Bedeutung. Sie steht in Verbindung mit dem Ausdruck der Seele.

In dem Moment, in dem du das Gefühl hast, dass deine sexuelle Energie blockiert ist – und das ist bei sehr vielen Menschen der Fall –, passiert etwas in deinem Inneren. Es ist wichtig, sich darauf einzulassen, sowohl gemeinsam als auch ganz persönlich, also jeder für sich. Im ersten Schritt geht es darum, offen zu sein, Urteile loszulassen und eine Verbindung auf der Seelenebene herzustellen.

Seht euch nicht nur als Mann und Frau, sondern verbindet euch auf einer Ebene, die darüber hinausgeht. Nehmt Anteil aneinander, wie es Freunde tun würden, damit ihr näher zusammenkommen könnt.

Beschäftigt euch mit dem Thema nicht nur auf der körperlichen Ebene, sondern auch im Alltag: Wie geht ihr miteinander um? Wie sprecht ihr miteinander? Welche Hoffnungen, Wünsche, Sehnsüchte habt ihr? Wenn Menschen schon lange zusammen sind, haben sie sich oft an die entstandenen Muster gewöhnt. Ihr Alltag kann auch sehr geschäftig sein und sie werden von vielen Dingen in Anspruch genommen.

Es ist aber wichtig, dass eine Beziehung nie zur Gewohnheit wird, denn dann erlischt der Funke des Staunens, der Begeisterung und der Neugier. Die Beziehung staubt ein und das sexuelle Feuer schwindet dahin. Also – und das ist im ganzen Leben wichtig – frage dich, welche Bedeutung das, was du tust, wirklich für dich hat. Denn dein größtes Geschenk ist dein Seelenfeuer, die Leidenschaft deiner Seele, ganz egal, was du tust.«

»Jeshua, wie können Paare ohne Sex emotionale Intimität schaffen?«, fragte ich.

»Offenheit ist ein Schlüssel. Intimität. Intimität bedeutet, mit jemandem so entspannt umzugehen, dass man sich spontan erlaubt, seine tiefsten Gefühle zu teilen. Man hat keine Angst vor Urteilen. Die Energiefelder von zwei Menschen, die emotional intim sind, öffnen sich auf sehr liebevolle Weise. Sie haben wirklich dieses Staunen und diese Neugier aufeinander, anstatt einander durch die Brille der Konvention zu betrachten oder die andere Person als ›erfolgreich‹ oder ›reich‹ oder dies oder jenes einzustufen. All diese allgemeinen Urteile verschwinden.

Es ist ein Wunder! Wenn Menschen in Intimität zusammenkommen, öffnen sie sich für eine Dimension des wahren Staunens und sehen einander wirklich mit ganz neuen Augen. Es erfordert

Anstrengung, dies zu erreichen, weil ihr in der Regel leicht von Angst überwältigt werdet und von einer Gedankenenergie, die alles kontrollieren und funktionieren lassen möchte. Intimität macht es also immer erforderlich, die Zukunft loszulassen, um im Hier und Jetzt präsent zu sein. Man lässt alle Kontrollmechanismen los. In einer Ehe *muss* man beispielsweise zusammen sein, man *muss* bestimmte Dinge zusammen machen. Es gibt so viele Regeln und Erwartungen, die dieses offene Gefühl des einander Kennenlernens töten: Wo bist du jetzt? Was fühlst du jetzt? Das geht unterwegs oft verloren. Also müsst ihr dafür Raum schaffen und das Wunder erleben.

Wenn du also intim sein willst, sei es, um die sexuelle Intimität wiederaufleben zu lassen, oder auch nur, um mit einem Freund oder einer Freundin zusammen zu sein, brauchst du immer den Mut, dich zu öffnen und die Angst vor möglicher Ablehnung durch das Gegenüber oder vor seinem Urteil zu verlieren. Intimität ist ein großer Schritt. Sie bedeutet, ein Risiko einzugehen.«

»Jeshua, welche Rolle spielt Sex in menschlichen Beziehungen?«, wollte ich noch einmal ganz konkret wissen. »Warum sind wir überhaupt sexuelle Wesen?«

»Sexualität wird in der Gesellschaft krass missverstanden«, stellte er fest. »Das liegt an dem wissenschaftlichen Paradigma, das gegenwärtig bei euch dominiert. Ihr betrachtet Sexualität als einen biologischen Überlebensmechanismus, aber die wahre Natur der Sexualität ist sehr viel komplexer und hat eher etwas mit der Seele zu tun.

Die Seele möchte wachsen, Selbsterkenntnis und Erfahrung gewinnen und sich durch Beziehungen öffnen. Du begegnest einem anderen Menschen und in dieser Begegnung wirst du mit dir selbst konfrontiert. Aber der andere kann dir auf freudvolle Weise helfen, dich selbst anders zu sehen. Licht und Schatten sind im Tanz einer Beziehung zutiefst präsent. Er ist eine starke

Möglichkeit zu wachsen. In Wirklichkeit ist Sexualität die Freude an der Kreativität. Aus Sicht der Seele dient sie nicht in erster Linie dem Überleben oder der Arterhaltung. Deshalb ist es der Seele auch egal, ob du in einer homosexuellen oder heterosexuellen Beziehung bist. Im Grunde geht es um den Tanz des Lebens. Sexualität hat etwas damit zu tun, die eigene Einzigartigkeit zu feiern und mit jemand anderem zu teilen.

Eine tiefe Verbindung zwischen zwei Individuen entsteht, wenn sie sich auf allen Ebenen verbinden, also sowohl physisch als auch emotional. Dies erzeugt eine Art Magie zwischen den beiden Individuen, die ihr Wachstum fördert, aber auch Einfluss auf die Welt um sie herum nimmt. Sexualität ist insofern magisch, als sie eine zutiefst schöpferische Energie anzieht. Sie ist eine wichtige Quelle der Inspiration für uns Menschen. Sexualität ist jedoch noch viel mehr als die Beziehung zwischen zwei Menschen. Wann immer sich beispielsweise eine Künstlerin oder ein Künstler, ein Maler, eine Schriftstellerin oder ein Bildhauer, wirklich inspiriert fühlt, fließt in dieses Gefühl des Erschaffens und der Erregung tatsächlich auch etwas Sexuelles ein. Kreative Inspiration ist sexueller Natur. Daher ist es wichtig, das Sexuelle nicht auf das Körperliche oder das Kinderkriegen beschränkt zu sehen.«

»Kannst du noch etwas näher darauf eingehen?«, bat Sarah.

»Wenn du zutiefst kreativ oder inspiriert bist, steckt die höchste Energieebene dahinter, das Kronenchakra«, sagte Jeshua. »Dieses Chakra bildet einen Kreis, der mit deinem Wurzelchakra an der Basis der Wirbelsäule in Verbindung steht. Es ist ein energetisches Geschehen. Die Energie fließt auf und ab. In manchen Traditionen wird dies als Kundalini-Erfahrung bezeichnet.

Wenn alle Ebenen in deinem Innern involviert sind und sich die Seele wirklich mit deinem Körper und deiner emotionalen Energie vermischt, wird sie zum Licht, zu einem Feuer, das in dir brennt. Die Seele wandert nach unten in die höheren Energiezentren, durch den Kopf und das Herz, und will dann in die unteren Energiezentren fließen. Das Solarplexus- und das Wurzelchakra stellen die Hauptblockaden dar, weil sie Menschen in der Vergangenheit davon abgehalten haben, ihre Kreativität wirklich zum Ausdruck zu bringen. Das hat etwas damit zu tun, wie Menschen im Laufe der Geschichte von Institutionen regiert wurden, mit dieser ganzen Trennung von Männern und Frauen in der Vergangenheit und damit, dass sie auf sehr einschränkende Rollen festgelegt waren. Dies ist einer der Gründe, warum Menschen solche Schwierigkeiten haben, ihre Kreativität zuzulassen, was auch bedeutet, ihrer Ganzheit, ihrer Sexualität, freien Lauf zu lassen. Es geht also um viel mehr als nur um Beziehungen. Es geht darum, frei zu werden, wirklich frei, um sich zum Ausdruck bringen zu können.«

Jeshua trat beiseite, damit Pamela etwas dazu sagen konnte: »Wenn wir individuell ganz werden, wenn eine Frau ihre männliche Energie integriert und ein Mann seine weibliche Energie, werden wir wirklich kreativ und unsere Beziehung wird ebenfalls gedeihen. Dann werden wir uns nicht auf diese starren, alten Muster einlassen. Das ist ein sehr großer Schritt.«

»Ich habe noch eine Frage an Jeshua«, sagte ich. »Welche Bedeutung hat sexuelle Aktivität bei älteren Paaren und allgemein bei Paaren, die schon sehr lange zusammen sind und bei denen vielleicht mehr Planung erforderlich ist?«

»Manchmal ist es wichtig, Zeit und Raum füreinander einzuplanen«, sagte er. »Wenn man lange zusammen ist, kann es sein, dass man sich und den anderen irgendwie vergisst. Es ist wichtig, sich ein Gefühl der Frische zu bewahren und übereinander staunen zu können, und das ist möglich.

Es geht darum, wie sich die beiden Seelen zueinander verhalten. Wenn man älter wird, kann die sexuelle Intimität eine Tiefe erreichen oder eine Dimension, die in jüngeren Jahren schwieriger zu berühren ist. Wenn man jünger ist und Kinder hat, ist man mit seiner Aufmerksamkeit oft woanders. Man ist sehr auf Alltägliches konzentriert, auf praktische Dinge. Es ist, als sei man vollständig in die materielle Welt inkarniert, wenn man eine Familie gründet.

Wenn man älter wird, ›exkarniert‹ man. Man konzentriert sich weniger auf die materielle Welt. Man ist weniger auf Ziele für die Zukunft fixiert. Man ist also offener für das Reich des Spirituellen und im Sexuellen kann man tatsächlich eine Intimität erlangen, die noch tiefer ist als zuvor, die das Körperliche umfasst, aber weniger auf körperliche Empfindungen fokussiert ist. Die sind zwar wichtig, aber es geht mehr um Zärtlichkeit und das Gefühl, sich absolut wohl miteinander zu fühlen. Diese Art von Intimität ist oft nur vorhanden, wenn man sich schon lange kennt. Es ist, als würden die Körper flüssig, wenn sie sich in dieser Weise begegnen. In solchen Momenten der Intimität macht man auch eine Art mystischer Erfahrung. Sie kann den sexuellen Akt oder einen Orgasmus beinhalten, muss es aber nicht. Das spielt wirklich keine so große Rolle. Es geht darum, einander zu berühren, um Zugang zu einem Bereich zu erhalten, der jenseits des Körperlichen liegt und beiden Partnern ein echtes Gefühl von Wärme und Geborgenheit gibt.«

An dieser Stelle brachte ich eine Frage vor, von der ich wusste, dass sie Sarah besonders interessierte. »Jeshua, warum ist die ›Jagd‹ in sexuellen Beziehungen so wichtig? Normalerweise ist es der Mann, der einer Frau nachstellt. Und wie können Menschen von der Jagdphase zu einer dauerhaften, intimen sexuellen Beziehung übergehen? Denn der Mann fühlt sich oft weniger von der Frau angezogen, die er bereits ›hat‹ – jetzt, wo die Jagd vorbei ist.«

»Die ganze Vorstellung, dass ein Mann eine Frau jagt, ist nicht natürlich«, bemerkte Jeshua. »Sie ist ein Konstrukt. Manche sind überzeugt, dass der Mann der sexuell Aktive sein sollte, der Eroberer, und dass er deshalb der Frau nachstellen sollte. Sicher gibt es ein natürliches Verlangen, mit jemandem des anderen Geschlechts in Kontakt zu treten, aber das ist bei einer Frau genauso präsent wie bei einem Mann. In der Vergangenheit war es für Männer jedoch gesellschaftlich eher akzeptabel, die Initiative zu ergreifen. Das ist aber so nicht natürlich.

Wenn es um Sexualität geht, sollten Mädchen und Jungen so erzogen werden, dass sie sich mit der Art, wie sie sich miteinander zum Ausdruck bringen, wohlfühlen. Dann steht die Vorstellung des Jagens oder Eroberns nicht mehr derartig im Vordergrund. Solange Männer glauben, dass sie eine Leistung erbringen müssen oder dass es eine Leistung ist, eine Frau zu erobern, sind sie zu sehr auf den sexuellen Akt fixiert. Dann gibt es keine wirkliche Verbindung und die Erregung lässt schnell nach. Wenn sich ein Mann immer so verhält, wenn es also ein Muster von ihm ist, spielt sich etwas noch etwas Komplizierteres in ihm ab. Dabei geht es um die Frage, warum es ihm schwerfällt, eine intime Verbindung mit einer Frau einzugehen. Man muss sich jedes Individuum ganz genau anschauen, um zu sehen, was hier wirklich vor sich geht.«

»In Jims Fall ist das eine große Sache«, teilte Sarah mit. »Er ist sehr auf Leistung fixiert. Beispielsweise wollte er mich, wann immer wir sexuell intim waren, dazu bringen, so oft wie möglich einen Orgasmus zu haben. Das ist auf Dauer beklemmend. Wir zogen unsere Lust manchmal über mehr als zwei Stunden hin. Warum? Es hat etwas mit dieser restriktiven männlichen Rolle zu tun, in der er ständig Leistung bringen wollte. Wir verbanden uns nicht wirklich miteinander. Ich versuchte, ihm zu gefallen, und er versuchte, mir zu gefallen, was etwas ganz anderes ist.«

»Mir kommt es so vor, als habe dieses Bedürfnis, etwas erreichen oder Eindruck auf dich machen zu müssen, seinen Ursprung in einem ziemlich tief liegenden Gefühl, nicht gut genug zu sein, in einer gewissen Unsicherheit«, sagte Pamela zu Sarah. Pamela nutzte nun ihre Hellfühligkeit, um die Energie von Sarahs und Jims Dynamik zu erspüren. »Es ist komplex, denn wenn du ihm sagst, dass er das nicht tun muss, könnte er das als Ablehnung empfinden.«

»Ja, und genau das tut er auch«, bestätigte Sarah.

»Dies ist ein gutes Beispiel dafür, was Männern beigebracht wurde«, meinte Pamela. »So sind Männer, wenn sie nicht von ihrem Herzen aus handeln. Vielleicht neigen Frauen eher dazu zu sagen: ›Vergessen wir das mit der Leistung‹, aber für Männer ist das nicht so einfach, weil es so sehr Teil ihrer Definition von Männlichkeit ist. Es ist beängstigend, das alles loszulassen.«

»Jeshua«, fragte ich, »wenn Menschen ihr Leben auf der Seelenebene planen und davon reden, feste romantische Beziehungen einzugehen, wie oft wird dann darüber diskutiert, wie das Sexualleben aussehen wird? Und wenn sie planen, wenig oder keinen Sex zu haben, ist das dann in der Regel als Möglichkeit, als Wahrscheinlichkeit oder als Gewissheit eingeplant?«

»Es ist manchmal Teil des Seelenplans, in einer Ehe oder intimen Beziehung zu leben, in der es nicht so sehr um das Körperliche geht«, sagte er. »In Beziehungen gibt es oft ein oder zwei Schwerpunkte oder zentrale Themen. Wenn sich zwei Menschen auf der Seelenebene begegnen, wollen sie an etwas arbeiten oder sich mit bestimmten Themen auseinandersetzen, und manchmal ist das Sexuelle dabei einfach nicht so relevant. In diesem Fall ist die sexuelle Inaktivität kein Thema.

Es gibt jedoch viele Beziehungen, für die der Plan vorsieht, dass das Sexuelle ein wichtiges Thema sein soll. Dann muss man sich die zugrunde liegende Dynamik anschauen, denn wenn man sagt, es sei für ein Paar geplant, kaum sexuelle Intimität und nicht viel Sex zu haben, ist dies nur ein Effekt und die zugrunde liegende Energiedynamik ist das eigentliche Thema.

Es kann karmische Muster zwischen den Partnern geben, aber karmische Themen weisen immer auf allgemeine Themen in der Seelengeschichte eines Menschen hin. Es könnte beispielsweise sein, dass die Seele ein Missbrauchsthema erfahren oder untersuchen möchte. Es gibt tatsächlich eine lange Liste von Themen, die etwas mit dem Sexuellen zu tun haben können. Wenn Menschen ihre sexuelle Inaktivität als Problem empfinden, müssen sie sich damit befassen, und es ist definitiv ein Teil ihres Seelenplans, sich diesem Problem zu stellen. Dies bringt vieles ans Licht: alten Schmerz oder Urteile darüber, wie es ist, ein Mann oder eine Frau zu sein. Alle diese Themen werden berührt. Das gehört zur Absicht der Seele. Wenn man es auf diese Weise von einer höheren Ebene aus betrachtet, wird das kollektive Bewusstsein freier von den Lasten der Vergangenheit. Sexuelle Probleme beziehen sich also immer auf die gesamte Gesellschaft. Sexualität ist eben immer noch stark von Dunkelheit, Angst, Missbrauch und den Dogmen der Vergangenheit geprägt.«

»Können wir nur auf der individuellen Ebene etwas verändern oder gibt es eine Möglichkeit, solche Veränderungen auch auf gesellschaftlicher Ebene herbeizuführen?«, fragte Sarah Jeshua.

»Frauen könnten eine führende Rolle bei der Eröffnung der Diskussion spielen«, antwortete er. »Im Zuge ihrer Emanzipation sind Frauen unabhängiger geworden und mehr in Kontakt mit ihrem eigenen Leben gekommen. Außerdem haben sie ein natürliches Verständnis dafür, dass es bei Sexualität nicht nur um körperliche Befriedigung, Begierde oder Lust geht. Sie haben eine angeborene Einsicht in die Verbindung zwischen Herz und Bauch und in die spirituelle Rolle der Sexualität, die eigentlich eine heilige Erfahrung ist. Auf einer kollektiven Ebene ist es wichtig, mehr Informationen über die wesentliche Natur der sexuellen Begegnung zu erhalten, um sie besser verstehen zu können, und zu diesem Zeitpunkt sind Frauen besser dazu in der Lage.

In gewisser Weise werden Männer von den traditionellen Definitionen von Männlichkeit noch mehr heimgesucht und verletzt. Sie wissen in dieser Zeit nicht mehr so richtig weiter. Das alte Bild des

Mannes, der stark und zäh ist und alles unter Kontrolle hat, wird zunehmend kritisiert. Männern wird gesagt, dass sie sich mit ihrer Sensibilität und ihrer weiblichen Seite verbinden müssen. Es ist nicht einfach. In gewisser Weise sind Frauen deutlich besser in der Lage, sowohl für sich selbst als auch für Männer einen heilenden Raum zu schaffen und auch die Gesellschaft über andere Möglichkeiten, mit Intimität umzugehen und sie auf den ganzen Menschen zu beziehen, zu informieren.«

»Welche Rolle spielt Pornografie bei all dem?«, fragte Sarah, »denn wenn Paare Sex haben, setzt der Mann oft Pornografie ein. Das ist ziemlich üblich.«

»Bei der Pornografie liegt der Schwerpunkt auf Leistung«, kommentierte Jeshua, »und es mangelt an echter Intimität und Offenheit. Wenn Männer unsicher sind, aber dennoch sexuelle Wünsche haben, kann es ein einfacher Ausweg sein, sich Pornofilme anzuschauen, weil dabei keine Notwendigkeit besteht, sich zu öffnen. Unsichere Männer denken vielleicht auch, es sei das, was von ihnen verlangt wird: die Leistung. Sie fangen also an, sich darauf zu konzentrieren, und bekommen ein vermindertes oder schlechtes Gefühl dafür, was Intimität mit einer anderen Person wirklich bedeutet.

Dieses Thema hat viel damit zu tun, wie die Gesellschaft Kinder erzieht und wie mit ihnen über Sex gesprochen wird. Oft wird Sex als unmoralisch oder schlecht bezeichnet. Wie viel Raum gibt es für ein echtes, offenes Gespräch über die Gefühle von Teenagern? Sie erhalten keine Informationen darüber, was Intimität bedeutet. Eine solche Gesprächskultur wirklich zu eröffnen, hätte eine starke Wirkung auf die Gedanken junger Männer und Frauen, Jungen und Mädchen – und Pornografie hätte kaum noch Anziehungskraft für sie. Sexualität mit echter Intimität, Offenheit und einem Gefühl des Staunens und der echten Verbundenheit ist so viel erfüllender als Pornografie.«

»Der Drang, sich Pornografie anzuschauen, ist eine Art Flucht«, fügte Pamela hinzu. »Sich dessen bewusst zu sein, ist schmerzhaft für die betreffende Person.«

»Ich habe mir immer Sorgen über den Pornokonsum meines Mannes gemacht«, erzählte Sarah. »Mir ist aufgefallen, dass er weniger konsumiert, wenn wir uns näher sind, wenn wir intimer miteinander sind, nicht unbedingt körperlich, sondern ganz allgemein.«

»Ja, denn die Intimität befriedigt ein echtes Bedürfnis«, bestätigte Pamela.

* * *

Auf der irdischen Ebene ist wenig so, wie es scheint. Vordergründig und nach den Maßstäben der modernen Kultur könnte die tendenzielle Enthaltsamkeit in Sarahs und Jims Beziehung von manchen als Versagen, Dysfunktion, Abnormalität oder sogar Mangel an Liebe betrachtet werden. Doch Sarah und Jim war es um eine höhere Einsicht und letztendlich um einen höheren Ausdruck der Liebe gegangen, als sie genau das Zölibat planten, das mit der Abwesenheit von Liebe verwechselt werden könnte. Wie Jims Seele uns mitteilte, wird sich Jim allmählich klar darüber, was Liebe ist, und sowohl Sarah als auch Jim lernen, dass tiefe Liebe ohne Sex aufrechterhalten werden kann. Diese Klarheit und die zunehmende Einsicht werden es ihnen mit der Zeit ermöglichen, die Liebe vollständig in das Sexuelle einfließen zu lassen.

Als Seelen haben Sarah und Jim einen Lebensplan erstellt, der Lernen durch Gegensätze vorsieht. Indem sie das Gegenteil von dem erfahren, was sie letztendlich wissen möchten, lernen sie, Sex und Liebe besser zu verstehen und wertzuschätzen. Einen solchen Plan in dem Wissen aufzustellen, dass er vorübergehendes, aber erhebliches Leid verursachen wird, ist ein mutiger Akt. Einen solchen Plan in einer Zeit und einer Gesellschaft umzusetzen, in der die göttlichen Absichten einer solchen Enthaltsamkeit weitgehend unbekannt sind, ist ein Akt außergewöhnlichen Mutes.

Genau wie die heutige Gesellschaft das Zölibat falsch einschätzt, missversteht sie auch die Verletzlichkeit. Die Fähigkeit, sich selbst zu verteidigen, wird als Stärke angesehen, Verletzlichkeit aber mit Schwäche verwechselt. Tatsächlich ist genau das Gegenteil der Fall. Verteidigung ist eine Form von Angriff und in der Verletzlichkeit liegt große Macht. Auf der Suche nach diesen Wahrheiten haben Sarah und Jim das Zölibat gewählt, als Weg zu absoluter Offenheit, Ehrlichkeit und Verletzlichkeit. Wenn sie diese Tugenden erlangt haben, konnten sie lernen, was Sarahs Familie »die endgültige Lektion« genannt hat: sich selbst so sehr wertzuschätzen, dass sie ohne Angst eine Beziehung miteinander haben können. Indem sie die Angst aus ihrer Beziehung verbannen, schlagen Sarah und Jim einen energetischen Weg ein, den auch andere Paare gehen können. Weit davon entfernt, eine Art Scheitern zu sein, beschleunigt das Zölibat von Sarah und Jim einen persönlichen und gesellschaftlichen Wandel in romantischen Beziehungen. So verläuft die Entwicklung: von der durch Angst verunreinigten und verwässerten Liebe zur reinen Liebe.

Wenn wir unsere vorgeburtlichen Pläne machen, planen wir oft, das zu lehren, was wir selbst am dringendsten lernen müssen. Die Lektionen sind in erster Linie für den Lehrer selbst bestimmt. In dem Maße, in dem der Lehrer sie lernt und lebt, wird er ein mächtigerer Lehrer. Dies ist der Weg, den Sarah geht, indem sie in dem Unternehmen, für das sie arbeitet, einen Kurs zum Thema Frauenförderung anbietet. Bemerkenswert ist, dass eine Übung, die sie mit den Frauen in ihrem Kurs macht, *The Courage Finder* (»Der Mut-Finder«) heißt. Der Unterricht allgemein und besonders diese Übung sind Wege, auf denen Sarah lernt, in ihre eigene Kraft zu kommen und sich von der kollektiven weiblichen Entmachtung zu befreien, von der Jeshua sprach. In diesem Leben möchte Sarahs Seele, dass sie ihre eigene Macht besser kennenlernt. Die vorgeburtliche Absicht ihrer Seele besteht darin, bestimmte Tugenden oder Erkenntnisse zu kultivieren und sie dann in irgendeiner Form des Dienstes an anderen zum Ausdruck zu bringen. Für Sarah besteht die Kultivierung des Wissens um diese Macht darin, dass sie weibliche Macht in ihrem Kurs zum Ausdruck bringt. Hier werden die beiden Absichten – Kultivieren und zum Ausdruck bringen – eins.

Ein Teil von Sarahs eigenem Lernen in Bezug auf ihre weibliche Macht besteht darin, offen gegenüber ihrer Wut zu sein. Wenn sie es nicht ist, geht ihre sexuelle Energie in Wut über. Wie Jeshua sagte, möchte Sarahs Seele von den alten Ängsten vor ihrem Selbstausdruck (insbesondere als Frau) befreit werden, die Sarah in ihrem früheren Leben mit Jim hatte. In dem Maße, in dem Sarah bezüglich ihrer Wut auf sich selbst und Jim ehrlich sein kann, befreit sie das Karma aus jenem früheren Leben. Das heißt, sie heilt die zugrunde liegende Tendenz, die das Karma überhaupt erst hervorgebracht hat. Sie bringt dieses Karma auch ins Gleichgewicht, indem sie sexuelle Energie freisetzt, die sich Jim gegenüber sexuell und nicht in Form von Wut zum Ausdruck bringt.

Indem Sarah ihre Macht kultiviert und zum Ausdruck bringt, hat sie die Möglichkeit, die engen, restriktiven Vorstellungen unserer Gesellschaft von traditionellen Geschlechterrollen zu überwinden. Wie Jeshua sagte, schränkt eine übermäßige Identifikation mit solchen Rollen die Ausdruckskraft der Seele ein. Und was wollen unsere Seelen ausdrücken? Verbindung, Freude und das Feiern und Teilen der Einzigartigkeit mit dem Partner. All diese Gefühle können durch Sexualität aufgezeigt werden, aber keines braucht die Sexualität dafür. Auch kreativer Ausdruck ist sexueller Natur und daher eine andere Form, wie wir uns als Seelen zum Ausdruck bringen können. Und wenn der Ausdruck eine sexuelle Form annimmt, ist es der Seele egal, ob wir in einer homosexuellen oder heterosexuellen Beziehung sind. Für die Seele ist Liebe einfach Liebe in all ihren Formen.

Durch Michelle McCann, Autorin und Medium, hat ein Engelkollektiv dies übermittelt: »Über jede Lebenslage, in der ein Mensch keine regelmäßige sexuelle Aktivität ausübt, wurde vor der Geburt entschieden. Der häufigste Grund ist, dass die Seele wissen wollte, wie es ist, in einem Körper zu leben und keine sexuelle Scham zu empfinden. Diese Seelen, die sich bewusst für ein ›zölibatäres‹ Leben entscheiden, heilen die Scham und den Schmerz früherer sexueller Handlungen gegen andere, indem sie ein einfaches und liebevolles Leben ohne Sex führen. An denjenigen, die eine solche Wahl treffen, ist nichts falsch. Wir würden sogar sagen, dass sie in vielerlei Hinsicht höher entwickelte Seelen sind, weil es ihr vorgeburtlicher Wunsch war, diesen Teil ihrer selbst und des Kollektivs zu heilen. Diese besonders hoch entwickelten Seelen führen das Leben, das sie glücklich macht, unabhängig davon, was Gesellschaft und Kultur ihnen vorschreiben.«

Engel, Geistführer und alle anderen nichtphysischen Wesen, die uns lieben, urteilen in keiner Weise über uns, was auch immer wir tun oder nicht tun. Es gibt buchstäblich nichts, was jemand jemals tun könnte, um sich der Liebe unwürdig zu erweisen. Auf der Ebene der Persönlichkeit fällen wir jedoch harte Urteile sowohl gegen uns selbst als auch gegen andere. Und das betrifft sehr stark Menschen, die sich sexuellen Normen widersetzen. Doch wie Sarah und Jim tun diejenigen, die gesellschaftlich akzeptierte Verhaltensstandards bewusst nicht befolgen, dies sehr häufig sowohl für ihre eigene Heilung als auch für die des Kollektivs. Sie führen ein Leben des heldenhaften Dienens.

Nachwort

Für eine Inkarnation ist die Erde der schwierigste Planet in unserem Universum. Nachdem Sie ein ganzes Leben hier verbracht haben, wird das Irdische Teil Ihrer Energiesignatur, einer Kombination Ihrer einzigartigen Farbe und Ihres einzigartigen Klanges. An dieser Energiesignatur erkennen Sie die Wesen im nichtphysischen Bereich. Namen sind dort nicht so wichtig, wie sie es hier sind.

Wenn dieses Leben vorbei ist, sehen andere Wesen an Ihrer Energiesignatur, dass Sie auf der Erde waren. Und ihre Reaktion wird etwa die sein: »Du warst auf der Erde?? Wow!« Sie sind enorm beeindruckt! Sie wissen, dass es außerordentlichen Mut erfordert, ein Leben auf der Erde zu planen, und noch mehr Mut, die vorgeburtlichen Pläne umzusetzen, wenn man erst einmal hier ist.

Ich teile Ihnen dies mit, weil ich Sie einladen möchte, sich von sich selbst enorm beeindrucken zu lassen. Achten und ehren Sie sich selbst dafür, dass Sie den Mut haben, große Herausforderungen zu planen und dann aus diesen Herausforderungen zu lernen und zu heilen. Dass Sie sich in einem Körper auf dem Planeten Erde befinden, macht Sie automatisch zu einem der mutigsten Wesen im Universum.

Und unabhängig davon, ob Sie in diesem Leben eine romantische Beziehung hatten, haben oder jemals haben werden, sollten Sie wissen: Sie haben geplant, eine tiefe, schöne, wundersame, herrliche Liebe *zu sich selbst* zu kultivieren. Dieses Leben ist dafür da, dass Sie hohle, bedeutungslose Begriffe wie »unwürdig« und »weniger wert« in den spirituellen Mülleimer werfen. Seit Jahrtausenden hat der Mensch im Außen gesucht, was in Wirklichkeit nur im eigenen

Innern zu finden ist. Sie sind hierhergekommen, um ein Zeitalter der tiefen, mit Spannung erwarteten, längst überfälligen Selbstliebe einzuläuten. Sie sind der Beschleuniger für das Heraufdämmern der weltweiten Erkenntnis, dass jede und jeder von uns fleischgewordene Göttlichkeit ist.

Sie sind die große Liebe Ihres Lebens.

Danksagung

Von Herzen dankbar bin ich den mutigen Seelen, deren Geschichten in diesem Buch erzählt werden durften. Motiviert von Liebe und dem Wunsch zu dienen, haben sie mir ihr Herz ausgeschüttet, damit Sie, liebe Leserin, lieber Leser, Ihr Herz sowohl für Ihre Lieben als auch für sich selbst etwas weiter öffnen können.

An Barbara Brodsky und Aaron, Pamela Kribbe und Jeshua, Corbie Mitleid und Staci Wells und ihren Geistführer: Nochmals vielen Dank, dass ihr eure Liebe und Weisheit mit der Welt teilt. Ihr seid wahre Wegweiser. Diesen Weg mit euch zu gehen, war mir eine Freude und eine Ehre.

An Liesel, die Liebe meines Lebens: Danke für deine Liebe und deine unerschütterliche Unterstützung. Du inspirierst mich jeden Tag aufs Neue, eine bessere Version meiner selbst zu werden.

Sue Mann danke ich für ihre stets einsichtige, präzise Bearbeitung meiner Texte. Dieses Buch hätte nicht in kompetenteren Händen sein können.

Emily Han danke ich für das adleräugige Korrekturlesen, Sara Blum für das schöne Layout und Barbara Hodge für die exquisite Umschlaggestaltung.

Bei Sylvia Hayse bedanke ich mich dafür, dass sie mir geholfen hat, meine Bücher um die ganze Welt zu tragen.

Dr. Linda Backman danke ich für die Erlaubnis, aus den Einführungen zu zitieren, die sie erstellt hat und die ich den Fallbeispielen vorangestellt habe.

Dieses Buch wäre nicht möglich gewesen ohne die Beiträge vieler anderer, die ihr Wissen mit mir geteilt und mir ihre Unterstützung angeboten haben. Ganz besonders danke ich Michelle McCann und Kat Baillie.

Vielen Dank auch an die vielen Geistführer, Lehrer, Helfer, Engel, Meister und anderen nichtphysischen Wesen, die dieses Buch möglich gemacht haben, einschließlich der Lichtwesen, die von meiner Frau gechannelt wurden. Ihr seid meine Lehrer, Teamkollegen und Freunde.

Die Medien und Channel

Barbara Brodsky
www.deepspring.org
bbrodsky@deepspring.org
(734) 477-5848 (Deep Spring Center)

Pamela Kribbe
www.jeshua.net
pamela@jeshua.net

Corbie Mitleid
https://corbiemitleid.com
corbie@corbiemitleid.com
(877) 321-CORBIE

Staci Wells
https://staciwells.com
info@staciwells.com

Der Seelenplan für unseren Weg auf Erden

978-3-453-70266-0

978-3-453-70377-3

978-3-453-70317-9

Leseproben unter **www.heyne.de**

HEYNE